prépabrevet

COURS & ENTRAÎNEMENT

3e

SVT

Fabien Madoz-Bonnot
Professeur agrégé de SVT
au lycée Carnot de Dijon

Hatier

Maquette de principe : Frédéric Jély
Mise en pages : Nord Compo
Schémas : Corédoc et Nord Compo
Iconographie : Hatier Illustration
Illustration : Mathieu de Muizon
Édition : Anne Panaget

ISBN 978-2-401-02928-6

MODE D'EMPLOI

Votre Prépabrevet

- Conforme au **nouveau programme** de SVT entré en vigueur à la rentrée 2016, ce Prépabrevet « Cours et entraînement » vous propose un **outil de travail** très complet et sur mesure, faisant une large place à la préparation du **nouveau brevet**.
- Sur chaque thème du programme, vous sont proposés des fiches de **cours** et de **méthode**, des **exercices**, des **sujets de type brevet** et leurs **corrigés** détaillés.
- Toutes ces ressources, assorties de **commentaires** et de **conseils** des auteurs, vous permettent d'aborder en confiance tous vos contrôles durant l'année et de vous préparer efficacement à la nouvelle épreuve du brevet.

FICHES | **EXERCICES & SUJETS** | **CORRIGÉS**

Votre site de révision

- L'achat de ce Prépabrevet vous permet de bénéficier d'un **ACCÈS GRATUIT*** à toutes les ressources **d'annabac.com** : résumés audio, fiches de cours, quiz interactifs, sujets d'annales corrigés…
- Pour profiter de cette offre, rendez-vous sur **www.annabac.com**, dans la rubrique « Vous avez acheté un ouvrage Hatier ? »

* Selon les conditions précisées sur le site.

SOMMAIRE

Le vivant et son évolution

Comment est déterminé l'aspect d'un être vivant ?

Comment expliquer l'évolution des êtres vivants ?

Comment un organisme subvient-il à ses besoins cellulaires ?

Le corps humain et la santé

Comment sommes-nous protégés des micro-organismes ?

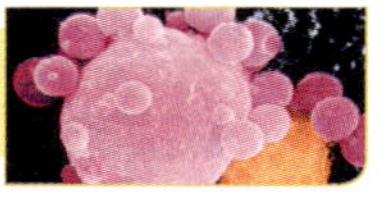

Comment fonctionne le système nerveux ?

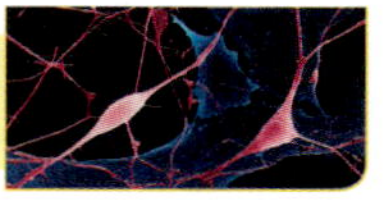

Comment la digestion assure-t-elle les besoins nutritionnels des cellules ?

Comment s'effectue la maîtrise de la reproduction ?

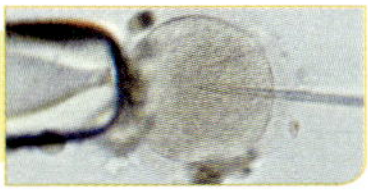

La planète Terre, l'environnement et l'action humaine

Quels liens existe-t-il entre la société humaine et son environnement ?

L'épreuve du brevet

FICHES

SUJETS

CORRIGÉS

Annexes

Comment est déterminé l'aspect d'un être vivant ?

FICHES

EXERCICES & SUJETS

CORRIGÉS

1 Localiser l'origine des caractères héréditaires

Où sont localisés les caractères héréditaires communs à tous les individus d'une même espèce ?

RETENIR L'ESSENTIEL

I Transmission des caractères héréditaires

- Les parents transmettent à leur descendant des informations héréditaires qui contrôlent la mise en place des caractères lors du développement embryonnaire.
- Les informations héréditaires transmises par les parents sont donc présentes dès le stade embryon à une seule cellule : la cellule-œuf.

Mot-clé
Information héréditaire : instruction contrôlant la mise en place d'un caractère héréditaire.

II Localisation des informations héréditaires

- Les mêmes informations héréditaires sont contenues dans le **noyau** de toutes les cellules de l'organisme (à l'exception des gamètes).
- Lors de la multiplication cellulaire, on observe au microscope la transformation du contenu du noyau en filaments : les chromosomes à deux brins.

Mot-clé
Chromosomes : filaments présents dans le noyau de toutes les cellules.

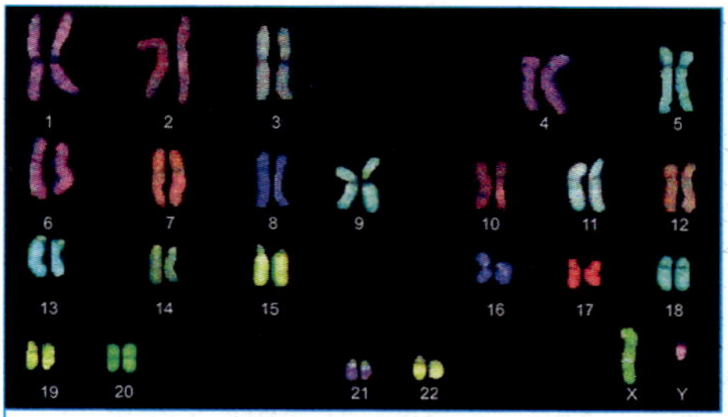

Caryotype de l'espèce humaine à 46 chromosomes.
On peut ranger les chromosomes en 23 paires de chromosomes identiques deux à deux.

- L'ensemble des chromosomes d'une cellule forme un caryotype.
- Un caryotype est caractéristique d'une espèce : tous les individus d'une même espèce possèdent le même nombre de chromosomes.
- Les **chromosomes** sont le support des informations héréditaires : une anomalie du nombre de chromosomes entraîne des caractères anormaux.

Mot-clé
Caryotype : le terme désigne également le document présentant les chromosomes d'une cellule.

APPLIQUER LA MÉTHODE

Relever des informations dans un texte afin de montrer qu'un caractère est héréditaire

L'hypertension artérielle est une élévation permanente de la pression artérielle pouvant entraîner des infarctus ou des accidents vasculaires cérébraux.

1. À partir du texte joint, indiquer le caractère commun à ces deux familles.

2. Relever dans le texte des arguments montrant que ce caractère peut être héréditaire.

Document **Une maladie héréditaire**

« Léo et son père Antoine sont tous deux atteints d'hypertension artérielle, bien que leurs conditions de vie et leur alimentation soient différentes. Le grand-père de Léo souffrait également d'hypertension artérielle.
Gaëlle et son père Francis sont également atteints d'hypertension artérielle. Un régime alimentaire appauvri en sel a permis à Gaëlle de retrouver une tension artérielle normale, comprise entre 14 et 9.

Conseils

1. Ici tu dois trouver un point commun aux deux familles.
Toutes les informations apportées par le texte ne sont pas forcément intéressantes pour répondre à la question posée. Tu dois effectuer un tri. Relis attentivement la question et éventuellement, souligne dans le texte la ou les réponses attendues. Puis rédige correctement ta réponse.
2. Un caractère est considéré comme héréditaire quand il peut être transmis d'une génération à une autre.

Solution

1. Le caractère commun aux deux familles est l'hypertension artérielle.

2. L'hypertension artérielle peut être héréditaire car dans la famille de Léo, lui-même, son père (Antoine) et son grand-père en sont atteints. Dans la famille de Gaëlle, son père (Francis) et elle-même en souffrent.

Remarque : Un caractère héréditaire n'est pas forcément ni une maladie, ni même une fatalité… Dans l'exemple abordé ici, Gaëlle a retrouvé une tension artérielle normale en surveillant son alimentation.

Pour vérifier que tu as compris ▸ Exercices 1 et 2

Pour t'entraîner ▸ Exercices 3 à 10

Pour préparer le brevet ▸ Exercices 11 à 13

2 Dégager la notion de gène

Quel est le support physique des informations héréditaires dans les chromosomes ?

RETENIR L'ESSENTIEL

I Détermination du support de l'information héréditaire

- Le caryotype des individus d'une même espèce est différent selon leur sexe. Ainsi, pour l'espèce humaine, la **23e paire** de chromosomes présente des différences (XX pour les femmes et XY pour les hommes).
La présence du chromosome Y détermine l'acquisition des caractères sexuels mâles et l'absence de chromosome Y détermine l'acquisition des caractères sexuels femelles : on qualifie les chromosomes X et Y de **chromosomes sexuels**.

- C'est en fait un **fragment de chromosome Y** qui détermine la mise en place des caractères sexuels masculins et son absence la mise en place de caractères sexuels féminins. Ce fragment de chromosome est le **support physique** de l'information déterminant le sexe de l'individu : il s'agit du gène contrôlant l'apparition des caractères sexuels mâles.

Mot-clé

Gène : portion d'ADN (dans un chromosome) contrôlant l'apparition d'un caractère héréditaire.

- Un gène est une portion d'**ADN** contenue dans le chromosome. Un chromosome est constitué d'une molécule d'ADN extrêmement pelotonnée au moment de la multiplication cellulaire ; les chromosomes deviennent donc visibles à ce moment de la vie de la cellule.

II Localisation des gènes dans les chromosomes

- Un gène occupe une place déterminée dans un chromosome. Tous les individus d'une même espèce ont les **mêmes gènes** qui commandent les **mêmes caractères** sur les **mêmes chromosomes**, au **même emplacement**.

- Sauf exception (sur les chromosomes sexuels notamment), les deux chromosomes d'une même paire portent au même endroit les mêmes gènes : **on a donc deux exemplaires de chaque gène**.

- Un chromosome peut être le support de plusieurs centaines de gènes.

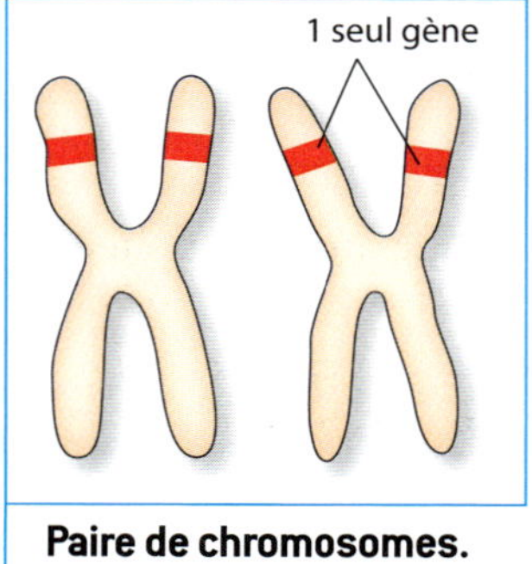

Paire de chromosomes.
Les deux gènes sont localisés au même emplacement.

APPLIQUER LA MÉTHODE

Montrer qu'un gène est responsable d'une maladie héréditaire à partir de documents

L'observation de caryotypes d'humains montre que le sexe d'un individu qui s'exprime lors du développement embryonnaire est déterminé par la présence de deux chromosomes sexuels : XX chez la femme et XY chez l'homme.

Cependant, dans de très rares cas, certains hommes possèdent deux chromosomes X... On observe alors sur un des deux chromosomes X la présence anormale d'un fragment de chromosome Y.

Ce fragment de chromosome Y est un gène qui a été appelé SRY.

Expliquer pourquoi ces observations permettent de prétendre que c'est le gène SRY qui est responsable de l'apparition des caractères masculins lors du développement de l'embryon (et non pas les combinaisons des chromosomes sexuels).

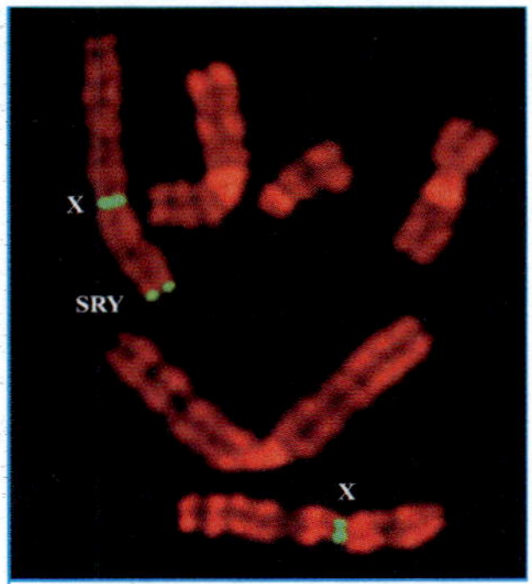

Chromosomes d'un homme possédant deux chromosomes sexuels X.

Conseils

La cause, c'est « ce qui provoque », la conséquence, c'est « ce qui arrive ».
Ici, tu dois démontrer à partir du texte que le gène SRY est la cause de l'apparition des caractères masculins lors du développement embryonnaire (la conséquence).

Solution

- D'après le texte, quel que soit le chromosome qui porte le gène SRY (X ou Y), l'embryon qui possède ce gène devient un mâle lors du développement embryonnaire.
- Donc, on peut prétendre que le gène SRY est responsable de l'apparition des caractères sexuels masculins lors du développement embryonnaire.

Remarque : L'absence du gène SRY sur le chromosome Y de certains individus, conduit à la mise en place de caractères sexuels féminins...

Pour vérifier que tu as compris ▸ **Exercices 1 et 2**

Pour t'entraîner ▸ **Exercices 3 à 10**

Pour préparer le brevet ▸ **Exercices 11 à 13**

3 Expliquer la conservation du caryotype et des informations héréditaires

Lors de la multiplication des cellules du développement d'un organisme, chaque cellule hérite des mêmes gènes, comment cela se produit-il ?

RETENIR L'ESSENTIEL

I Conservation du caryotype lors des multiplications cellulaires

- Par multiplications cellulaires successives, la cellule-œuf est à l'origine de toutes les cellules de l'organisme. Elles possèdent toutes le même caryotype, donc le même programme génétique.

> **Mot-clé**
> **Programme génétique** : ensemble des informations contenues dans les gènes d'un individu.

- Par exemple, quand une cellule humaine se multiplie, elle transmet à ses deux cellules filles 23 paires de chromosomes (à un brin). On dit qu'il y a **conservation du nombre de chromosomes**, donc conservation de l'information génétique au cours des multiplications cellulaires.

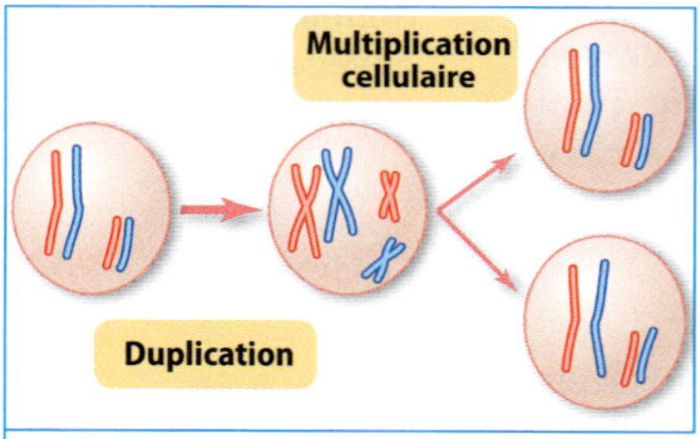

Mécanisme de la conservation du nombre de chromosomes lors de la multiplication cellulaire.
Exemple à deux paires de chromosomes.

- La multiplication cellulaire fait un partage très précis du matériel chromosomique entre deux cellules filles, pour que chacune hérite d'un brin de chaque paire de chromosomes : chaque cellule fille possède le **même nombre de chromosomes** que la cellule mère.

II Conservation du programme génétique pour des cellules de types différents

Toutes les cellules d'un organisme (cellules nerveuses, musculaires...) contiennent la totalité du programme génétique, mais seule une partie des gènes s'exprime dans un type de cellule donné, en fonction de sa spécialisation (les gènes des cellules nerveuses ne s'expriment pas dans les cellules musculaires et vice versa...).

APPLIQUER LA MÉTHODE

Décrire la multiplication cellulaire à partir de photographies de chromosomes

À partir des photographies ci-dessous, rédiger un texte court décrivant le comportement des chromosomes, dans une cellule, au cours de la multiplication cellulaire.

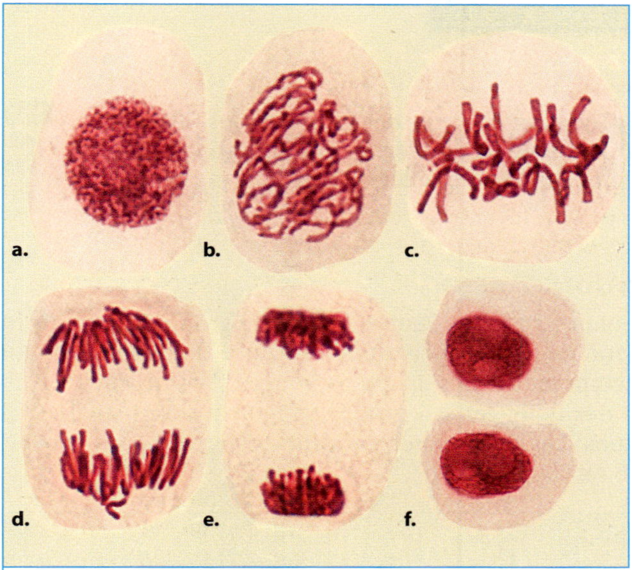

Photographies de chromosomes lors d'une multiplication cellulaire.

Conseils

- Pour chaque photographie, décris ce que tu vois, en utilisant le vocabulaire scientifique du cours.
- Veille à rédiger tes descriptions dans l'ordre des photographies.

Solution

- Au cours de la multiplication cellulaire, les chromosomes apparaissent (photo b) et s'alignent au milieu de la cellule (photo c).
- Ils se séparent ensuite en deux lots, apparemment d'égale importance, qui migrent chacun vers une extrémité de la cellule (photo d).
- Dans chaque cellule, les chromosomes se regroupent (photo e) et forment un « paquet » : le nouveau noyau (photo f).

Pour vérifier que tu as compris ▶ Exercices 1 et 2

Pour t'entraîner ▶ Exercices 3 à 10

Pour préparer le brevet ▶ Exercices 11 à 13

4 Expliquer les variations individuelles par la génétique

Comment les gènes peuvent-ils être à l'origine des variations individuelles au sein d'une espèce ?

RETENIR L'ESSENTIEL

I Variations au sein d'un gène

Un même gène peut contenir des informations différentes concernant le même caractère (ex. : groupe sanguin). Ces variations sont appelées les allèles du gène.

> **Mot-clé**
> **Allèles** : versions différentes d'un même gène.

II Étude d'un exemple pour comprendre la notion d'allèles

- L'appartenance à l'un ou l'autre des quatre groupes sanguins (A, B, AB ou O) dépend de la présence ou de l'absence de molécules situées à la surface membranaire des globules rouges. Les molécules présentes dépendent des deux gènes « groupe sanguin » situés sur la 9e paire de chromosomes. Les deux gènes peuvent exister sous des versions différentes : A, B ou O.

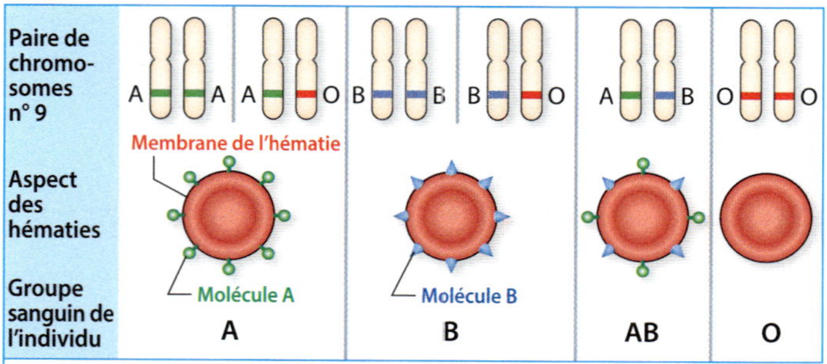

Groupes sanguins selon la combinaison d'allèles de l'individu.

- On parle d'allèles dominants pour les allèles A et B ; on qualifie l'allèle O de récessif (il ne détermine pas la réalisation d'un caractère).
- Nous avons tous les **mêmes gènes**, mais nos gènes ne renferment **pas les mêmes allèles.** Cela explique nos variations individuelles et notre originalité.

> **Mots-clés**
> **Allèle dominant** : allèle qui s'exprime.
> **Allèle récessif** : allèle qui ne s'exprime pas (il semble « caché » par un autre allèle).

APPLIQUER LA MÉTHODE

Construire un graphique à partir d'un ensemble de données

On mesure la quantité d'ADN présent dans une cellule au cours du temps.

Construire un graphique à partir du tableau de valeurs suivant.

Temps (heures)	0	2	2,2	10	14	16	22	22,2	24	26
Quantité ADN (unités arbitraires)	6,6	6,6	3,3	3,3	5,3	6,6	6,6	3,3	3,3	3,3

Solution

À noter
Les **valeurs maximales** permettent de préciser la longueur maximale de chaque axe.

1. Étudier le tableau : Les valeurs du tableau sont le temps et la quantité d'ADN d'une cellule. Les valeurs maximales de chaque variable sont 26 h et 6,6 UA pour la quantité d'ADN.

Attention !
Place des **flèches** au bout de chaque axe !

2. Tracer les axes : Tracer les deux axes perpendiculaires (un axe horizontal, l'autre vertical) à la règle et au crayon de papier. Donner un titre aux axes, et préciser les unités entre parenthèses. L'axe des ordonnées (l'axe vertical) représente ce qu'on étudie (ici la quantité d'ADN) et l'axe des abscisses (l'axe horizontal) représente la variable (ici le temps).
Pour graduer les axes, tracer des traits de graduation, à intervalles réguliers, et écrire à côté de chaque trait la valeur numérique correspondante.

3. Placer les points : Pour chaque couple de valeurs du tableau, tracer des pointillés horizontaux et verticaux et marquer d'une croix bien visible (+) l'intersection des deux lignes.

4. Relier les points à main levée : Si les points sont à peu près alignés, tracer une droite passant par le plus de points possible.

5. Titrer le graphique : Le titre d'un graphique reprend souvent ceux des axes : Évolution de « titre de l'axe des ordonnées » en fonction de « titre de l'axe des abscisses ».

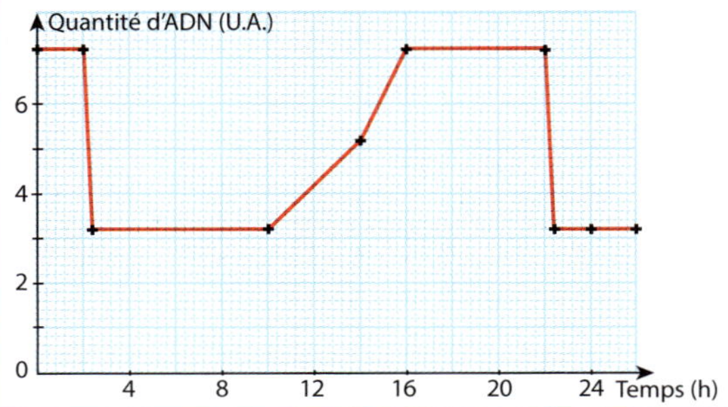

Évolution de la quantité d'ADN en fonction du temps.

Pour vérifier que tu as compris ▸ Exercices 1 et 2
Pour t'entraîner ▸ Exercices 3 à 10
Pour préparer le brevet ▸ Exercices 11 à 13

5 Expliquer la diversité des individus par la formation des gamètes

Comment la reproduction sexuée contribue à créer de la diversité au sein d'une population ? Qu'en est-il de la formation des gamètes ?

RETENIR L'ESSENTIEL

I Le caryotype des gamètes

Chaque gamète contient la moitié des chromosomes de n'importe quelle autre cellule de l'organisme. Pour l'espèce humaine, les gamètes comportent 23 chromosomes chacun, c'est-à-dire un seul chromosome de chaque paire.

Mot-clé

Gamète : cellule reproductrice d'un être vivant.

II La formation des gamètes

- Pour l'espèce humaine, les gamètes (à 23 chromosomes) sont formés à partir d'une cellule mère des gamètes (à 23 paires de chromosomes).
- La formation des gamètes est considérée comme une loterie engendrant une **extrême diversité d'individus à naître** : chaque gamète reçoit **au hasard** l'un ou l'autre des chromosomes de chaque paire ; il ne reçoit donc que l'un ou l'autre des deux allèles de chacun des gènes.
- Cette loterie se répète pour les 23 paires de chromosomes qui portent chacune des milliers de couples d'allèles : ainsi, un être humain peut être à l'origine de 2^{23} (= plus de 8 300 000) gamètes différents...

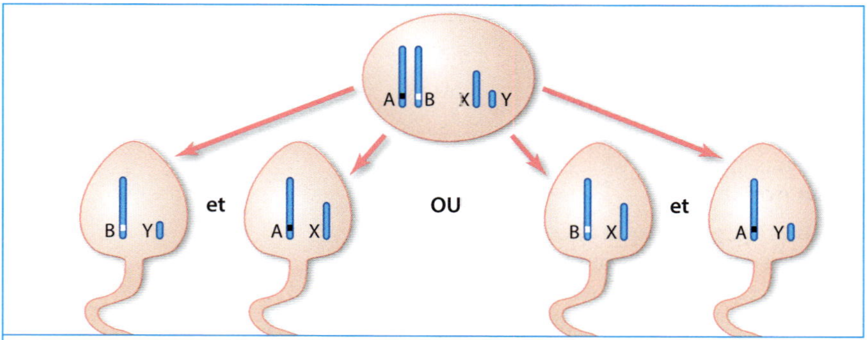

Formation de quatre spermatozoïdes différents à partir d'une même cellule mère.

Exemple à deux paires de chromosomes : deux chromosomes n° 9 et deux chromosomes sexuels.

APPLIQUER LA MÉTHODE

Construire tous les gamètes génétiquement possibles

Un homme souffrant d'albinisme (absence de pigmentation de la peau et des poils), se demande quelle est la probabilité d'avoir un enfant atteint.
Le gène responsable de l'albinisme est localisé sur le chromosome 7 et le sexe d'un individu est contrôlé par sa paire de chromosomes sexuels (XY).

1. Calculer le nombre de gamètes différents possibles à partir de sa paire de chromosomes n° 7 et de sa paire de chromosomes sexuels.

2. Représenter tous les gamètes différents possibles à partir de sa paire de chromosomes n° 7 et sa paire de chromosomes sexuels.

Conseils

1. Pour *n* paires de chromosomes différents, un individu peut produire 2*n* gamètes différents, *n* étant le nombre de paires de chromosomes différents.
2. Construire tous les gamètes différents possibles.

Solution

1. Pour les chromosomes 7 et sexuels, le père peut produire $2^2 = 4$ gamètes différents.

2. Chaque gamète hérite d'un chromosome 7 et d'un chromosome sexuel différents.

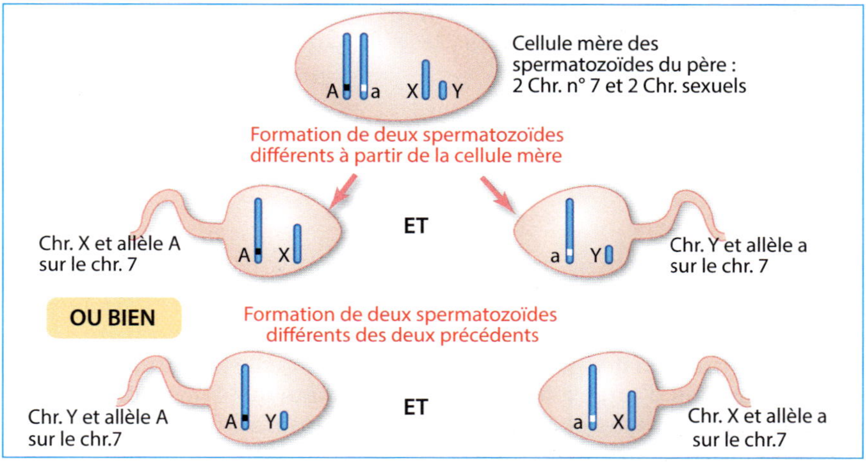

Pour vérifier que tu as compris
▸ **Exercices 1 et 2**

Pour t'entraîner
▸ **Exercices 3 à 10**

Pour préparer le brevet
▸ **Exercices 11 à 13**

6 Expliquer la diversité des individus par la fécondation

La fécondation (interne ou externe) aboutit à la fusion d'un gamète mâle et d'un gamète femelle. Comment contribue-t-elle à la diversité des individus ?

RETENIR L'ESSENTIEL

I La fécondation dans l'originalité des individus

- La fécondation **rassemble les paires de chromosomes** et **rétablit ainsi le nombre de chromosomes de l'espèce** (46 dans l'espèce humaine), en associant un lot de chromosomes d'origine maternelle à un lot d'origine paternelle (23 chromosomes par lot pour l'espèce humaine).
- La fécondation réunit **au hasard** un spermatozoïde et un ovule portant chacun une information originale (→ Fiche 5).
- L'information contenue dans la cellule-œuf sera différente selon l'information génétique présente dans les deux gamètes qui vont fusionner.
- La fécondation crée donc **au hasard** un **nouveau programme génétique** responsable du développement d'un individu original.

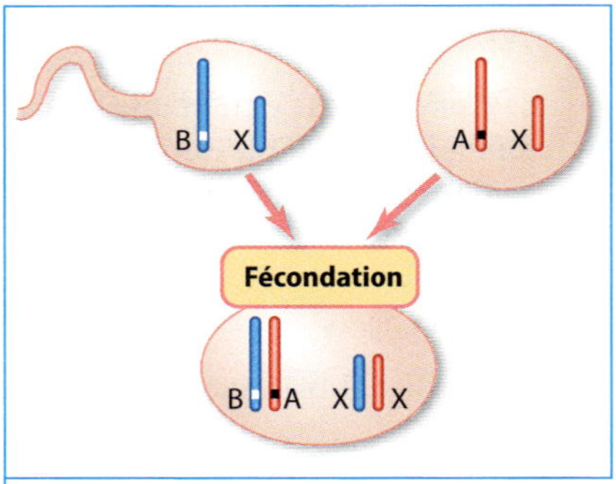

Fécondation entre deux gamètes.
Exemple avec un chromosome 9 et un chromosome sexuel : le spermatozoïde comporte un chromosome X et un chromosome 9 portant l'allèle B ; l'ovule un chromosome X et un chromosome 9 portant l'allèle A. L'embryon obtenu est une fille (XX) de groupe sanguin AB.

II L'origine d'une anomalie chromosomique

Une anomalie du nombre de chromosomes (ex. : trisomie 21) s'explique par l'**absence de séparation** d'une paire de chromosomes (la paire 21) **lors de la formation des gamètes**. Si un gamète femelle (à deux chromosomes 21 au lieu d'un) est fécondé par un gamète mâle (avec un chromosome 21), l'embryon comportera trois chromosomes au lieu de deux, d'où le terme trisomie.

APPLIQUER LA MÉTHODE

Construire un échiquier de croisement

Un échiquier de croisement montre tous les résultats possibles de fécondation à partir de plusieurs gamètes différents. Chaque case de l'échiquier représente le contenu chromosomique et allélique d'un embryon différent.

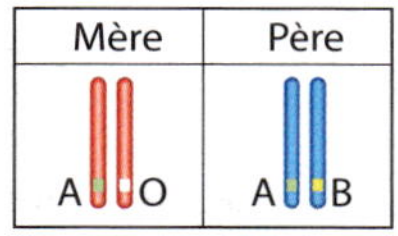

Un couple, dont la paire de chromosome n° 9 est représentée ci-contre souhaite avoir un enfant.

Construire un échiquier de croisement indiquant les chromosomes 9 et sexuels de tous les enfants que peut avoir ce couple.

Conseils

Construis le tableau étape par étape.

Étape 1. Construis tous les gamètes possibles produits par le père et la mère (→ fiche 5).

Étape 2. Construis un tableau à double entrée avec le contenu chromosomique et allélique des gamètes.

Étape 3. Complète alors le tableau avec le contenu chromosomique et allélique des embryons possibles.

Solution

■ **Étapes 1. et 2.** Le père peut produire 4 gamètes différents, la mère 2. Donc, on construit un tableau à 4 colonnes correspondant à 4 gamètes mâles différents, et 2 lignes correspondant à 2 ovules différents.

Père / Mère	B X	A Y	B Y	A X
A X				
O X				

Chaque gamète contient un chromosome 9 et un chromosome sexuel.

■ **Étape 3.** On remplit le tableau de façon que chaque case contienne les chromosomes et allèles des embryons possibles. Ici, par exemple, la 1re case (1er embryon) contient un allèle B et un chromosome X du père, un allèle A et un chromosome X de la mère.

Père / Mère	B X	A Y	B Y	A X
A X	B A X X	A A X Y	B A X Y	A A X X
O X	B O X X	A O X Y	B O X Y	A O X X

Pour vérifier que tu as compris ▶ Exercices 1 et 2

Pour t'entraîner ▶ Exercices 3 à 10

Pour préparer le brevet ▶ Exercices 11 à 13

Se tester QUIZ

Vérifie que tu as bien compris les points clés des **fiches 1 à 6.**

Pour chaque question, vérifie ta réponse à l'aide du corrigé et consulte les fiches de cours si nécessaire.

1 Expliquer la constance de caractères héréditaires

→ RÉVISE LES FICHES 1 À 3

1. En l'absence d'anomalies chromosomiques, le caryotype d'une cellule humaine (excepté un gamète) comporte :

- ☐ **a.** 23 paires de chromosomes plus une paire de chromosomes sexuels
- ☐ **b.** 23 chromosomes
- ☐ **c.** 23 paires de chromosomes

2. En principe, chez un individu un gène existe en :

- ☐ **a.** un seul exemplaire
- ☐ **b.** deux exemplaires
- ☐ **c.** un nombre variable d'exemplaires

3. Suite à une multiplication cellulaire, les cellules filles comportent :

- ☐ **a.** le même nombre de chromosomes
- ☐ **b.** moitié moins de chromosomes
- ☐ **c.** deux fois plus de chromosomes

2 Comprendre la diversité génétique des individus

→ RÉVISE LES FICHES 4 ET 6

1. Un allèle est :

- ☐ **a.** présent sur plusieurs chromosomes
- ☐ **b.** une version différente d'un gène
- ☐ **c.** positionné sur des emplacements différents d'une paire de chromosomes

2. Parmi les allèles A, B et O du groupe sanguin de l'Homme :

- ☐ **a.** l'allèle A est dominant par rapport à l'allèle B
- ☐ **b.** l'allèle A est récessif par rapport à l'allèle B
- ☐ **c.** l'allèle A est dominant par rapport à l'allèle O

S'entraîner

Vérifie que tu sais appliquer les méthodes des **fiches 1 à 6.**

Pour chaque exercice, consulte la méthode indiquée et compare ta réponse à celle donnée dans le corrigé.

3 Étudier un arbre généalogique

1. À partir du texte de John Scott, colorier en rouge les symboles des individus daltoniens représentés sur l'arbre généalogique comme indiqué sur la légende.

2. D'après vos observations, indiquer si les fils de Cécile peuvent avoir des enfants atteints de daltonisme. Justifier votre réponse.

3. Le daltonisme est un caractère dit « héréditaire ». D'après vos réponses précédentes, donner une définition à ce terme.

Document Description d'un trouble de la vision par John Scott

Le chimiste anglais John Dalton (1766-1844) étudia lui-même une anomalie de la perception des couleurs appelée depuis daltonisme. Mais en 1777, un certain John Scott écrivait déjà à propos de cette anomalie.

« Je ne distingue aucun vert au monde ; un rose et un bleu pâle sont identiques à mes yeux. Un rouge foncé et un vert foncé me paraissent semblables.
Il s'agit d'un défaut de famille. Mon père éprouve le même inconvénient. Ma mère et une de mes sœurs distinguaient parfaitement les couleurs, mon autre sœur Cécile et moi-même avons l'anomalie. Cécile a deux fils, tous les deux atteints, mais elle a une fille qui est tout à fait normale.
J'ai une fille et un fils qui reconnaissent toutes les couleurs sans exception comme le faisait leur mère. Le propre frère de ma mère avait le même trouble que moi.

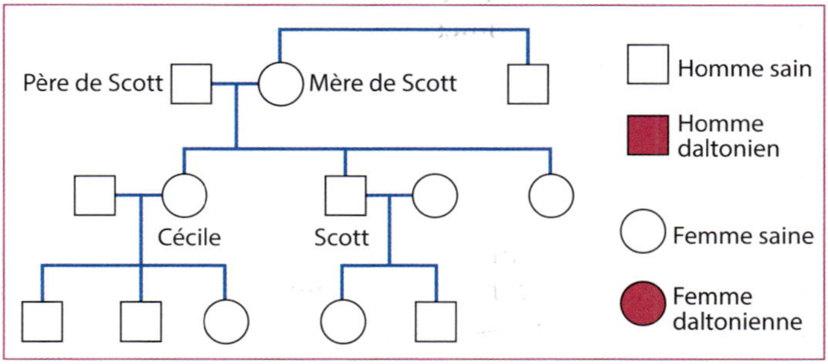

Démarrons ensemble

Un arbre généalogique est toujours construit de la même manière :
- Tout en bas de l'arbre, on représente la génération des enfants, la ligne au-dessus représente la génération des parents, encore au-dessus, la génération des grands-parents, etc.
- Les cercles symbolisent les femmes et les carrés les hommes.
- Les maris et femmes sont liés par un trait qui les rejoint.
- Les enfants apparaissent sous le trait.
- Les enfants aînés apparaissent à gauche, les plus jeunes vers la droite.

Reprends le texte au début et complète l'arbre généalogique au fur et à mesure des personnes de la famille de Scott que tu rencontres dans ta lecture.

4 Étudier une anomalie chromosomique

Au cours d'une grossesse, on sait prélever des cellules fœtales. Mises en culture sur un milieu approprié, elles se multiplient. Le document ci-dessous a été réalisé à partir de telles cellules.

1. Comment appelle-t-on le document ci-dessous ?
2. Proposer le nom de l'espèce présentée dans le document. Justifier ce choix.
3. Préciser le sexe du fœtus. Justifier.
4. Le document montre une anomalie chromosomique. Préciser où se situe l'anomalie.
5. Proposer un nom pour désigner l'anomalie chromosomique.

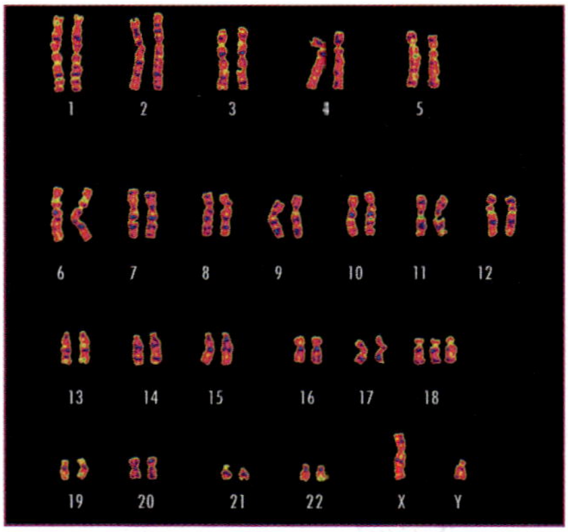

Démarrons ensemble

1. Le nom de ce document apparaît dans la fiche 1.
2. Cherche le nombre de paires de chromosomes.
3. Relis attentivement la fiche 2.
4. Observe la photographie et repère l'anomalie.
5. À partir d'une anomalie chromosomique que tu connais, propose un nom à celle du document.

5 Découvrir une célèbre expérience de clonage

→ APPLIQUE LA MÉTHODE DE LA FICHE 1

En 1996, des chercheurs écossais parviennent à obtenir un « clone » d'une brebis adulte, c'est-à-dire un animal exactement semblable à un autre animal. Ce clone est une brebis appelée Dolly.
Les chercheurs ont d'abord prélevé des cellules de la mamelle d'une brebis blanche A.

Une de ces cellules est mise en contact avec un ovule de brebis à tête noire B, dont on a préalablement retiré le noyau.
Après stimulation par un courant électrique, les deux cellules fusionnent. La cellule formée est une cellule-œuf à l'origine d'un embryon.
L'embryon est ensuite implanté dans l'utérus d'une brebis à tête noire.

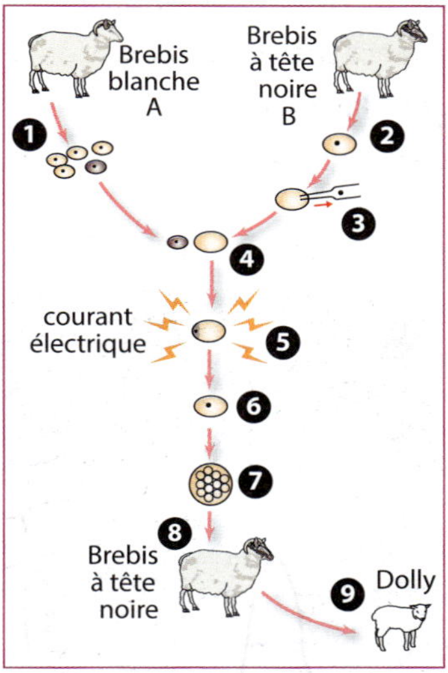

1. À l'aide du texte, proposer un titre correspondant à chaque numéro figurant sur le schéma.

2. Indiquer la provenance des différents constituants de la cellule-œuf à l'origine de Dolly.

3. Formuler de quelle(s) brebis Dolly a hérité ses caractères.

4. D'après vos observations, donner une conclusion concernant le support de l'information héréditaire.

5. Justifier le terme de clone employé pour désigner Dolly.

Démarrons ensemble

Repère le seul constituant cellulaire provenant de la brebis blanche, c'est certainement là qu'est localisé le support de l'information héréditaire.

6 Construire des gamètes différents

1. Préciser le nombre de chromosomes.

2. Indiquer le nombre de chromosome(s) sexuel(s).

3. Nommer le (ou les) chromosome(s) sexuel(s) visibles sur la photographie.

Document **Caryotype de gamète humain**

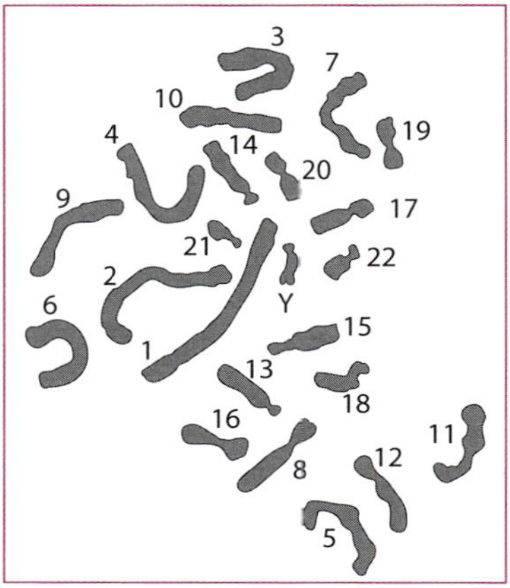

7 Étudier une maladie chromosomique

→ APPLIQUE LA MÉTHODE DE LA FICHE 2

Le syndrome de Turner est une maladie chromosomique qui touche 1 fille sur 2 500. La maladie est caractérisée par les symptômes suivants : petite taille, absence de caractères sexuels secondaires (poitrine, pilosité…), stérilité… L'injection d'hormone de croissance, puis d'hormones sexuelles permet d'atténuer les symptômes.

À l'aide de vos connaissances sur les chromosomes, proposer une hypothèse expliquant pourquoi, chez une fille atteinte du syndrome de Turner, l'absence d'un chromosome X provoque l'apparition de plusieurs symptômes.

Document **Caryotype d'une fille atteinte du syndrome de Turner**

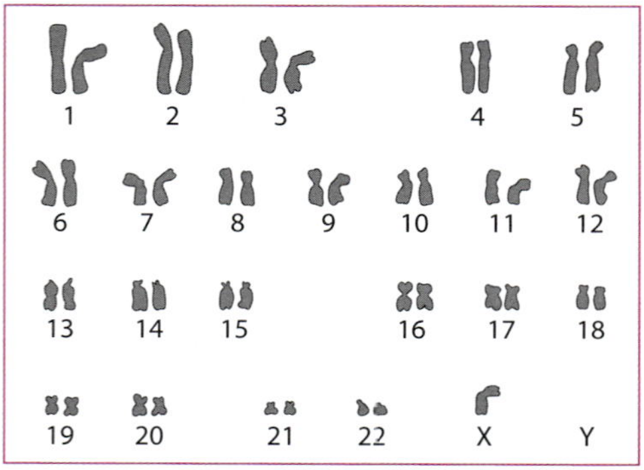

Démarrons ensemble

- Commence par étudier attentivement le caryotype de la fille atteinte du syndrome de Turner, puis compare-le au caryotype d'une fille non atteinte (voir fiche 1).
- Utilise ensuite tes connaissances sur les nombreux gènes que porte un chromosome et relie-les au nombre important de symptômes du syndrome de Turner.
- Enfin propose ton hypothèse.

8 Compléter un schéma sur la multiplication cellulaire

Le document représente une cellule à 4 chromosomes (cellule a) qui subit une multiplication cellulaire (schémas b et c).

Représenter les chromosomes dans la cellule b et dans les deux cellules filles (c).

Document **Multiplication d'une cellule**

La cellule mère (a) s'apprête à se multiplier (b) puis se multiplie (c : deux cellules filles avec chacune son bagage chromosomique).

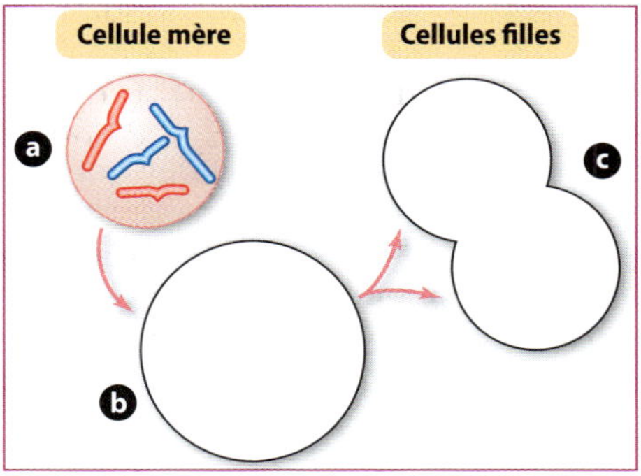

9 Construire un graphique montrant l'évolution de la quantité d'ADN dans une cellule

→ APPLIQUE LA MÉTHODE DE LA FICHE 4

On mesure la quantité d'ADN présent dans une cellule au cours du temps.

Document **Évolution de la quantité d'ADN au cours du temps**

Temps (heures)	0	2	4	6	8	10	12	14	16	18	20	22	24
Quantité d'ADN (unités arbitraires)	3	3	3	3	3	3	4	5	6	6	6	6	3

Réaliser le graphique complet (titre, axes, unités...) de l'évolution de la quantité d'ADN en fonction du temps.

10 Construire des gamètes différents

→ APPLIQUE LA MÉTHODE DE LA FICHE 5

Considérons un individu de sexe masculin, de groupe sanguin AB et portant sur sa paire de chromosomes n° 7 un gène sous sa version M et l'autre gène sous sa version m. M est un allèle dominant sur m.

1. Schématiser une cellule avec ses paires de chromosomes n° 7, n° 9 et les chromosomes sexuels. Préciser sur les paires de chromosomes la disposition des allèles. Penser au titre et à la légende.

2. Calculer le nombre de gamètes différents que peut produire cet homme.

3. Schématiser tous les gamètes différents avec leur contenu chromosomique et allélique. Penser à donner un titre.

Vers le brevet

Exerce-toi en vue du brevet et révise les **fiches 4 à 6.**

Pour chaque sujet, aide-toi des conseils donnés et compare ta réponse à celle donnée dans le corrigé.

SUJET TYPE

11 Comprendre l'origine génétique de l'albinisme

25 min

L'albinisme est une anomalie d'origine génétique qui se caractérise par une absence de pigmentation de la peau et des poils. Les individus atteints ont la peau et les poils blancs. Cette anomalie est sous la dépendance d'un gène, localisé sur le chromosome n° 7, qui présente deux allèles : l'allèle **A** et l'allèle **a**. Les individus atteints possèdent deux allèles **a** ; dans tous les autres cas, l'individu ne présente pas l'anomalie. L'allèle **A** est dominant, l'allèle **a** récessif.

1. Indiquer les gènes de l'albinisme et ses allèles sur la paire de chromosomes chez B_1, puis chez C_3. Justifier ce choix.

2. Même question pour les parents A_1 et A_2.

3. Même question pour B_0.

Document **Arbre généalogique d'une famille où sont apparus des cas d'albinisme**

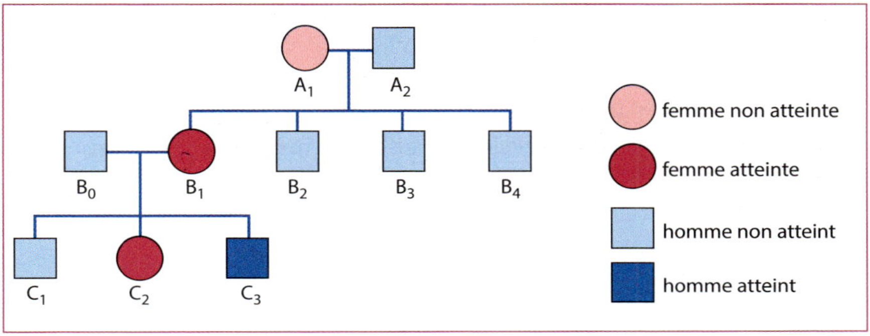

Démarrons ensemble

1. Relis attentivement la fiche 4 sur les allèles. B_1 et C_3 sont atteints, il n'y a qu'une seule combinaison de paires de chromosomes n° 7 possible.

2. A_1 et A_2 ne sont pas atteints, mais ont une fille (B_1) qui l'est ; cela doit te donner un indice sur les chromosomes n° 7 que possèdent les parents...

TYPE 12 Étudier la forme du lobe de l'oreille

25 min

→ APPLIQUE LA MÉTHODE DE LA FICHE 6

Dans l'espèce humaine, les lobes des oreilles sont soit libres, soit adhérents. Le caractère « fixation du lobe de l'oreille » est déterminé par un gène situé sur le chromosome 22. Ce gène possède deux allèles différents : l'allèle l^+, dominant, correspond au caractère « lobe libre » et l'allèle l^-, récessif, qui correspond au caractère « lobe adhérent ».

Document **La paire de chromosomes n° 22**

	Mère	Père
Chromosomes de la paire n° 22	 1+ 1–	 1+ 1–

1. À partir du tableau, préciser, en justifiant la réponse, le lobe d'oreille présenté par les parents.

2. En ne considérant que les paires de **chromosomes sexuels** et **n° 22**, donner, en justifiant la réponse, le nombre de sortes de gamètes différents que peut produire chaque parent.

3. Illustrer la réponse précédente par un schéma correctement annoté représentant la formation des gamètes chez le père.

4. En réalisant un échiquier de croisement, donner toutes les combinaisons possibles pour les paires **de chromosomes sexuels** et **n° 22** pour leurs enfants éventuels.

5. En utilisant les résultats de la question 4, calculer la probabilité pour ce couple d'avoir une fille ayant des lobes d'oreilles adhérents.

Démarrons ensemble

- La question est posée pour deux paires de chromosomes. À partir d'une cellule mère des gamètes avec 2 paires de chromosomes, calcule le nombre de spermatozoïdes différents que peut produire le père et le nombre d'ovules différents que peut produire la mère.
- Le schéma doit être suffisamment grand (avec des couleurs et une légende complète), rigoureux (respecte la dimension des chromosomes – ils ne raccourcissent ni ne s'allongent lors de la formation des gamètes), correct (un gamète n'a pas le même nombre de chromosomes qu'une autre cellule).

SUJET TYPE

13 Étudier une maladie héréditaire : la phénylcétonurie

30 min

→ APPLIQUE LA MÉTHODE DE LA FICHE 6

Le test de Guthrie est pratiqué chez tous les nouveau-nés par prélèvement de quelques gouttes de sang au niveau du talon. Il permet de dépister une maladie héréditaire, la phénylcétonurie, qui se manifeste par une déficience intellectuelle grave. Dans le cas d'un test positif, un régime alimentaire strict commencé dès la naissance évitera l'apparition des symptômes de la maladie.

Document 1 L'origine de la phénylcétonurie

« La phénylcétonurie est liée à l'accumulation dans le sang d'une substance alimentaire, la phénylalanine qui, à fortes doses, est toxique pour les cellules nerveuses. La phénylalanine est normalement dégradée par une substance produite par un gène appelé PAH, situé sur la paire de chromosomes n° 12. Chez les individus atteints de phénylcétonurie, cette réaction n'a pas lieu, d'où l'accumulation de phénylalanine. Il existe deux allèles pour ce gène PAH, l'allèle fonctionnel PAH^+ et l'allèle non fonctionnel PAH^-. Seuls les individus porteurs des deux allèles PAH^- développent la maladie.

Document 2 Arbre généalogique d'une famille dont un enfant est atteint de phénylcétonurie

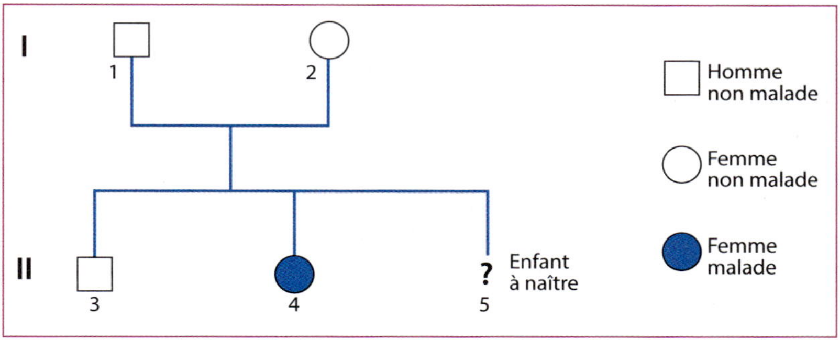

1. À partir du document, et en justifiant la réponse, indiquer quel allèle est dominant et quel allèle est récessif.

2. À partir des informations tirées des différents documents, décrire la paire de chromosomes n° 12 en indiquant les allèles du gène PAH portés par l'individu 4 (génération II) et par chacun des parents.

3. Le tableau du document 3 est l'échiquier de croisement des parents. Seuls les chromosomes 12 sont représentés sous forme de bâtonnets colorés. Compléter le tableau en précisant l'allèle du gène PAH porté sur le chromosome 12 de chaque cellule reproductrice.

4. Compléter les cases vides de l'échiquier de croisement en plaçant les chromosomes 12 issus de chaque parent avec les allèles adéquats.

5. En utilisant les résultats du 4, calculer la probabilité pour ce couple que l'enfant à naître soit malade. Justifier la réponse.

Document 3 Échiquier de croisement pour les chromosomes 12 des parents

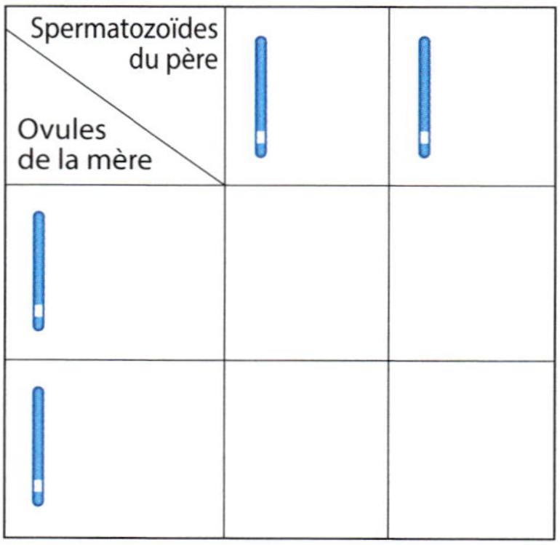

Démarrons ensemble

Les cases vides de l'échiquier de croisement correspondent au contenu chromosomique et allélique d'une cellule-œuf : elles comportent donc deux chromosomes 12, un chromosome provenant de chaque parent.

Se tester QUIZ

1 **1. c. • 2. b. • 3. a.**

2 **1. b. • 2. c.**

S'entraîner

3 **1.**

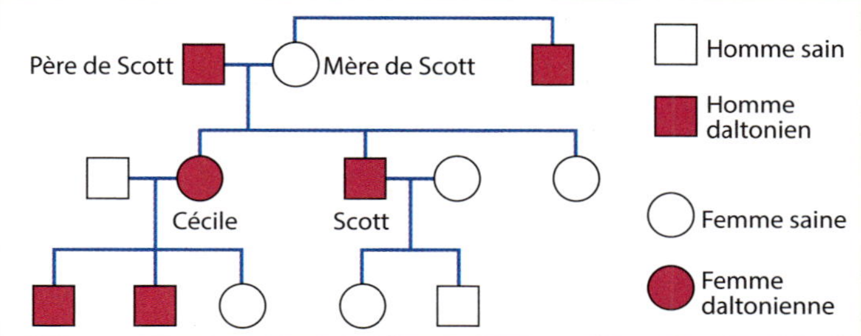

2. L'apparition répétée sur plusieurs générations du caractère « daltonien » montre que le caractère est transmissible. Ce qui laisse présager que **les fils de Cécile peuvent avoir des enfants daltoniens.**

3. Un caractère héréditaire peut être transmis par des parents à leur descendance.

4 **1.** Le document s'appelle un **caryotype** (→ Fiche 1).

2. Il s'agit, dans ce cas, d'un **fœtus humain**, car son caryotype comporte 23 « paires » de chromosomes, et les humains possèdent 46 chromosomes (23 × 2).

> **À noter**
> Le **nombre de chromosomes** est caractéristique d'une espèce.

3. Le fœtus est de **sexe masculin**, car on distingue un chromosome X et un Y (→ Fiche 2).

4. On distingue trois chromosomes au lieu de deux sur la « paire » n° 18.

5. On pourrait appeler cette anomalie chromosomique, une **trisomie** (trois chromosomes) **18** (au lieu des deux chromosomes 18).

> **À noter**
> L'explication des **anomalies** est donnée dans la fiche 6.

5 **1.** ① On extrait une cellule de mamelle de la brebis blanche A.

② On prélève un ovule de la brebis à tête noire B.

③ On retire le noyau de l'ovule de la brebis à tête noire B.

④ On met ensemble les deux cellules.

⑤ On produit une stimulation électrique.

⑥ Les deux cellules fusionnent en une cellule-œuf.

⑦ La cellule-œuf subit des multiplications : l'embryon est alors constitué de plusieurs cellules.

⑧ L'embryon est introduit dans l'utérus de la brebis à tête noire.

⑨ Naissance de Dolly, au pelage blanc.

2. La majeure partie de la membrane et du cytoplasme proviennent de la **brebis à tête noire**, le noyau provient forcément de la **brebis au pelage blanc**.

3. Dolly a hérité ses caractères de la **brebis blanche.**

4. Le noyau provient de la brebis blanche, Dolly ayant le pelage blanc, on en déduit que le support de l'information héréditaire est le **noyau.**

5. Dolly est un clone de la brebis blanche, car toutes les cellules de Dolly comportent l'ensemble des informations héréditaires de la brebis blanche, pas uniquement le caractère « couleur du pelage ».

À noter

Depuis **Dolly** de nombreux autres animaux ont été clonés. Malheureusement, ils ont une espérance de vie très courte...

6 **1.** Le caryotype présente **23 chromosomes** : 22 + le chromosome Y.

2. On compte sur ce caryotype **un seul** chromosome sexuel.

3. Le chromosome sexuel observé est le chromosome Y.

À noter

Le chromosome Y est le plus petit chromosome d'une cellule humaine.

7 ▪ La fille atteinte du syndrome de Turner possède 45 chromosomes dont un seul chromosome X, alors qu'une fille non atteinte devrait en compter 46 dont deux chromosomes X.

▪ On sait que chaque chromosome porte de nombreux gènes. D'autre part, chaque gène est responsable d'une information héréditaire.

▪ On peut en déduire que l'absence d'un chromosome implique l'absence de nombreuses informations génétiques, et donc l'apparition de nombreux symptômes.

▪ On peut supposer que l'absence du deuxième chromosome X est responsable des symptômes du syndrome de Turner : le chromosome X porte les informations génétiques relatives à la croissance et aux caractères sexuels secondaires.

À noter

Le **chromosome X** porte en fait plus de 200 gènes...

8 ▪ On commence par schématiser les chromosomes dans les deux cellules filles (**schéma c**), en gardant à l'esprit que chacune des deux cellules filles doit porter les mêmes chromosomes (➜ Fiche 3).

▪ On complète ensuite la **cellule b**, de telle manière que chaque chromosome puisse donner une copie aux deux cellules filles.

Attention !

Veille au soin de ton schéma et à sa rigueur (chromosomes de même dimension, même couleur...).

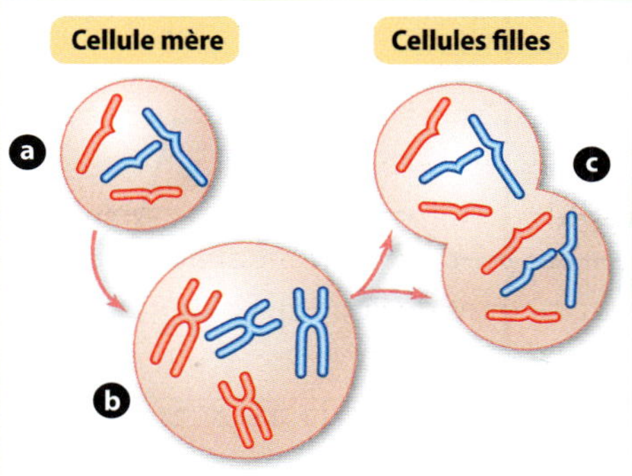

9 ■ L'axe des ordonnées (l'axe vertical) représente ce qu'on étudie (ici la quantité d'ADN) et l'axe des abscisses (l'axe horizontal) représente la variable, c'est-à-dire la valeur que l'on connaît (ici le temps en heures).

■ Le tableau de données nous donne les valeurs maximales à prendre en compte pour la construction du graphique : à savoir ici, 6 unités arbitraires pour la quantité d'ADN et 24 heures pour le temps écoulé.

Ainsi, pour 2 heures = 1 cm : l'axe des abscisses doit mesurer 12 cm et pour 1 unité arbitraire = 1 cm : l'axe des ordonnées mesure 6 cm.

■ Ensuite on trace les deux axes perpendiculaires, avec les flèches aux extrémités, sans oublier les titres des axes et les unités des valeurs.

■ Pour chaque couple de valeurs du tableau, on trace des droites en pointillés, avec une croix marquant l'intersection des deux lignes.

Attention !
N'oublie pas d'effacer les pointillés tracés, ils ne sont à présent plus nécessaires. Et bien entendu, veille au soin de ton graphique...

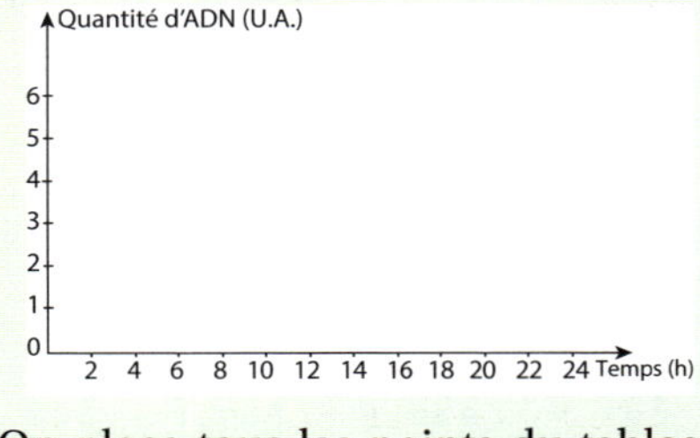

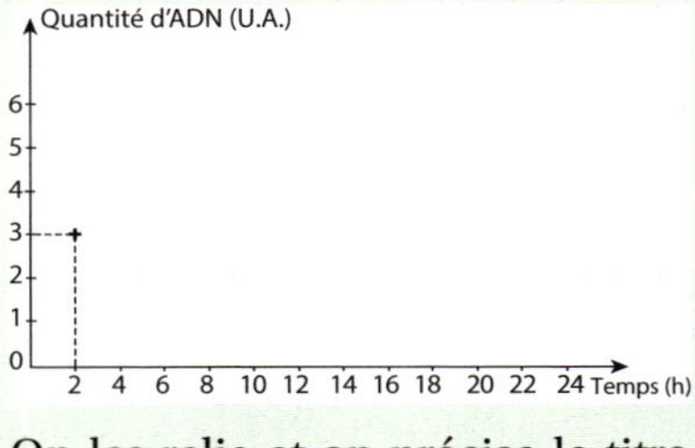

■ On place tous les points du tableau. On les relie et on précise le titre du graphique.

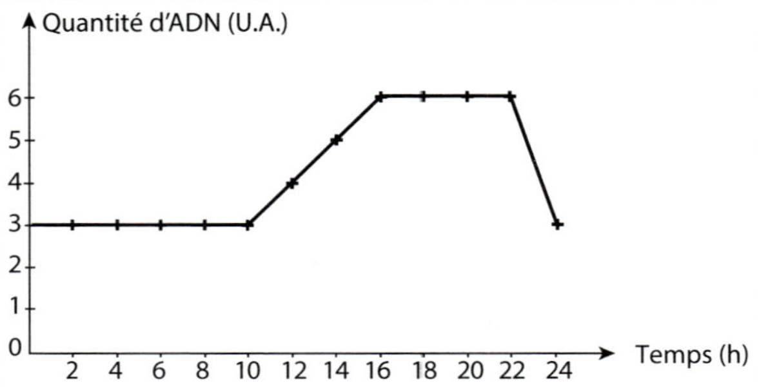

10 **1.**

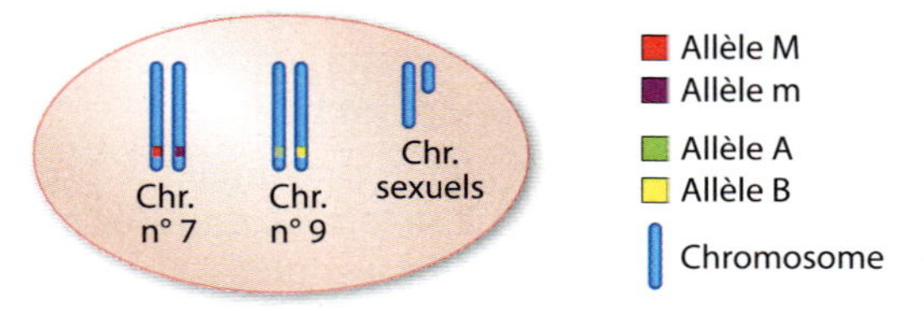

Rappel

Les mêmes gènes sont localisés au même emplacement sur les deux chromosomes d'une même paire.

2. Il y a 3 paires de chromosomes différents : c'est-à-dire 2^3 = **8 spermatozoïdes différents.**

3.

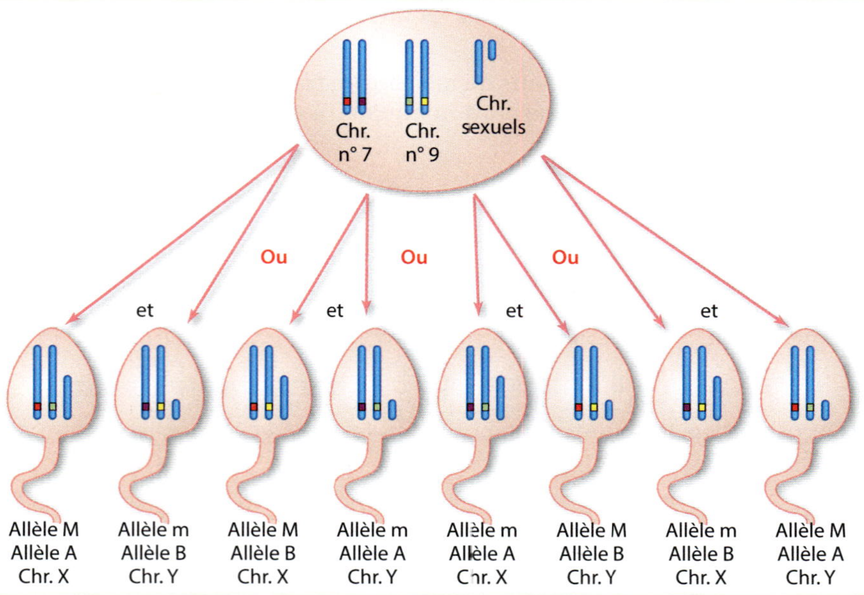

Vers le brevet

11 **1.** B1 et C3 étant atteints, ils ont l'**allèle a** en deux exemplaires.

2. A1 et A2 ont eu une fille B1 atteinte, avec deux allèles a. Or, celle-ci a hérité chaque allèle de ses parents (A1 et A2). On en déduit que ceux-ci possèdent un chromosome 7 portant un **allèle a**. De plus, comme A1 et A2 ne sont pas malades, ils doivent forcément posséder l'**allèle A** sur leur deuxième chromosome 7.

> **À noter**
> Les notions d'**allèle dominant** et d'**allèle récessif** sont évoquées dans la fiche 4.

3. B0 et B1 ont eu un garçon C3 atteint, avec deux **allèles a**. Or, celui-ci a hérité chaque allèle de ses parents (B0 et B1). On en déduit que ceux-ci possèdent un chromosome 7 portant un **allèle a**. Or, comme B0 n'est pas malade, il doit forcément posséder l'**allèle A** sur son deuxième chromosome 7.

12 **1.** Les parents ont des oreilles avec les **lobes libres**, car sur leurs deux gènes commandant le caractère « fixation du lobe de l'oreille » il y a un allèle « l^+ ». Une personne a les lobes d'oreilles adhérents seulement si elle possède deux fois l'allèle récessif « l^- ».

2. Il peut y avoir **4 gamètes** différents pour le père et **2 gamètes** différents pour la mère. Car un chromosome de chaque paire va au hasard dans un des deux gamètes.

> **Info**
> Relis la méthode de la fiche 6.

3.

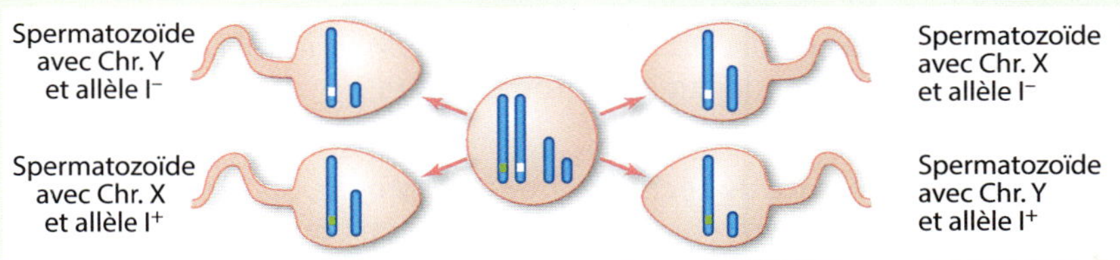

4.

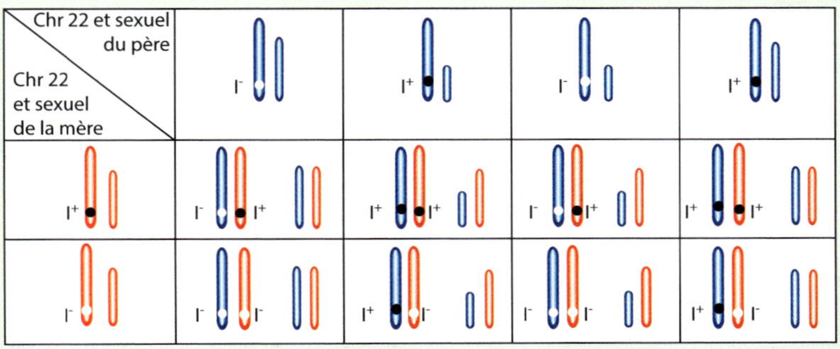

5.

Méthode

Pour déterminer la probabilité d'avoir une fille avec des lobes d'oreilles adhérents, calcule le rapport du nombre de cases que tu as comptées précédemment sur le nombre de cases que contient l'échiquier de croisement.

On relève sur l'échiquier de croisement le nombre de cases correspondant à ce qui est demandé.

D'après cet échiquier, les parents ont **1 chance sur 8** (12,5 %) d'avoir une fille ayant des lobes d'oreilles adhérents.

13 **1.** D'après le texte du document 1, l'allèle PAH^+ est fonctionnel et l'allèle PAH^- n'est pas fonctionnel. Il est indiqué que seuls les individus portant deux fois l'allèle PAH^- sont malades. On en déduit que **l'allèle PAH^- est récessif** et l'**allèle PAH^+ dominant**, car un individu ayant un allèle PAH^+ et un allèle PAH^- ne serait pas malade.

Info

Relis attentivement la fiche 5 sur les allèles. Le texte du document 1 te permet de justifier quel allèle est dominant ou récessif.

2. L'individu 4 étant malade, elle possède forcément **deux allèles récessifs PAH^-**.

Or, celle-ci a hérité chaque allèle de ses parents (individus 1 et 2). On en déduit que ceux-ci possèdent un chromosome 12 portant **un allèle PAH^-**. De plus, comme les parents ne sont pas malades, ils doivent forcément posséder **l'allèle PAH^+** sur leur deuxième chromosome 12.

Rappel

Une **cellule reproductrice** ne comporte qu'un seul chromosome 12 (donc un seul allèle).

3 et **4.**

Pour simplifier la lecture de l'échiquier de croisement, les chromosomes 12 de la mère sont coloriés en rouge et ceux du père en bleu.

Spermatozoïdes du père / Ovules de la mère	PAH^+	PAH^-
PAH^+	PAH^+ PAH^+	PAH^- PAH^+
PAH^-	PAH^+ PAH^-	PAH^- PAH^-

Attention !

Les chromosomes d'une même paire ont la même taille. Les gènes et donc les allèles doivent être placés au même niveau.

Individu 4 : 

Parents (individus 1 et 2 sur l'arbre généalogique) :

5. Sur l'échiquier de croisement réalisé dans le 4, sur les 4 enfants possibles pour ce couple de parents, une seule cellule-œuf porte l'allèle PAH^- en deux exemplaires : les parents ont donc **1 risque sur 4** d'avoir un enfant atteint de phénylcétonurie.

À noter

Un parent qui aurait deux **allèles récessifs** transmettrait forcément un des deux allèles à son enfant. Dans ce cas précis, les parents auraient 1 risque sur 2 (50 %) d'avoir un enfant atteint...

Comment expliquer l'évolution des êtres vivants ?

FICHES

EXERCICES & SUJETS

CORRIGÉS

7 Déterminer une succession d'espèces au cours des temps géologiques

Des espèces sont apparues, certaines ont disparu : quelle est leur succession au cours du temps ?

RETENIR L'ESSENTIEL

I Étude d'un exemple : le groupe des ammonites

- Les ammonites, aujourd'hui disparues, appartiennent à un groupe d'animaux marins, les céphalopodes, dont les représentants actuels sont les pieuvres, ou les seiches...
- On trouve des fossiles d'ammonites dans de nombreuses roches. Elles constituent donc un outil privilégié du géologue. Les ammonites présentent sur leur coquille des ornementations ou enroulements distincts permettant de les séparer en espèces différentes.

Ammonite du genre *Amaltheus*.

- L'observation de fossiles d'ammonites dans des strates successives montre que des espèces différentes d'ammonites sont apparues et se sont **développées** de façon échelonnée : elles se sont **diversifiées** (organisation progressivement plus complexe), ont **régressé** (moins de fossiles découverts) et ont fini par **disparaître** il y a près de 65 Ma.

> **Mot-clé**
> **Strate** : couche de roche.

II Extinction d'êtres vivants

- L'histoire de la vie est marquée par plusieurs crises biologiques plus ou moins importantes ayant conduit à l'extinction de groupes entiers d'êtres vivants. Les ammonites ont donc subi une crise biologique il y a 65 Ma.
- Une crise biologique est souvent suivie d'une **période de diversification biologique importante**, donc de l'apparition de nombreux groupes et espèces nouveaux.

> **Mot-clé**
> **Crise biologique** : période d'extinction de groupes/espèces d'êtres vivants sur un temps relativement court à l'échelle des temps géologiques.

APPLIQUER LA MÉTHODE

I Comprendre le principe de la fossilisation

- À la mort d'un être vivant, les tissus « mous » se décomposent sous l'action de micro-organismes ayant besoin de dioxygène, alors que les parties dures (os, coquille...) subsistent **(a)**.
- Une ou plusieurs couches de sédiments viennent recouvrir les restes **(b)**.
- Sous la masse croissante des sédiments, les couches plus profondes perdent de l'eau et les restes de l'organisme subissent une minéralisation.
- Au fil du temps, l'érosion et (ou) l'action de l'homme mettent à jour les fossiles **(c)**.

À noter
Dans certaines conditions exceptionnelles (ensevelissement rapide, faibles températures...), les **tissus mous** peuvent être conservés.

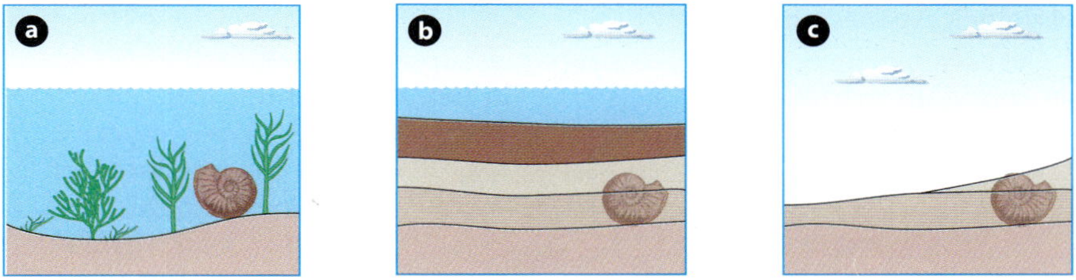

II Interpréter la présence de fossiles

- Les fossiles permettent de **dater** le moment de fossilisation. La disposition des couches de roches indique l'ordre de dépôt des fossiles. Les strates les plus profondes sont les plus anciennes, les plus superficielles sont les plus récentes.
- Les fossiles découverts permettent de reconstituer les **milieux de vie** des organismes fossilisés. Par exemple, la présence de fossiles d'organismes marins, comme les bélemnites (proches des seiches actuelles) permet de déduire que le milieu était une mer ou un océan.

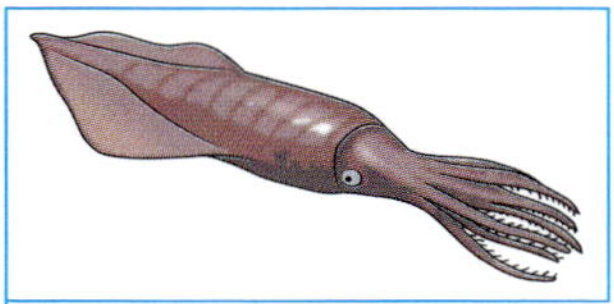

Reconstitution d'une bélemnite.

À noter
Les **bélemnites** possédaient un squelette interne, dont on retrouve parfois une partie : le rostre.

Pour vérifier que tu as compris ▸ Exercice 1
Pour t'entraîner ▸ Exercices 2 à 7
Pour préparer le brevet ▸ Exercices 8 à 10

8 Établir un lien de parenté entre les êtres vivants

Les êtres vivants se succèdent ; proviennent-ils les uns des autres ?

RETENIR L'ESSENTIEL

I Lien de parenté au sein d'un même groupe

- Les géologues ont découvert des fossiles de primates présentant de nombreuses ressemblances les uns avec les autres, en particulier un squelette permettant une certaine bipédie. Ces espèces de primates (l'Homme habile, l'Homme debout, l'Homme de Néandertal et l'Homme sage) sont apparues successivement et ont même pu, pour certaines espèces, coexister.
- Des ressemblances entre espèces apparues successivement, au sein d'un même groupe, suggèrent un **lien de parenté** entre ces espèces. Elles se sont formées les unes à partir des autres : c'est l'évolution. Pour les espèces d'Hommes, on parle de lignée humaine.

Mot-clé

Évolution : transformation des espèces vivantes par des changements de leurs attributs au cours des générations (→ Fiche 9).

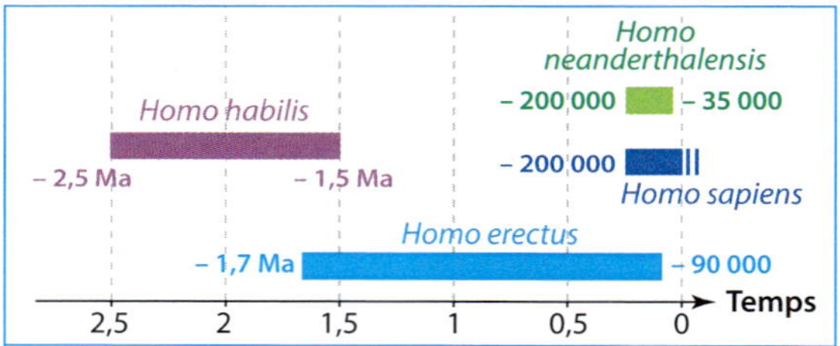

Répartition dans le temps d'espèces de la lignée humaine.
Homo habilis (Homme habile), *Homo erectus* (Homme debout), *Homo neanderthalensis* (Homme de Néandertal), *Homo sapiens* (Homme sage).

Mot-clé

Lignée humaine : succession d'espèces ayant une parenté plus proche avec les humains qu'avec les chimpanzés.

II Lien de parenté entre groupes différents

- On observe également des ressemblances chez des êtres vivants appartenant à des groupes différents. Ceci atteste de l'**existence d'un lien de parenté** entre ces groupes différents.
- L'archéoptéryx, par exemple, correspond à une **forme intermédiaire** entre deux groupes distincts : celui des dinosaures bipèdes, et celui des oiseaux. Il confirme l'existence d'une **filiation entre ces deux groupes**, et, par extension, d'une filiation entre tous les êtres vivants...
- Les êtres vivants auraient tous **une origine commune** : des micro-organismes constitués d'une seule cellule.

APPLIQUER LA MÉTHODE

Classer des espèces sous forme de groupes emboîtés

Classer les quatre espèces de vertébrés suivants sous forme de groupes emboîtés : crapaud (doigts), crocodile (doigts, amnios), pigeon (doigts, amnios, bréchet) et homme (doigts, amnios).

(Les attributs des espèces étudiées sont entre parenthèses.)

Conseils

Pour classer des espèces les espèces, suis bien les étapes ci-dessous.

1. Repère les attributs des êtres vivants.
2. Construis un tableau espèces/attributs et complète-le.
3. Détermine le nombre de boîtes à réaliser.
4. Construis les boîtes et place les êtres vivants dans les boîtes.

Solution

1. Les attributs étudiés sont *doigts, amnios* et *bréchet*.

2. Toutes les espèces et les attributs doivent figurer dans le tableau. Ajoute une croix lorsque l'espèce possède l'attribut.

Espèces Attributs	Crapaud	Crocodile	Pigeon	Homme
Doigts	×	×	×	×
Amnios		×	×	×
Bréchet			×	

3. Le nombre d'attributs distincts indique le nombre de boîtes (ici, 3 boîtes).

4. Repère l'attribut partagé par le plus grand nombre d'espèces et construis la plus grande boîte (ici, la présence de doigts).

Repère le deuxième attribut partagé par le plus grand nombre d'espèces et construis une nouvelle boîte à l'intérieur de la précédente (ici, la présence d'amnios).

Fais de même pour les attributs suivants (ici, la présence d'un bréchet), et ainsi de suite.

Place les êtres vivants dans les boîtes.

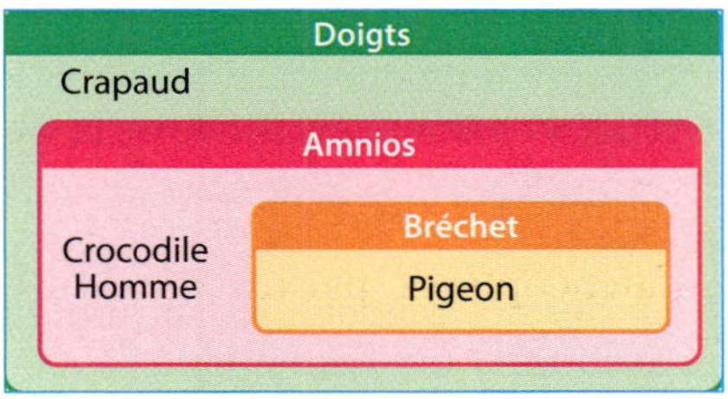

Pour vérifier que tu as compris ▸ Exercice 1

Pour t'entraîner ▸ Exercices 2 à 7

Pour préparer le brevet ▸ Exercices 8 à 10

9 Retracer les liens de parenté dans un arbre d'évolution

Comment représenter les liens de parenté entre espèces différentes ?

RETENIR L'ESSENTIEL

I Arbre d'évolution

- Les êtres vivants sont classés en groupes emboîtés définis uniquement par des **attributs** qu'ils possèdent en commun. L'étude des fossiles a permis de constater l'apparition dans le temps de certains attributs (**innovations évolutives**). Par la suite, des organismes ont hérité ces innovations d'ancêtres dont ils sont issus.
- Un arbre d'évolution est la représentation schématique des **liens de parenté supposés** entre les espèces et les groupes, à partir des modifications survenues chez un ancêtre commun.

Mot-clé
Groupes emboîtés : groupes d'êtres vivants partageant les mêmes attributs.

Mot-clé
Arbre d'évolution : présentation des liens de parenté entre des espèces/groupes, sous forme d'un arbre.

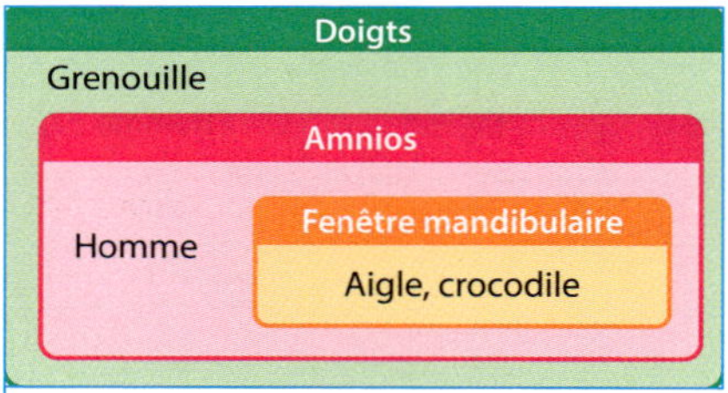

Doc 1. Groupes emboîtés chez des Vertébrés.

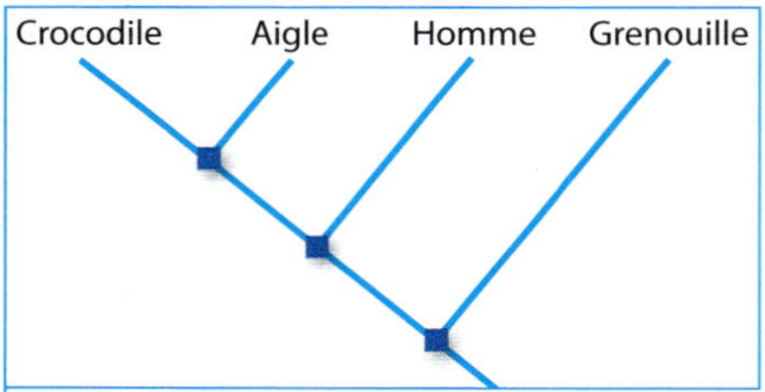

Doc 2. Arbre d'évolution chez des Vertébrés.

II La place de l'espèce humaine dans l'évolution

- L'espèce humaine, comme toutes les autres espèces, s'inscrit dans l'histoire évolutive de la vie.

L'Homme partage avec le chimpanzé un ancêtre commun exclusif.

- Ce dernier possède les attributs partagés par l'Homme et le chimpanzé. Cependant, l'ancêtre commun exclusif ne présente ni les attributs propres à l'Homme, ni ceux propres au chimpanzé : ce n'est ni un Homme, ni un chimpanzé.

Mot-clé
Ancêtre commun exclusif : ancêtre commun que deux groupes/espèces ne partagent avec aucun autre groupe/espèce.

APPLIQUER LA MÉTHODE

Connaître les règles de construction d'un arbre d'évolution

- La **classification des espèces** sous forme de groupes emboîtés traduit un partage d'attributs de plus en plus nombreux : plus des êtres vivants partagent d'attributs, plus leurs relations de parenté sont étroites.
Les scientifiques représentent ces liens de parenté dans un **arbre de parenté** (ou arbre d'évolution).

- La **représentation schématique** des liens de parenté entre les espèces et les groupes doit respecter les règles suivantes.

Les règles de construction

- Les groupes sont placés aux **extrémités des branches** de l'arbre.

Exemple : Tarsier, gorille...

- Plus on s'éloigne de l'extrémité des branches, plus on remonte dans le temps.

- Chacun des **nœuds de l'arbre** (jonction entre deux branches) représente un **ancêtre commun**.

- L'apparition d'un nouvel attribut se fait **avant** le nœud.

Exemple : L'attribut « placenta » est apparu avant l'ancêtre commun de l'oreillard et de l'otarie.

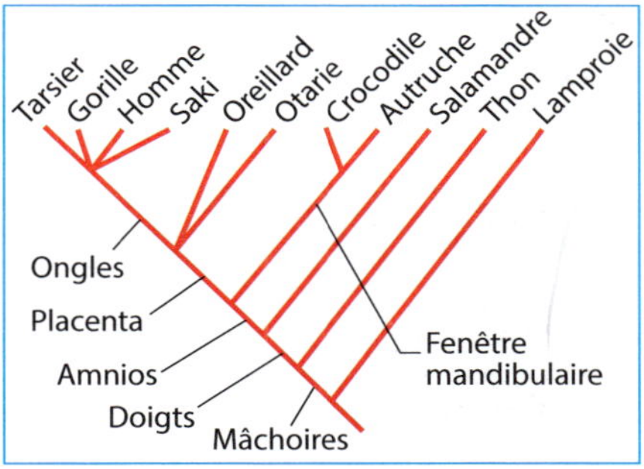

- Pour atteindre un groupe, il faut suivre le chemin sur l'arbre en passant par des nœuds.

Exemple : Autruche : mâchoires → doigts → amnios → fenêtre mandibulaire.

- Plus deux groupes sont proches d'un point de vue évolutif, moins il y a de nœuds de l'arbre qui les séparent.

Exemple : Le saki est plus proche du point de vue évolutif de l'otarie (deux nœuds les séparent) que du crocodile (quatre nœuds).

Pour vérifier que tu as compris ▸ Exercice 1

Pour t'entraîner ▸ Exercices 2 à 7

Pour préparer le brevet ▸ Exercices 8 à 10

10 Expliquer l'apparition de nouvelles espèces

Des espèces étroitement liées se sont formées à partir d'une espèce ancestrale commune. Comment naissent les nouvelles espèces ?

RETENIR L'ESSENTIEL

I Étude de l'apparition de nouvelles espèces

Des scientifiques ont pu faire apparaître de nouvelles espèces à partir d'une population initiale. Ces nouveaux individus, quoique ressemblants, ne peuvent plus se reproduire avec les individus originaux : il s'agit d'une **nouvelle espèce**...

II Mécanismes de l'évolution

- L'évolution des espèces est due à deux mécanismes :

– l'apparition **au hasard** de modifications du programme génétique : les mutations ;

Mot-clé

Mutation : modification d'un gène, pouvant se traduire par une modification de caractère.

Deux phalènes du bouleau posées sur un tronc d'arbre.
Une mutation intervenue au sein de la population de phalènes du bouleau a conféré une pigmentation plus prononcée (phalène noire). Celle-ci a octroyé un avantage dans les régions très polluées : lorsqu'elles se posaient sur des troncs d'arbres noircis par la pollution, elles paraissaient moins visibles pour les oiseaux prédateurs : la mutation et la sélection naturelle contribuent à l'évolution.

– la **sélection d'attributs** sous l'influence du milieu de vie : les individus, porteurs d'un attribut qui leur confère un avantage, deviendront plus nombreux avec le temps : on dit qu'ils sont « sélectionnés ».

- L'apparition de nouvelles espèces, à partir d'une population ancestrale commune, implique une **divergence génétique,** puis l'**incapacité de se reproduire entre deux populations**.

- À l'échelle de la population, les différentes combinaisons génétiques **coexistent**. Leurs proportions **varient au hasard** au cours du temps, et certaines combinaisons peuvent même disparaître en réponse aux variations de l'environnement.

APPLIQUER LA MÉTHODE

Exploiter un arbre de parenté

Un arbre de parenté permet entre autres d'indiquer les liens de parenté entre espèces différentes, d'estimer les caractéristiques des ancêtres communs, ainsi que l'ordre d'apparition des innovations évolutives.

À partir de l'arbre de parenté ci-contre, répondre aux questions.

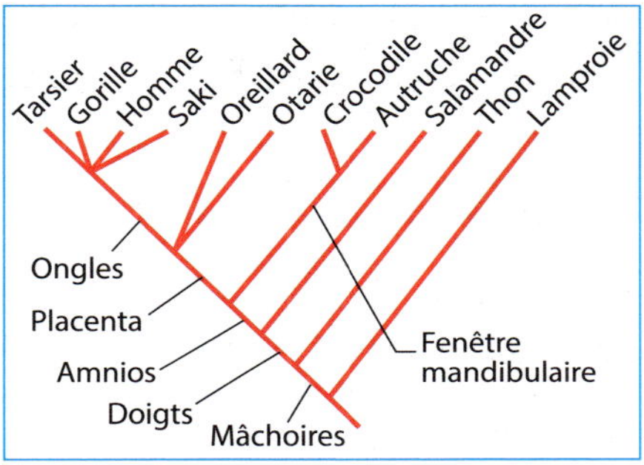

1. Préciser les plus proches parents du gorille, en le justifiant.

2. Placer sur l'arbre de parenté, sous forme de losanges rouges, les ancêtres communs des espèces.

3. Donner les caractéristiques du dernier ancêtre commun au saki et à la salamandre. (Ce sont les innovations évolutives apparues chez cet ancêtre.)

4. Placer sur l'arbre de parenté, sous forme de cercles, les innovations évolutives.

Solution

1. Les plus proches parents du gorille sont le tarsier, l'Homme et le saki, car c'est avec eux qu'il partage le plus d'innovations évolutives.

2. Les losanges rouges sont placés aux nœuds des branches.

3. Le dernier ancêtre commun au saki et à la salamandre possédait des mâchoires et des doigts.

4. Les cercles sont placés avant les nœuds.

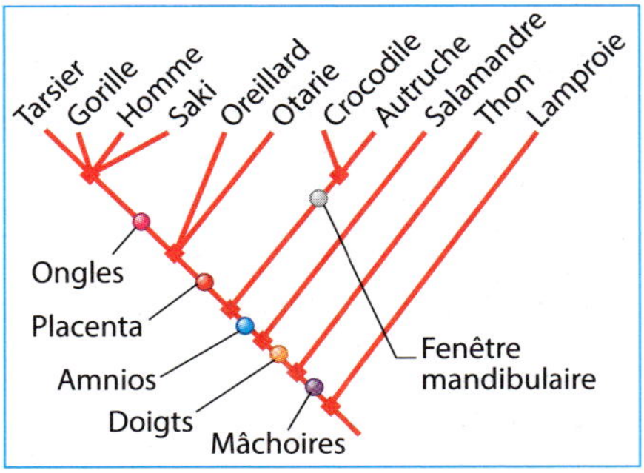

Pour vérifier que tu as compris
▸ Exercice 1

Pour t'entraîner
▸ Exercices 2 à 7

Pour préparer le brevet
▸ Exercices 8 à 10

Se tester QUIZ

Vérifie que tu as bien compris les points clés des **fiches 7 à 10.**

Pour chaque question, vérifie ta réponse à l'aide du corrigé et consulte les fiches de cours si nécessaire.

1 Comprendre la notion d'évolution

→ RÉVISE LES FICHES 7 À 10

1. Une crise biologique correspond à :

- ☐ **a.** l'extinction de tous les êtres vivants
- ☐ **b.** l'extinction de certains groupes d'êtres vivants à l'échelle de la planète
- ☐ **c.** l'extinction de certains groupes d'êtres vivants uniquement dans le milieu marin

2. Le nombre d'attributs communs entre deux espèces :

- ☐ **a.** est plus grand quand leur ancêtre commun est récent
- ☐ **b.** ne dépend pas du lien de parenté entre les deux espèces
- ☐ **c.** est plus petit quand le lien de parenté est étroit

3. L'évolution des espèces est due :

- ☐ **a.** uniquement à des mutations au hasard
- ☐ **b.** uniquement à la sélection d'attributs par le milieu de vie
- ☐ **c.** à des mutations et à la sélection d'attributs par le milieu

4. Une espèce nouvelle :

- ☐ **a.** présente des caractères ancestraux
- ☐ **b.** présente des caractères nouveaux et ancestraux
- ☐ **c.** peut se reproduire avec l'espèce ancestrale dont elle est issue

S'entraîner

Vérifie que tu sais appliquer les méthodes des **fiches 7 à 10.**

Pour chaque exercice, consulte la méthode indiquée et compare ta réponse à celle donnée dans le corrigé.

2 Reconstituer un paysage ancien

→ APPLIQUE LA MÉTHODE DE LA FICHE 17

Les données paléontologiques sur les animaux et les végétaux fossiles découverts sur certains sites de fouilles ont permis de reconstituer le peuplement du milieu il y a 300 millions d'années.

Document 1 **Reconstitution d'une forêt marécageuse datant de 300 millions d'années** (région actuelle de Montceau-les-Mines, France). Le climat à cette époque était tropical (chaud et humide).

Espèces (groupes auxquels appartiennent) :

A et B. *Pecopteris* et *Stylocalamites* (fougères et apparentés)

C. *Etoblattina* (insectes)

D. *Branchiosaurus* adultes et larves (amphibiens et apparentés)

E. *Commentrya* (poissons à nageoires rayonnées)

F. *Xenacanthus* (poissons à squelette cartilagineux)

Document 2 **Frise chronologique**

Période	Cambrien	Ordovicien	Silurien	Dévonien	Carbonifère	Permien	Trias	Jurassique	Crétacé	Paléogène	Néogène	
Ère	PRIMAIRE						SECONDAIRE			TERTIAIRE		Q.
Âge (en millions d'années)	540	500	435	410	355	295	250	205	135	65		1,75

1. À partir des documents, dater l'âge et l'époque (ère et période) de ce paysage.

2. Indiquer le lieu actuel de la reconstitution.

3. Relever le type de paysage que les scientifiques ont pu reconstituer.

4. Nommer les espèces végétales et le groupe auquel elles appartiennent.

Démarrons ensemble

- Ce type de document fourmille d'informations très diverses. Il faut faire le tri entre ce qui est utile pour répondre aux questions et ce qui ne l'est pas.
Les titres des documents peuvent t'aider : par exemple le document 2 est une frise des temps, il peut te fournir des informations relatives au temps et aux âges géologiques.
- La légende du document 1 te fournit des informations sur les animaux et végétaux de l'époque. Or, dans la question 4, on ne te demande que les végétaux, pas les animaux... Attention au hors sujet...

3 Résumer l'histoire évolutive des bélemnites

Des à-coups ont marqué l'histoire de la vie. Cela se traduit par des apparitions de groupes d'êtres vivants, des modifications plus ou moins importantes de leur organisation, des extinctions en masse, voire de groupes entiers : ce sont des crises biologiques.
Souvent, consécutivement à une crise biologique, les groupes qui survivent subissent une phase d'augmentation rapide de leur biodiversité : on appelle cette phase une explosion évolutive.
Le document résume l'histoire d'un groupe de mollusques céphalopodes : les bélemnites.

Document Évolution du nombre de groupes différents de bélemnites au cours du temps

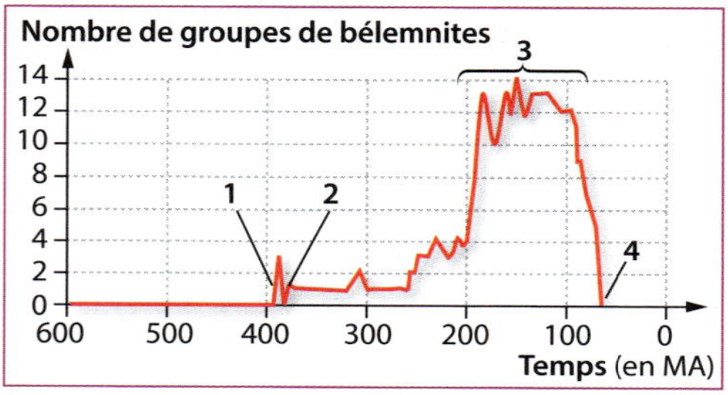

À l'aide des mots et expressions soulignés dans le texte ci-dessus, associer une légende à chacun des numéros (de 1 à 4).

Démarrons ensemble

- Relis la fiche 7.
- Repère l'évolution du nombre de bélemnites (augmentation, diminution, disparition…) afin d'associer un numéro à un mot/expression souligné.

4 Reconstituer l'histoire évolutive des ammonites à partir d'un tableau de données

→ APPLIQUE LA MÉTHODE DE LA FICHE 4
→ CONSULTE LA FICHE ANNEXE 6

Construire le graphique de l'évolution du nombre de groupes d'ammonites au cours du temps à partir du tableau suivant.

Nombre de groupes d'ammonites	0	20	40	50	10	250	400	350	0
Âge (millions d'années)	445	380	350	300	250	220	140	80	60

Démarrons ensemble

- Le phénomène étudié (nombre de groupes d'ammonites) sera représenté sur l'axe des ordonnées (axe vertical) et le temps sur l'axe des abscisses (axe horizontal). Attention, ici le temps est inversé : l'extrémité de l'axe des abscisses correspond à l'actuel (an 0), le début de ton graphique peut commencer à – 500 millions d'années.
- N'oublie pas le titre et veille au soin…

5 Reconstituer l'histoire des trilobites dans un tableau de données

Les trilobites constituent un groupe d'arthropodes marins disparus depuis plus de 250 millions d'années. Ils vivaient au fond des mers.

À partir des informations fournies par le document, construire un tableau de données qui présente sur une ligne le temps en millions d'années (Ma) et sur une autre ligne le nombre de groupes de trilobites.

Document **Brève histoire des trilobites**

« Les trilobites sont apparus il y a près de 520 millions d'années (Ma), on en compte déjà 26 groupes. Ensuite, le nombre de trilobite s'est développé : 20 millions d'années plus tard, les scientifiques en découvrent 19 groupes de plus. Il y a 490 Ma les trilobites connaissent leur apogée avec 63 groupes distincts. Puis vient la lente et inexorable extinction : en 30 Ma, on n'en compte plus que 46, puis 19 groupes 30 Ma plus tard, plus que 5 il y a 360 Ma. Seuls deux groupes subsistent durant 100 Ma, avant d'avoir totalement disparu des océans il y a 250 Ma.

Démarrons ensemble

- Attention : dans le texte, il est écrit « Les trilobites sont apparus il y a 520 Ma… ». Tu dois en déduire une information capitale sur le nombre de trilobites avant 520 Ma.
- N'oublie pas que le temps est inversé : 30 Ma plus tard que 490 Ma c'est 30 Ma plus proche de nos jours, donc 460 Ma.

6 Repérer les attributs d'animaux → APPLIQUE LA MÉTHODE DE LA FICHE 8

À partir des informations données dans le document, compléter le tableau en cochant les cases correspondant aux attributs que possède chaque espèce.

Document Attributs utiles aux scientifiques pour classer les animaux

Pigeon domestique (33 cm)	J'ai deux yeux, une bouche et quatre membres. Mes plumes m'aident à voler. Mon squelette est interne et constitué d'os.
Pyrrhocore (gendarme) (1 cm)	J'ai un squelette externe. Mes six pattes sont articulées. Je possède des yeux, une bouche et une paire d'antennes.
Homme (170 cm)	Mon squelette, constitué d'os, est interne. J'ai deux yeux, une bouche et quatre membres. J'allaite mes petits grâce à des mamelles. J'ai des poils.
Escargot petit-gris (4 cm)	J'ai des yeux, une bouche et une paire de tentacules sur la tête. Je me déplace sur mon pied plat. J'ai une coquille.
Coccinelle à sept points (5 à 8 mm)	Mon squelette est externe et mes six pattes sont articulées. J'ai des yeux, une bouche et une paire d'antennes.
Mouette rieuse (36 cm)	Mon squelette est interne et constitué d'os. J'ai deux yeux, une bouche et quatre membres. Mes plumes m'aident à voler.

	Présence d'une tête (yeux et/ou bouche)	Squelette interne	Squelette d'os	Squelette externe pattes articulées	4 membres	1 ou 2 paires de tentacules	6 pattes et 2 antennes	Présence de poils et de mamelles	Plumes	Coquille
Pigeon										
Pyrrhocore										
Homme										
Escargot										
Coccinelle										
Mouette rieuse										

Démarrons ensemble

Tu peux souligner ou surligner les attributs dans le document. Commence par exemple par le pigeon. Relève quels attributs il possède et mets une croix dans chaque case correspondante.

7 Construire les groupes emboîtés d'espèces animales

→ APPLIQUE LA MÉTHODE DE LA FICHE 8

Le tableau suivant indique les attributs que possèdent huit espèces d'animaux.
Construire les groupes emboîtés des huit espèces animales présentées dans le tableau.

	Yeux	Squelette interne 4 membres	Squelette externe pattes articulées	Présence de poils et de mamelles	Plumes
Hérisson	×	×		×	
Mulot gris	×	×		×	
Souris grise	×	×		×	
Pie bavarde	×	×			×
Rouge-gorge	×	×			×
Abeille domestique	×		×		
Fourmi rousse	×		×		
Opilion	×		×		
Tégénaire	×		×		

Démarrons ensemble

Commence par déterminer le nombre de boîtes à réaliser avant de construire les boîtes.

Vers le brevet

Exerce-toi en vue du brevet et révise les **fiches 7 à 10.**

Pour chaque sujet, aide-toi des conseils donnés et compare ta réponse à celle donnée dans le corrigé.

SUJET TYPE

8 Lire et exploiter un arbre d'évolution

20 min

→ APPLIQUE LES MÉTHODES DES FICHES 9 ET 10

À partir de l'arbre d'évolution de quelques vertébrés, représenté ci-dessous, indiquer si les propositions suivantes sont vraies ou fausses.

Document **Arbre d'évolution de quelques Vertébrés**

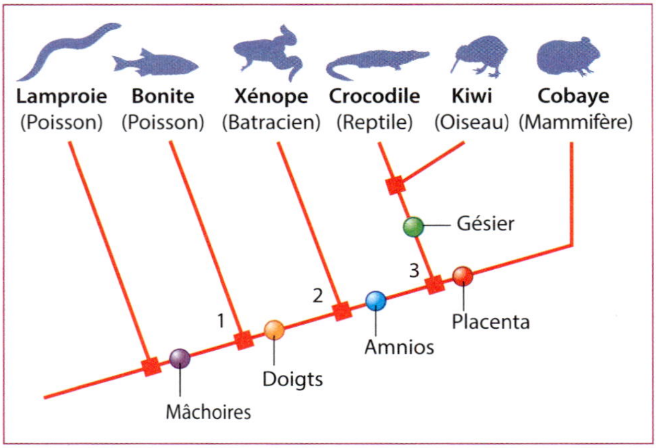

1. Le cobaye possède les attributs suivants : mâchoires, doigts, amnios (poche des eaux), gésier.
2. La lamproie possède des mâchoires.
3. Le cobaye et le xénope sont les animaux qui possèdent la parenté la plus étroite.
4. L'attribut partagé exclusivement par le crocodile et le kiwi est le gésier.
5. Le dernier ancêtre commun possède un amnios.

Démarrons ensemble

Les innovations évolutives apparaissent ici sous forme de cercles de couleurs différentes.
Les ancêtres communs disposés entre les « branches » de l'arbre d'évolution apparaissent ici sous forme de carrés rouges.

SUJET TYPE

9 Étudier un arbre de parenté

15 min

On divise les dinosaures en deux groupes en fonction de la forme du bassin. Les saurischiens possèdent un bassin à cavité acétabulaire (cavité où se loge la tête du fémur) perforée. Les animaux appartenant au groupe des oiseaux possèdent tous un orteil inversé.

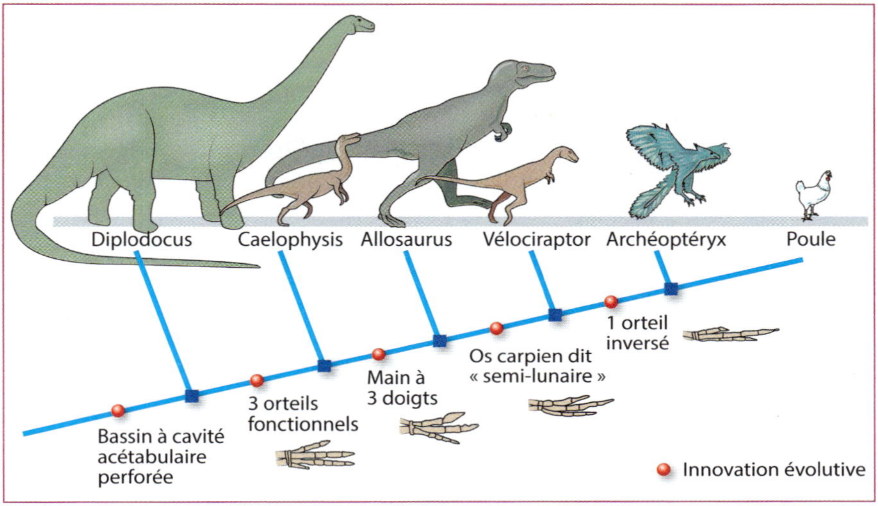

1. Citer le nom des animaux appartenant au groupe des saurischiens. Justifier.

2. Citer le nom des animaux appartenant au groupe des oiseaux. Justifier.

3. Le diplodocus avait-il trois orteils fonctionnels ? Justifier.

4. L'allosaurus avait-il trois orteils fonctionnels ? Justifier.

Démarrons ensemble

1. Les groupes sont placés aux extrémités des branches de l'arbre de parenté.
2. Plus on s'éloigne de l'extrémité des branches, plus on remonte dans le temps.
3. Chacun des nœuds de l'arbre (jonction entre deux branches) représente l'ancêtre commun.
4. L'apparition d'un nouvel attribut se fait avant le nœud.
5. Pour atteindre un groupe, il faut suivre le chemin sur l'arbre en passant par des nœuds. (Ex. : allosaurus : bassin à cavité perforée → 3 orteils fonctionnels → main à 3 doigts.)

SUJET TYPE

10 — 20 min — Étudier un reptile avec des attributs de mammifère

→ APPLIQUE LA MÉTHODE DES FICHES 9 ET 10

Le dimétrodon est un reptile fossile de la fin de l'ère primaire (env. entre – 280 et – 265 Ma). Il possède des caractères morphologiques propres aux reptiles tels que des **membres disposés latéralement**, une **longue queue formée de 60 vertèbres** et une **peau recouverte d'écailles**. En revanche, d'autres caractères le rapprochent des mammifères comme un crâne ayant un nombre réduit d'os, des **dents différenciées** (incisives, canines, molaires) et un **voile jouant probablement un rôle dans la régulation thermique**... Le dimétrodon est qualifié de reptile mammalien.

Document **Reconstitution schématique d'un dimétrodon**

1. Dans le texte, surligner en vert les caractères propres aux reptiles et en rouge les caractères propres aux mammifères.

2. Compléter la légende sur le schéma à l'aide des caractères en gras.

3. Justifier la phrase : « Le dimétrodon appartient au groupe des reptiles mammaliens ».

4. Donner les raisons qui permettent de qualifier le dimétrodon de forme intermédiaire.

5. Compléter l'arbre d'évolution ci-dessus avec les mots suivants : mammifères, reptiles, premiers reptiles, reptiles mammaliens (dont dimétrodon).

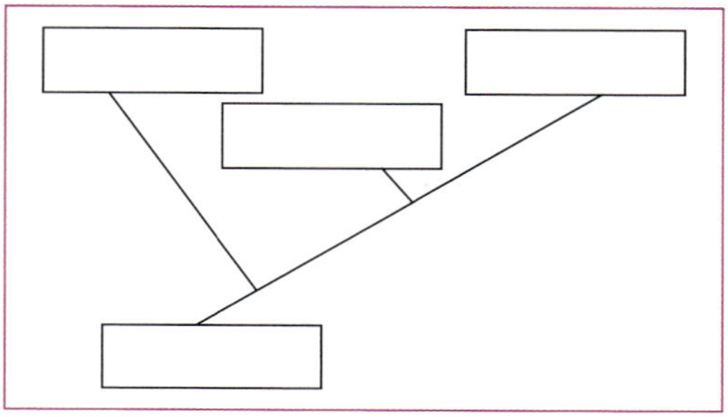

Se tester QUIZ

1 **1. b. • 2. a. • 3. c. • 4. b.**

S'entraîner

2 **1.** Le titre du document 1 nous indique que le paysage reconstitué date de **300 millions d'années**.

Le document 2 montre que cette époque correspond à l'ère primaire au **Carbonifère**.

2. La reconstitution correspond à une zone à proximité de la ville actuelle de **Montceau-les-Mines** en France.

3. Les scientifiques ont reconstitué une **forêt marécageuse.**

4. Les espèces végétales découvertes dans ce paysage étaient **Pecopteris** et **Stylocalamites**, des **fougères** et apparentés.

3 **Il s**'agit d'associer une expression tirée du texte avec la lecture du graphique. Par exemple l'extinction correspond à la disparition du groupe.

1. Apparition.

2. Crise biologique.

3. Explosion évolutive.

4. Extinction.

4 ▪ L'axe des ordonnées (l'axe vertical) représente ce qu'on étudie (ici le nombre de groupes d'ammonites) et l'axe des abscisses (l'axe horizontal) représente la variable, c'est-à-dire la valeur que l'on connaît (ici le temps en millions d'années).

▪ Le tableau de données nous donne les valeurs maximales à prendre en compte pour la construction du graphique : à savoir ici, 400 groupes d'ammonites et 445 millions d'années pour le temps écoulé.

▪ Ici, on a fait 40 millions d'années = 1 cm ; l'axe des abscisses doit mesurer au minimum 12 cm et pour 40 groupes d'ammonites = 1 cm ; l'axe des ordonnées mesure au minimum 10 cm.

▪ Ensuite on trace les deux axes perpendiculaires, avec les flèches aux extrémités, sans oublier les titres des axes et les unités des valeurs.

Pour chaque couple de valeurs du tableau, on trace des droites en pointillés, avec une croix marquant l'intersection des deux lignes.

▪ On place tous les points du tableau. On les relie et on pense à préciser le titre du graphique.

Évolution du nombre de groupes d'ammonites au cours du temps

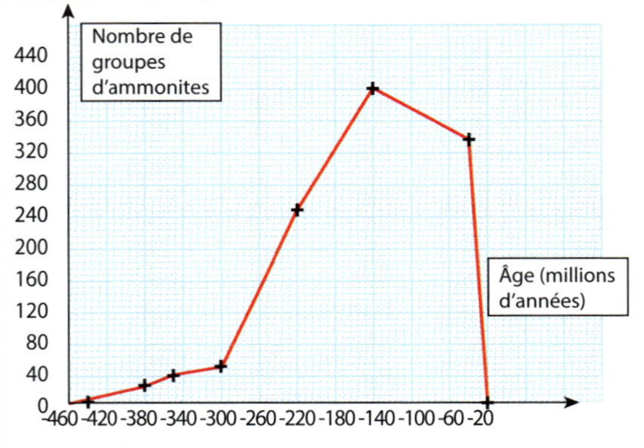

À noter

Tu peux effacer les pointillés tracés quand tu as terminé ton graphique.

5 Il faut transformer les informations données dans le texte, les exprimer en temps (mesuré en Ma) et en nombre de groupes de trilobites.

Évolution du nombre de groupes de trilobites entre – 530 et – 250 Ma

Âge (Ma)	530	520	500	490	460	430	360	260	250
Nombre de groupes de trilobites	0	26	45	63	46	19	5	2	0

6 Pour chaque animal on place une croix dans la (les) case(s) correspondant à (aux) attribut(s) qu'il possède.

Tableau montrant la présence (ou non) d'attributs

	Présence d'une tête	Squelette interne	Squelette d'os	Squelette externe pattes articulées	4 membres	1 ou 2 paires de tentacules	6 pattes et 2 antennes	Présence de poils et de mamelles	Plumes	Coquille
Pigeon	×	×	×		×				×	
Pyrrhocore	×			×			×			
Homme	×	×	×		×			×		
Escargot	×					×				×
Coccinelle	×			×			×			
Mouette rieuse	×	×	×		×				×	

7 ▪ Les deux premières étapes étant déjà réalisées, on commence par déterminer le nombre de boîtes à réaliser. On compte 5 attributs distincts : il y aura donc **5 boîtes**.

▪ L'attribut partagé par le plus grand nombre d'espèces est « **Présence d'yeux** » : tous les animaux du tableau possèdent des yeux. Donc la boîte la plus grande comportera tous les animaux avec des yeux.

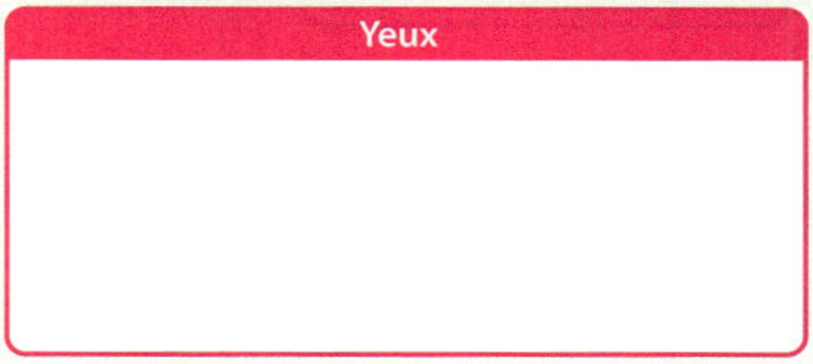

▪ Parmi les animaux étudiés avec des yeux, soit ils possèdent un « **squelette interne et 4 membres** », soit un « **squelette externe et des pattes articulées** » : la boîte « Yeux » contiendra deux boîtes côte à côte : une boîte intitulée « squelette interne et 4 membres », et une boîte comportant tous les animaux avec un « squelette externe et des pattes articulées ».

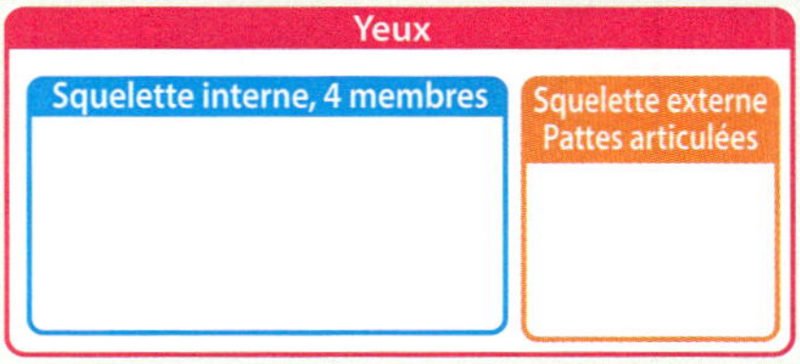

▪ Parmi les animaux avec un squelette interne et 4 membres, certains ont des « **poils sur la peau et des mamelles** », d'autres n'ont ni poils ni mamelles mais possèdent des « **plumes** » : on crée donc deux boîtes côte à côte : une boîte intitulée « poils sur la peau et des mamelles », et une boîte comportant tous les animaux avec des « plumes ».

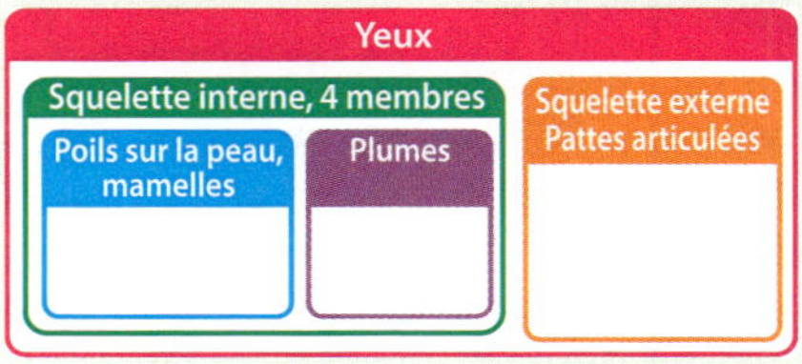

- Enfin, on ajoute le nom des espèces animales dans les bonnes boîtes.

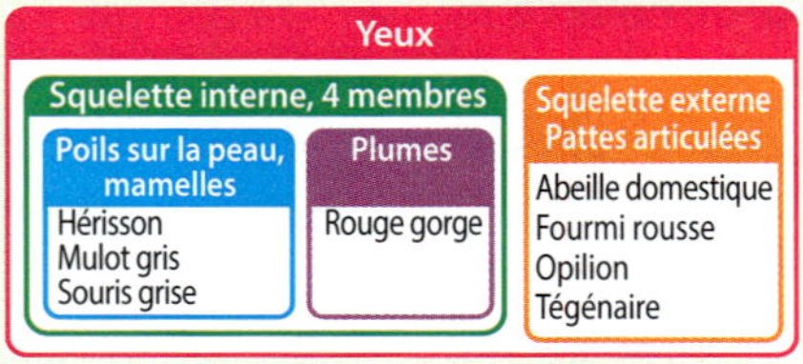

Vers le brevet

8 **1. Faux.** Le cobaye possède les attributs suivants : mâchoires, doigts, amnios, **placenta**.

2. Faux. La lamproie **ne** possède **pas** de mâchoires (l'attribut mâchoires apparaît après le dernier ancêtre commun à la lamproie et au reste des vertébrés).

3. Faux. Le **crocodile** et le **kiwi** sont les animaux qui possèdent la parenté la plus étroite : ils partagent le plus d'attributs dans cet arbre.

4. Vrai. L'attribut partagé exclusivement par le crocodile et le kiwi est le gésier.

5. Faux. Le dernier ancêtre commun possède un **gésier**, c'est l'ancêtre du crocodile et du kiwi.

9 **1.** Le **diplodocus**, le **caelophysis**, l'**allosaurus**, le **velociraptor**, l'**archeopteryx** et les **autres oiseaux** appartiennent au groupe des saurischiens, car ils possèdent tous un bassin à cavité acétabulaire perforée.

2. L'**archeopteryx** et la **poule** appartiennent au groupe des oiseaux car ils possèdent un orteil inversé.

3. Le diplodocus **n'avait pas trois orteils fonctionnels** : sur l'arbre d'évolution, cet attribut apparaît plus tard.

4. L'allosaurus **avait trois orteils** fonctionnels : sur l'arbre d'évolution, cet attribut est déjà apparu.

> **À noter**
> Tu peux retrouver un autre exemple d'arbre d'évolution dans la **fiche 9**.

10 **1.** Le dimétrodon est un reptile fossile de la fin de l'ère primaire (env. entre – 280 et – 265 Ma). Il possède des caractères morphologiques propres aux reptiles tels que des **membres disposés latéralement**, une **longue queue formée de 60 vertèbres** et une **peau recouverte d'écailles**. En revanche, d'autres caractères le rapprochent des mammifères comme un **crâne ayant un nombre réduit d'os**, des **dents différenciées** (incisives, canines, molaires) et **un voile jouant probablement un rôle dans la régulation thermique**… Le dimétrodon est qualifié de reptile mammalien.

2.

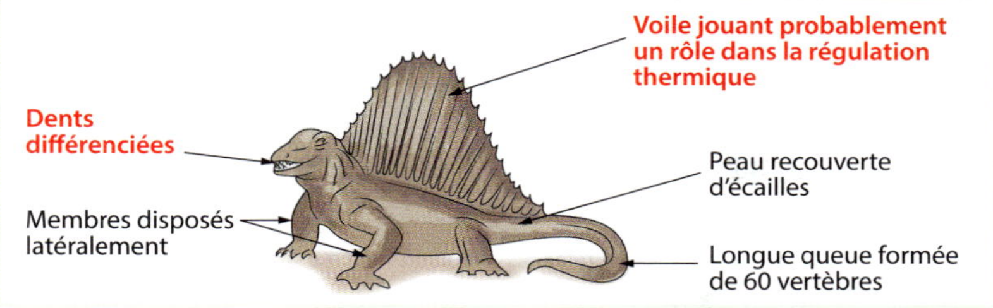

3. Le dimétrodon possède des caractères propres aux **reptiles** et aux **mammifères**.

4. Le dimétrodon possède des caractères qui font le lien entre les deux groupes. Ceci confirme la parenté entre ces différents groupes.

5.

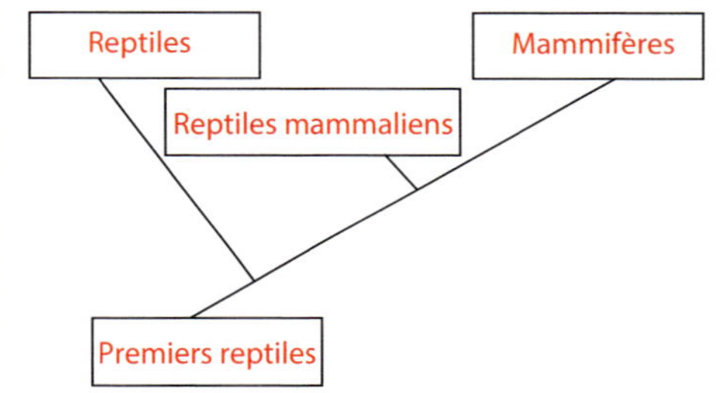

Comment un organisme subvient-il à ses besoins cellulaires ?

FICHES

EXERCICES & SUJETS

CORRIGÉS

11 Préciser comment une cellule animale subvient à ses besoins

Comment les cellules animales prélèvent les substances dont elles ont besoin ?

RETENIR L'ESSENTIEL

I Le milieu de vie des cellules animales

■ Dans les organes, une partie du sang quitte les vaisseaux sanguins : c'est la **lymphe** qui baigne ainsi toutes les cellules. Les cellules y prélèvent **en permanence** les nutriments et le **dioxygène** dont elles ont besoin. La lymphe sert d'intermédiaire entre le sang et les cellules.

Mot-clé

Nutriments : substances solubles, utilisables par la cellule pour son fonctionnement et sa survie.

II Le devenir des substances prélevées par les cellules animales

■ Les cellules transforment les nutriments prélevés en nouvelles molécules qui seront utilisées pour leur renouvellement et leur fonctionnement. On appelle ces **réactions chimiques** l'assimilation.

■ L'ordre d'assemblage des nutriments est déterminé par les **informations génétiques**. Cette synthèse nécessite de l'**énergie**.

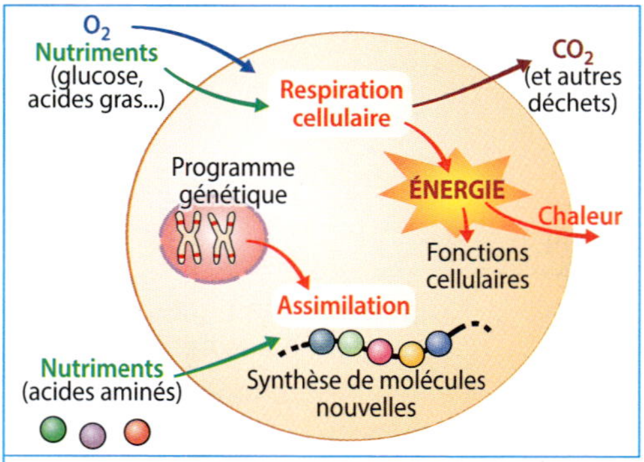

Fonctionnement d'une cellule animale.

■ En présence de dioxygène, certains nutriments libèrent de l'**énergie** indispensable aux activités cellulaires, on appelle ces réactions la respiration cellulaire.

Équation-bilan de la respiration cellulaire :

$$C_6H_{12}O_6 + 6\ O_2 \rightarrow 6\ CO_2 + 6\ H_2O + \text{énergie}$$

$C_6H_{12}O_6$ = glucose ; O_2 = dioxygène ; CO_2 = dioxyde de carbone ; H_2O = eau

Mot-clé

Respiration cellulaire : dégradation (= oxydation) de nutriments grâce au dioxygène.

■ Les réactions chimiques qui se produisent dans les cellules produisent de l'eau, des déchets (dioxyde de carbone...) et de la chaleur.

APPLIQUER LA MÉTHODE

Étudier les substances utilisées/rejetées par un muscle dans le sang

Un tableau à double entrée comporte un titre pour chaque colonne et pour chaque ligne.
Le sang irrigue un muscle, on a inscrit dans un tableau les quantités de certaines substances dans le sang avant un muscle et à sa sortie.

	Sang entrant	Sang sortant
Dioxygène (mL)	20	16
Dioxyde de carbone (mL)	50	53
Glucose (mg)	90	86

À partir du tableau ci-dessus, répondre aux questions suivantes.

1. Donner un titre au tableau.

2. Que représentent les lignes de ce tableau ?

3. Que représentent les colonnes de ce tableau ?

4. Indiquer la quantité de dioxygène dans le sang sortant.

5. Préciser l'évolution de la teneur en dioxygène dans le sang entrant et sortant du muscle.

Conseils

1. Le tableau indique la quantité de substances présentes dans le sang, avant d'irriguer un muscle ou à sa sortie. Il faut bien repérer les lignes horizontales (substances dans le sang) et verticales (position de la mesure). **2.** Repère les unités de mesures indiquées (ici : mL ou mg).
4. L'information se situe au croisement entre une ligne et une colonne.
5. Indique si une quantité « augmente », « diminue » ou « reste constante », en employant l'une de ces trois expressions.

Solution

1. Quantité de substances présentes dans le sang avant d'irriguer un muscle et à la sortie du muscle.

2. Les lignes représentent la quantité mesurée de différentes substances.

3. Les colonnes représentent la quantité avant ou après le muscle.

4. Le sang quittant le muscle contient 16 mL de dioxygène.

5. La quantité de dioxygène a diminué dans le sang quittant le muscle.

Remarque : La question n'est pas posée, mais on peut déduire de ces informations que le muscle a consommé du dioxygène sanguin.

Pour vérifier que tu as compris ▶ Exercice 1

Pour t'entraîner ▶ Exercices 2 à 4

Pour préparer le brevet ▶ Exercices 5 à 7

12 Indiquer comment une cellule chlorophyllienne subvient à ses besoins

Les végétaux chlorophylliens sont capables de produire leur propre matière organique. Comment les cellules chlorophylliennes réalisent-elles ces réactions ?

RETENIR L'ESSENTIEL

I Le milieu de vie des cellules chlorophylliennes

- Les cellules chlorophylliennes baignent dans un liquide issu de la sève du végétal. Elles y prélèvent en permanence l'**eau**, les **éléments minéraux**, le **dioxyde de carbone** et le **dioxygène** dont elles ont besoin. Elles sont capables d'utiliser l'énergie de la lumière du soleil pour produire leur matière organique lors de la photosynthèse : elles fixent le CO_2 dans des molécules organiques (glucose…).

Mots-clés

Cellule chlorophyllienne : cellule végétale possédant un pigment, la chlorophylle, qui lui permet de capter l'énergie lumineuse du soleil.
Photosynthèse : suite de réactions chimiques permettant aux végétaux chlorophylliens de produire de la matière organique à partir du CO_2, grâce à l'énergie de la lumière du soleil.

II Les activités de la cellule chlorophyllienne

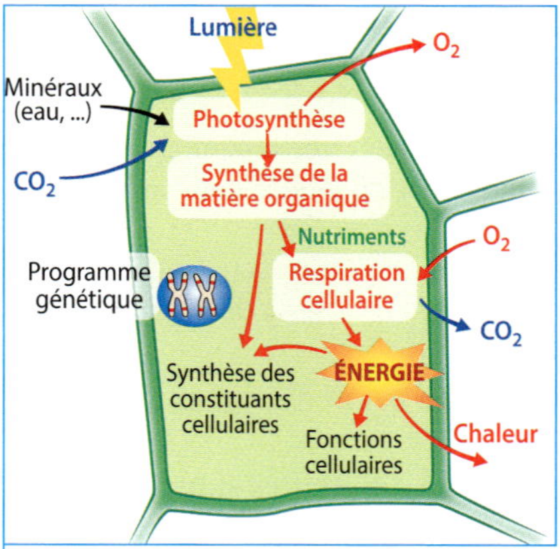

Fonctionnement d'une cellule chlorophyllienne.

1. La photosynthèse

- Équation-bilan de la photosynthèse :

$6\ CO_2 + 6\ H_2O + \text{lumière} \rightarrow C_6H_{12}O_6 + 6\ O_2$

Le dioxygène est un déchet de la photosynthèse…

- Les cellules chlorophylliennes **produisent** leur propre matière organique, alors que les cellules animales **utilisent** de la matière organique **produite par d'autres organismes**.

2. La respiration cellulaire

- Comme les cellules animales, les cellules chlorophylliennes sont capables de dégrader les substances produites par photosynthèse pour leur fournir de l'énergie lors de la **respiration cellulaire**.

APPLIQUER LA MÉTHODE

Réaliser un schéma des échanges dans une cellule chlorophyllienne

Contrairement à la réalisation d'un dessin, un schéma peut s'éloigner de la réalité afin de la simplifier. C'est la notion qui est importante. Tout n'est pas représenté. Ainsi, les dimensions, les formes ne sont pas forcément respectées.

Réaliser un schéma complet des échanges décrits dans le texte ci-dessous.

« Échanges dans les cellules chlorophylliennes
Les cellules chlorophylliennes prélèvent en permanence dans le liquide issu de la sève du végétal : de l'eau, des éléments minéraux, du dioxyde de carbone et du dioxygène.

Conseils

Pour réaliser un schéma à partir de ce texte, il est important de bien suivre les étapes suivantes.

1. Liste les éléments indispensables à représenter.
2. Choisis des symboles et des couleurs pour chaque élément.
3. Cherche les liens entre les éléments, traduit les causes, les conséquences...
4. Dessine le schéma en plaçant les éléments de manière logique.
5. Complète la légende des symboles utilisés et donne un titre précis à ton schéma.

Solution

1. Ici, il faut représenter une cellule chlorophyllienne et les diverses substances impliquées dans les échanges.

2. On peut dessiner un rectangle pour la cellule chlorophyllienne et des flèches pour marquer les échanges. On choisit des flèches rouge pour l'O_2, bleue pour le CO_2 et verte pour les éléments minéraux.

3. Il s'agit ici de représenter le sens des échanges par le sens des flèches.

4. et **5.**

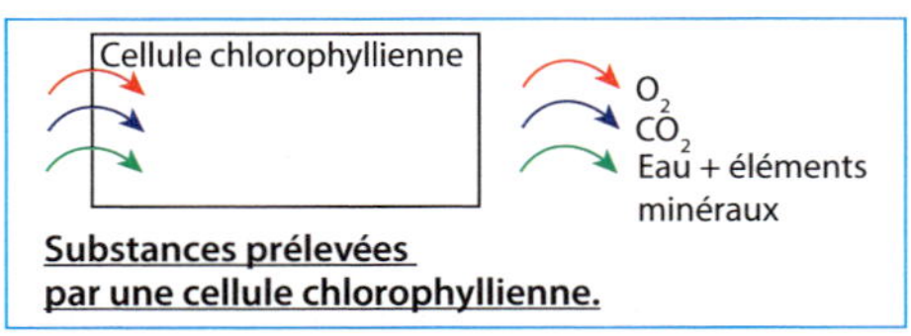

Remarques : Dans un exercice, n'oublie pas de souligner le titre.

Il faut s'assurer qu'une personne non informée est capable de comprendre le schéma tel qu'il est dessiné.

Pour vérifier que tu as compris ▸ Exercice 1

Pour t'entraîner ▸ Exercices 2 à 4

Pour préparer le brevet ▸ Exercices 5 à 7

Se tester QUIZ

Vérifie que tu as bien compris les points clés des **fiches 11 et 12.**

Pour chaque question, vérifie ta réponse à l'aide du corrigé et consulte les fiches de cours si nécessaire.

1 Comprendre les besoins cellulaires

→ RÉVISE LES FICHES 11 ET 12

1. La respiration cellulaire :

- ☐ **a.** libère de l'énergie provenant du dioxygène consommé
- ☐ **b.** libère de l'énergie provenant du glucose consommé
- ☐ **c.** libère de l'énergie provenant du dioxyde de carbone rejeté

2. Le dioxygène :

- ☐ **a.** est nécessaire et suffisant pour que les cellules produisent de l'énergie
- ☐ **b.** est nécessaire, associé à des nutriments, pour que les cellules produisent de l'énergie
- ☐ **c.** est un déchet de la respiration cellulaire

3. L'équation-bilan de la respiration cellulaire est :

- ☐ **a.** $6\ CO_2 + 6\ H_2O + \text{lumière} \rightarrow C_6H_{12}O_6 + 6\ O_2$
- ☐ **b.** $C_6H_{12}O_6 + 6\ O_2 \rightarrow 6\ CO_2 + 6\ H_2O$
- ☐ **c.** $C_6H_{12}O_6 + 6\ O_2 \rightarrow 6\ CO_2 + 6\ H_2O + \text{énergie}$

4. L'assimilation cellulaire est :

- ☐ **a.** contrôlée par les gènes de la cellule
- ☐ **b.** contrôlée par l'environnement de la cellule
- ☐ **c.** indépendante de tout contrôle

S'entraîner

Vérifie que tu sais appliquer les méthodes des **fiches 11 et 12.**

Pour chaque exercice, consulte la méthode indiquée et compare ta réponse à celle donnée dans le corrigé.

2 Compléter le schéma du fonctionnement d'une cellule animale

→ APPLIQUE LA MÉTHODE DE LA FICHE 12
→ CONSULTE LA FICHE ANNEXE 2

Toutes les cellules animales ont des besoins similaires pour assurer leur survie et leur fonctionnement.

À partir du texte du document 1, compléter le document 2 en y faisant figurer les mots et expressions en gras.

Document 1 Le fonctionnement d'une cellule animale

« Les nutriments prélevés par une cellule animale peuvent :
– Soit fournir de l'**énergie** en présence de dioxygène lors de la respiration cellulaire (glucose, acides gras…). Une partie de cette énergie quitte la cellule sous forme de chaleur, le reste sert au **fonctionnement de la cellule**, et en particulier à l'**assimilation**. Notons que, consécutivement à la respiration cellulaire, de l'eau et des déchets (dioxyde de carbone…) sont produits et évacués de la cellule.
– Soit être transformés en nouvelles molécules lors de l'**assimilation** (acides aminés…). L'ordre d'assemblage des nutriments dans les nouvelles molécules produites est déterminé par le programme génétique contenu dans le noyau.

Document 2 Schéma à compléter du fonctionnement d'une cellule animale

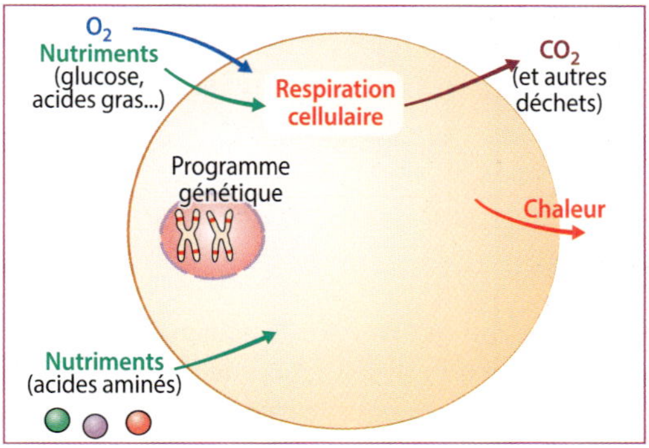

Démarrons ensemble

Le texte fourmille d'informations très diverses. Ici, la tâche t'est facilitée, car seuls les mots et expressions en gras doivent apparaître dans le schéma.

3 Compléter le schéma du fonctionnement d'une cellule végétale

→ APPLIQUE LA MÉTHODE DE LA FICHE 12
→ CONSULTE LA FICHE ANNEXE 2

À partir du texte ci-dessous, compléter le schéma du fonctionnement d'une cellule végétale en y faisant figurer les mots et expressions en gras dans la case adéquate.

« Les cellules végétales peuvent réaliser la **photosynthèse** en présence de lumière : elles font la **synthèse de** leur propre **matière organique** à partir de dioxyde de carbone et de minéraux.

Une partie de cette matière organique sert à la **synthèse de constituants cellulaires** sous le contrôle du programme génétique, le reste de cette matière organique permet de produire de l'**énergie** lors de la **respiration cellulaire**.

Document Schéma du fonctionnement d'une cellule végétale à compléter

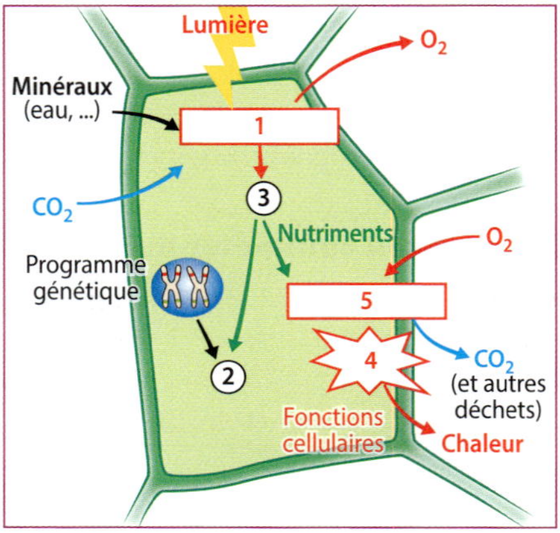

Démarrons ensemble

Tu peux partir des étapes qui figurent sur le schéma à compléter. Par exemple, pour le cadre 1 : « Qu'est-ce qui, sous l'action de la lumière, de CO_2 et de minéraux, produit du O_2 ? » ou encore pour le cadre 2 : « Qu'est-ce qui est contrôlé par le programme génétique ? »

4 Étudier l'évolution de la quantité de dioxygène chez des organismes unicellulaires

→ APPLIQUE LA MÉTHODE DE LA FICHE 11

Les levures de bière sont des champignons unicellulaires utilisés par l'Homme pour fermenter la bière. Les levures peuvent survivre en absence de dioxygène (O_2), elles réalisent alors la fermentation* pour peu qu'elles aient des nutriments à disposition. Les levures sont capables d'absorber le glucose ajouté dans leur milieu : en présence de glucose, les levures se multiplient.
On se propose dans cette expérience, de mesurer la quantité de dioxygène dans un milieu hermétiquement fermé, contenant des levures de bière privées de glucose durant 24 heures.
À t = 100 s, on injecte dans le milieu contenant les levures 0,2 mL d'une solution de glucose et on continue de suivre la teneur en dioxygène.
Les résultats sont consignés dans le tableau suivant.

Document **Quantité d'O_2 dans le milieu de culture de levures de bière privées de glucose pendant 24 h**

			Injection de glucose ⇩							
Quantité d'O_2 dissous (mg/L)	5,3	5,3	5,3	4,5	4,5	2,5	1,5	0,7	0,4	0,2
Temps (s)	0	50	100	150	200	250	300	350	400	450

*Fermentation** : ensemble de réactions chimiques permettant de produire de faibles quantités d'énergie en absence de dioxygène.

1. À partir du tableau ci-dessus, indiquer la quantité de dioxygène présente dans le milieu de culture des levures de bière à $t = 50$ s, à $t = 100$ s et à $t = 300$ s.

2. Préciser comment évolue la quantité d'O_2 avant l'injection de glucose dans le milieu de culture, puis après l'injection de glucose.

3. Déduire de l'expérience l'utilisation de l'O_2 par les levures de bière en absence ou en présence de glucose.

Démarrons ensemble

Relis la fiche méthode n° 11 pour exploiter correctement un tableau en SVT. Tu dois faire preuve de logique. Associe chaque évolution de la teneur en O_2 avec la présence ou non de glucose dans le milieu de culture.

Vers le brevet

Exerce-toi en vue du brevet et révise les **fiches 11 et 12.**

Pour chaque sujet, aide-toi des conseils donnés et compare ta réponse à celle donnée dans le corrigé.

TYPE 5 Étudier la production de protéines différentes

20 min

→ CONSULTE LA FICHE ANNEXE 2

Document 1 **Les protéines : des molécules très différentes produites à partir d'un petit nombre de composés**

« L'organisme humain fabrique près de 20 000 protéines différentes, réparties dans plus de 200 types de cellules différents. Toutes les protéines sont fabriquées par ces cellules, selon leur programme génétique uniquement, à partir de 20 molécules d'acides aminés différents.

Les acides aminés proviennent de la dégradation des protéines contenues dans les aliments. La fabrication des protéines cellulaires nécessite des nutriments (acides aminés) et de l'énergie.

Document 2 Des protéines différentes

Le lait contient une protéine appelée caséine dont une petite partie est schématisée ci-dessous. Romain et son chat boivent du lait et utilisent cette caséine pour construire les protéines de leurs propres cellules.

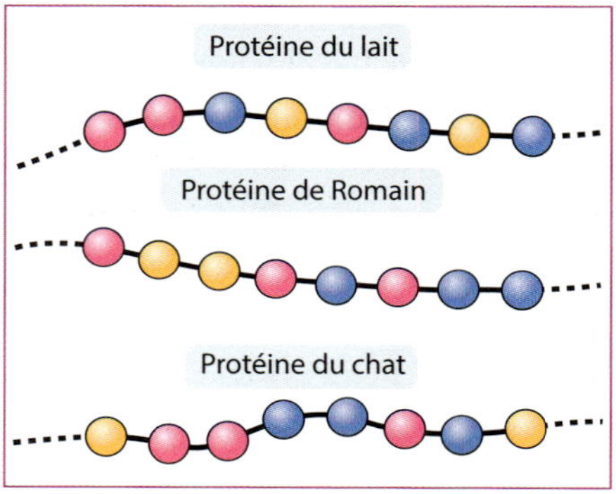

1. Préciser ce que représente chaque « cercle » dans les schémas d'une protéine.

2. Indiquer comment les schémas ci-dessus illustrent que les protéines sont différentes.

3. Formuler le devenir de la caséine dans le tube digestif de Romain.

4. Expliquer pourquoi la protéine fabriquée par le chat est différente de celle fabriquée par Romain.

Démarrons ensemble

1. Si on compare une protéine à un collier de perles, chaque « perle » est un constituant de la protéine. Le nom de ces substances apparaît dans le texte de l'exercice.
2. Compare les schémas des différentes protéines.
3. Relis la fiche 20 sur la digestion.
4. Cherche ce qui détermine l'ordre dans lequel les acides aminés sont fixés.

TYPE

6 Étudier l'évolution de la quantité de dioxygène chez des algues chlorophylliennes unicellulaires

25 min

→ APPLIQUE LA MÉTHODE DE LA FICHE 15

Les chlorelles sont des algues unicellulaires d'eau douce. Les chlorelles ont une remarquable concentration en chlorophylle.
Dans cette expérience, on mesure la quantité de dioxygène dans un milieu aqueux hermétiquement fermé, contenant des chlorelles en présence de nutriments et d'hydrogénocarbonate de sodium (source de carbone).
On effectue une séquence obscurité (environ 3 min)/lumière (env. 3 min 30)/obscurité jusqu'à la fin de l'expérience.
Les résultats sont consignés dans le graphique suivant.

Document Évolution de la quantité d'O_2 dans le milieu de culture des chlorelles à l'obscurité ou à la lumière

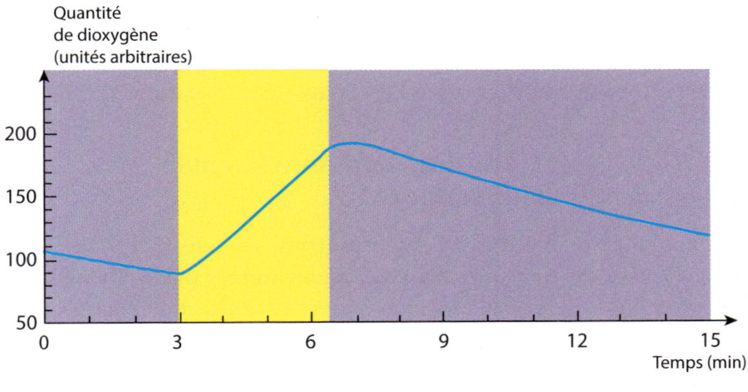

1. À partir du graphique ci-dessus, indiquer la quantité de dioxygène présent dans le milieu de culture des chlorelles à $t = 0$ et à $t = 7$ min.

2. Décrire l'évolution de la teneur en O_2 dans le milieu de vie des chlorelles.

3. Déduire de l'expérience l'utilisation de l'O_2 par les chlorelles en absence ou en présence de lumière.

4. Sachant que les chlorelles continuent de respirer en absence ou en présence de lumière, quelle précision peut-on apporter au rejet d'O_2 à la lumière ?

Démarrons ensemble

- Relis la méthode de la fiche 15.
- À la règle, repère sur le graphique la quantité de dioxygène à la 7e minute.
- Découpe la courbe en différentes phases, cela t'aidera pour ton analyse de graphique.
- Pense à n'utiliser que les expressions suivantes : « augmente/augmentation », « diminue/diminution » ou « stagne/reste constante ».

SUJET TYPE

7 Étudier le devenir de certains nutriments dans une cellule du pancréas

20 min

→ APPLIQUE LA MÉTHODE DE LA FICHE 1

1. À partir du document 1, rechercher le nom donné à cette réaction consistant à fabriquer de nouvelles protéines à partir d'acides aminés (nutriments) provenant de l'alimentation.

2. À partir du document 2, préciser le devenir des acides aminés radioactifs dans la cellule pancréatique.

3. À partir de vos connaissances et des réponses précédentes, expliquer le rôle des acides aminés incorporés dans les cellules pancréatiques.

Document 1 L'utilisation des nutriments par les cellules pancréatiques

« Pour connaître le devenir de certains nutriments dans les cellules, on fournit à un rat de la nourriture contenant des acides aminés très faiblement radioactifs. Ces molécules ne sont pas dangereuses pour l'animal et on peut suivre leur trajet dans la cellule car elles laissent une marque sur une pellicule photographique.
De cette façon, on montre que les acides aminés sont incorporés dans les cellules, ici des cellules pancréatiques, puis assemblées en grosses molécules d'enzymes, qui sont finalement expulsées hors de la cellule.
L'assemblage et l'expulsion nécessitent de l'énergie.
Une telle fabrication de molécules dans les cellules, à partir de nutriments, est appelée assimilation. Elle fournit les molécules nécessaires au renouvellement cellulaire et à l'activité des cellules. Les nutriments « bâtisseurs » sont essentiellement les acides aminés et les acides gras.

Document 2 **Localisation des acides aminés radioactifs à t_0 (a), à $t_{0 + 20 \text{ minutes}}$ (b) et à $t_{0 + 120 \text{ minutes}}$ (c) chez un cobaye**

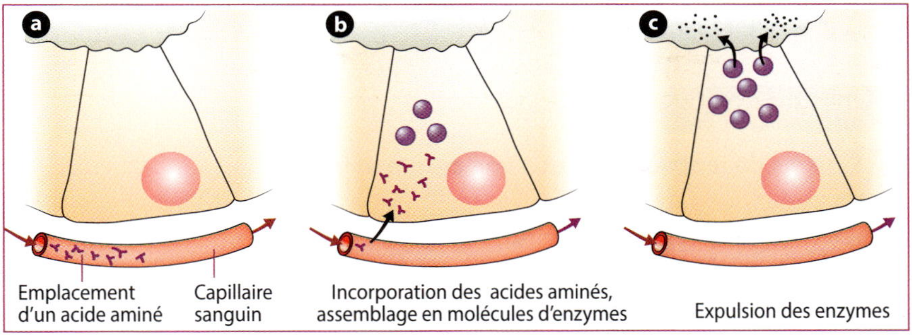

Démarrons ensemble

1. Relis la fiche méthode n° 1 et parcours avec beaucoup d'attention le texte du document 1.
2. Sur le document 2, décris la localisation au cours du temps des acides aminés radioactifs.
3. Réponds en utilisant les résultats des questions précédentes.

Se tester QUIZ

1

1. b. • 2. b. • 3. c. • 4. a.

S'entraîner

2 Schéma du fonctionnement d'une cellule animale

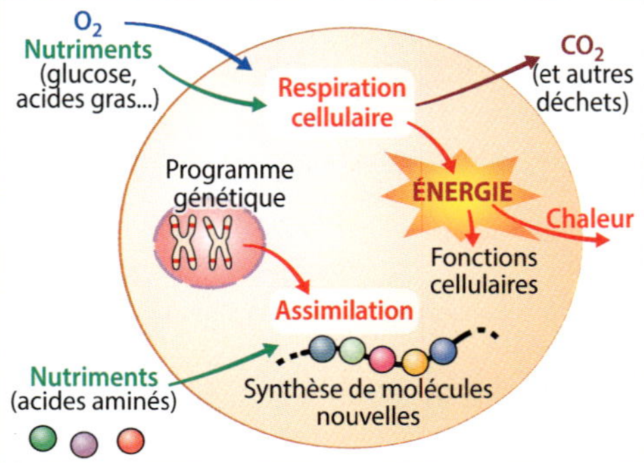

- La respiration cellulaire produit de l'énergie et des déchets. Dans l'exercice, seule l'énergie est à placer. Comme elle est issue de la respiration cellulaire, tu dois placer une flèche pour matérialiser le lien de cause et conséquence : la flèche part du cadre « respiration cellulaire » et va jusqu'à « énergie ».
- De la même manière, afin de traduire qu'une partie de cette énergie assure des fonctions cellulaires schématise une flèche qui « reste » dans la cellule, alors que le reste de l'énergie s'évacue de la cellule sous forme de chaleur... Donc l'énergie doit être placée entre le cadre « respiration cellulaire » et le début de la flèche rouge qui matérialise l'évacuation de la chaleur.
- L'assimilation est au carrefour entre le programme génétique (car c'est lui qui contrôle l'ordre d'assemblage) et la flèche verte d'entrée des nutriments (acides aminés...) dans la cellule.

> **Info**
> Le **schéma** « synthèse de molécules nouvelles » n'était aucunement obligatoire...

3 La photosynthèse est à placer entre les flèches figurant la lumière, les minéraux et le CO_2 pénétrant dans la cellule végétale : la **photosynthèse** est donc à placer dans le cadre 1.

Partant de cela, la **synthèse de la matière organique** est consécutive à la photosynthèse : elle donc à placer après la photosynthèse, dans le cadre 3.

Ensuite, une partie de cette matière organique sert de nutriments à la cellule lors de la **respiration cellulaire** (cadre 5) qui fournit l'**énergie** de la cellule (cadre 4), le reste de cette matière organique permet la **synthèse des constituants cellulaires** (cadre 2) sous le contrôle du programme génétique.

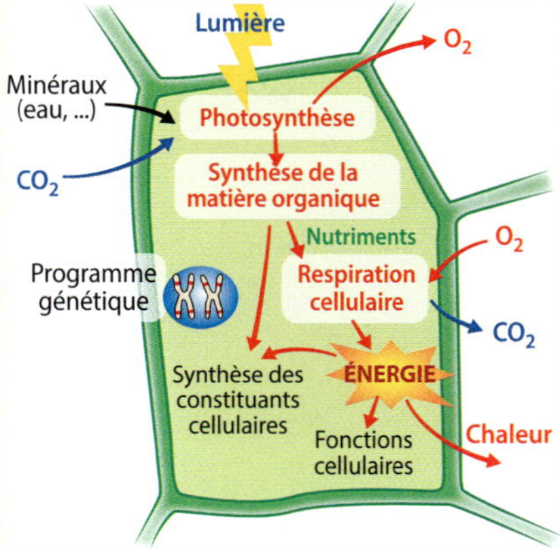

> **À noter**
> La **flèche** partant du noyau est aussi une indication pour remplir le cadre 2.

4 **1.** Sur le tableau, on lit qu'à $t = 50$ s, il y 5,3 mg d'O_2/L dans le milieu de culture, on mesure également 5,3 mg d'O_2/L à $t = 100$ s. À $t = 300$ s on lit **1,5 mg d'O_2/L**.

2. Avant l'injection de glucose (de $t = 0$ à $t = 100$ s) : la quantité d'O_2 dissous dans le milieu de culture **reste constante** (5,3 mg d'O_2/L).
Après l'injection de glucose (à partir de $t = 100$ s) : la quantité d'O_2 dissous dans le milieu de culture **diminue**.

3. En absence de glucose, la teneur en O_2 reste constante : donc la levure n'utilise pas le dioxygène. Le texte nous indique que ce champignon unicellulaire n'a pas besoin de dioxygène pour survivre.
S'il y a du glucose, la teneur en O_2 diminue : donc la levure utilise le dioxygène en présence de glucose.

> **À noter**
> En fait, la levure réalise la **respiration cellulaire** quand elle le peut (présence de glucose et O_2) !

Vers le brevet

5 **1.** Les cercles des schémas représentent des **acides aminés** différents.

2. Les protéines sont différentes, car les acides aminés (les cercles) ne sont pas placés au même endroit dans les protéines.

3. Dans le tube digestif de Romain, la caséine du lait est digérée : elle est dégradée en acides aminés (nutriments).

4. La construction d'un type de protéine est contrôlée par un gène. La protéine du chat est différente de la protéine fabriquée par Romain, car ils n'ont pas les mêmes gènes.

> **À noter**
> Si la protéine était un collier de perles, les **acides aminés** étant les perles : la digestion correspondrait à casser le collier, les perles seraient libérées…

6 La fiche méthode n° 15 te montrera de manière plus précise comment « analyser un graphique en SVT. »

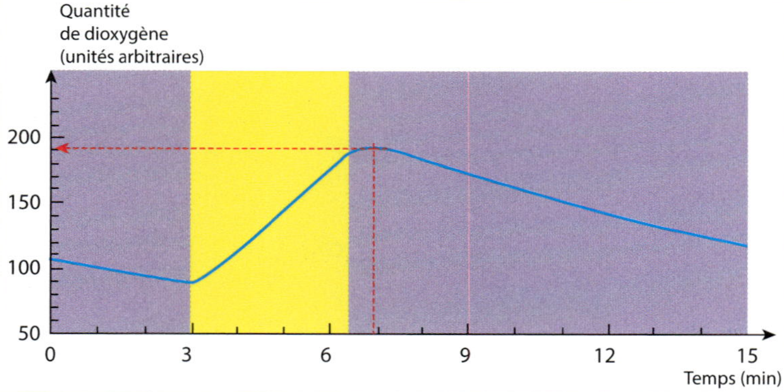

1. Sur le graphique, on lit qu'à $t = 0$, il y 105 unités arbitraire (UA) d'O_2 dans le milieu de culture.

À $t = 7$ min, on lit **190 UA d'O_2**.

2. À l'obscurité (de $t = 0$ à $t = 3$ min) : la quantité d'O_2 dissous dans le milieu de culture diminue lentement, on passe de 105 à environ 90 UA d'O_2 en 3 minutes.

À la lumière (de $t = 3$ min à $t = 6$ min 30) : la quantité d'O_2 dissous dans le milieu de culture augmente rapidement, on passe de 90 à environ 185 UA d'O_2 en 3 minutes 30.

À l'obscurité (de $t = 6$ min 30 à la fin de l'expérience) : la quantité d'O_2 dissous dans le milieu de culture diminue lentement, on passe de 185 à environ 118 UA d'O_2 en 8 minutes 30.

3. En absence de lumière, la teneur en O_2 diminue : donc les chlorelles utilisent le dioxygène. **Elles respirent.**

En présence de lumière, la teneur en O_2 augmente : donc les chlorelles produisent du dioxygène qu'elles libèrent dans le milieu de vie. **Elles réalisent la photosynthèse.**

4. Même en présence de lumière, les chlorelles utilisent de l'O_2, on en déduit que la forte augmentation de la teneur en O_2 observée dans le graphique se fait en dépit de sa consommation qui se déroule simultanément… En d'autres termes, la courbe observée est le résultat de la différence entre l'O_2 produit par la photosynthèse et l'O_2 consommé par la respiration.

À noter

Quand les chlorelles **respirent**, elles puisent dans l'eau de l'O_2.

7 **1.** La réaction consistant à fabriquer de nouvelles protéines à partir d'acides aminés (nutriments) provenant de l'alimentation s'appelle l'**assimilation.**

2. Chez le cobaye à qui on a injecté des acides aminés radioactifs à t_0 (a) les acides aminés sont localisés dans le sang ; à $t_{0 + 20 \text{ minutes}}$ (b) ils ont pénétré dans la cellule pancréatique, ils sont alors incorporés et assemblés en molécules d'enzymes et à $t_{0 + 120 \text{ minutes}}$ (c) les enzymes ayant incorporé les acides aminés radioactifs sont expulsés de la cellule.

3. Les acides aminés incorporés dans la cellule pancréatique vont servir à **fabriquer de nouvelles protéines**, ici des enzymes pancréatiques qui vont intervenir dans la digestion d'aliments.

À noter

Le **document** 2 te montre le cheminement des acides aminés depuis le sang, en passant par l'incorporation des acides aminés dans les enzymes, jusqu'à l'expulsion des enzymes.

Comment sommes-nous protégés des micro-organismes pathogènes ?

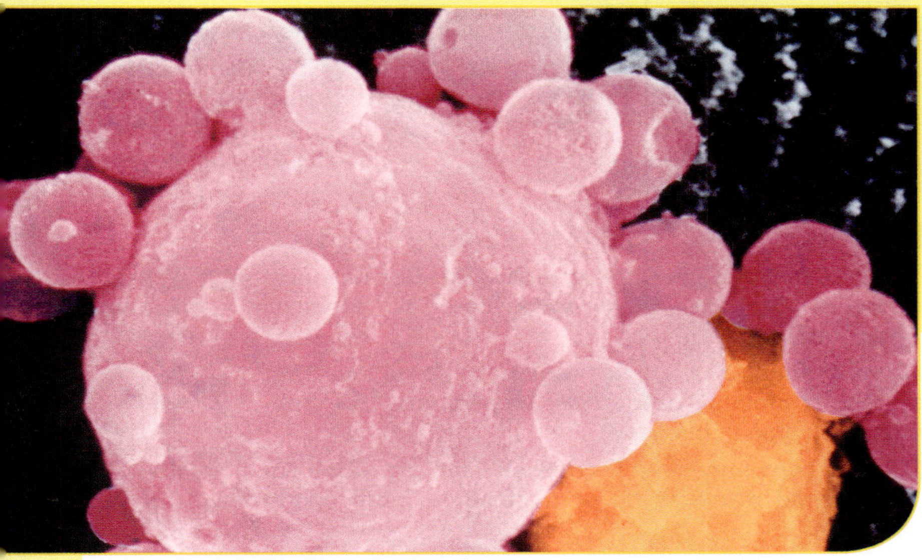

FICHES

EXERCICES & SUJETS

CORRIGÉS

13 Présenter l'action des micro-organismes et les réactions du corps

Les micro-organismes sont extrêmement petits (du nm au µm), très divers (bactéries, virus…) et présents partout dans notre environnement. Si la plupart sont inoffensifs, certains sont dangereux (pathogènes).

RETENIR L'ESSENTIEL

I La contamination par les micro-organismes

- Si des micro-organismes franchissent les **barrières naturelles** du corps (peau, muqueuses) on parle de **contamination**.
- Dans le milieu intérieur, les conditions de vie leur étant favorables (humidité, nutriments, température…), ils prolifèrent rapidement (infection).
- Dès la contamination, l'organisme met en place un ensemble de réactions lui permettant de lutter contre l'**infection**.

Mot-clé

Milieu intérieur : liquide (sang, lymphe…) entourant les cellules des organismes constitués de plusieurs cellules.

II L'intervention de cellules immunitaires non spécifiques

- Au point d'entrée des micro-organismes, les capillaires sanguins sous-jacents permettent l'intervention d'un type de **leucocytes** (globules blancs) : les cellules phagocytaires.
- Les phagocytes migrent alors, captent, absorbent et digèrent tous les micro-organismes (pathogènes ou non) sans distinction (réaction immunitaire non spécifique) : il s'agit de la **phagocytose**.

Mot-clé

Cellules phagocytaires : catégorie de leucocytes capables de réaliser la phagocytose.

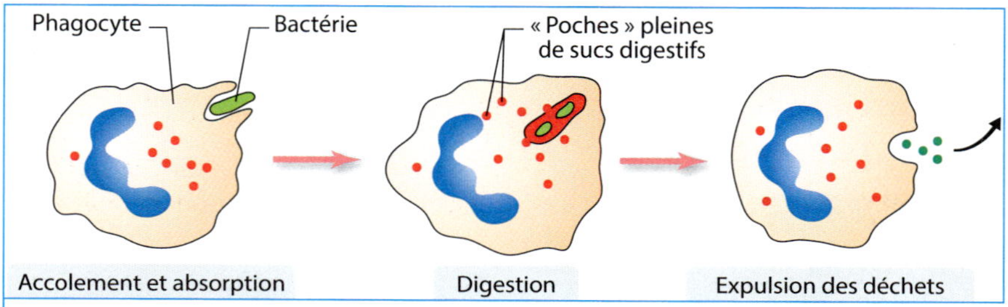

Les étapes de la phagocytose.

APPLIQUER LA MÉTHODE

Observer des micro-organismes

Il est important d'avoir une idée des dimensions de quelques objets en biologie, et en particulier concernant les micro-organismes.

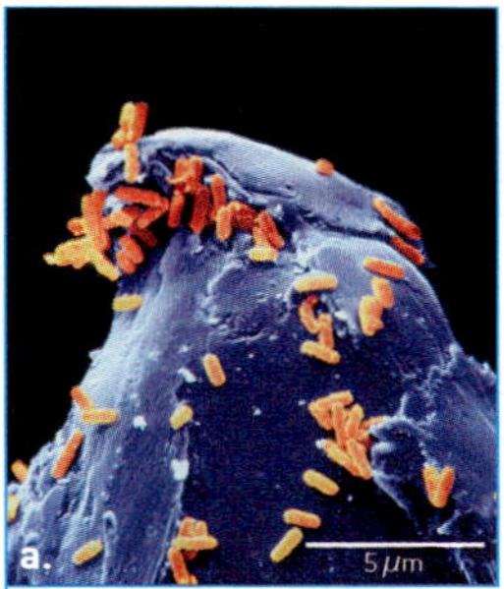

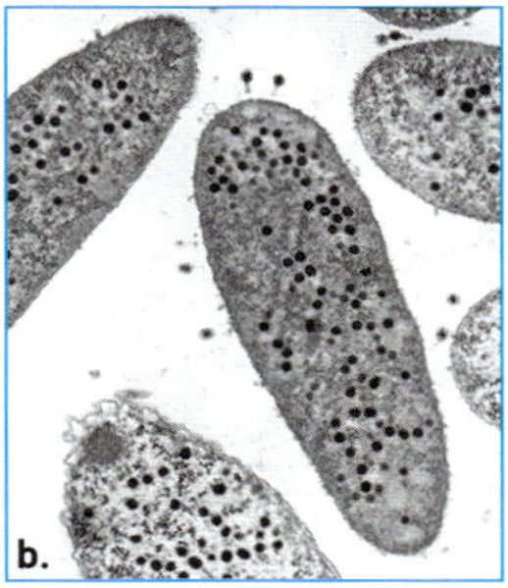

Photographies de bactéries

a. Au microscope électronique à balayage, les bactéries ont été « colorisées » en orange.

b. Photographie au microscope électronique à transmission d'une infection virale : des bactériophages λ (taches noires sur la photographie) infectent une bactérie.

1. À partir des photographies a, les bactéries observées ont une taille :

☐ **a.** de l'ordre du millimètre
☐ **b.** de l'ordre de la dizaine de micromètres
☐ **c.** de l'ordre du micromètre

2. À partir de la photographie b, les virus observés ont une taille :

☐ **a.** de l'ordre du dixième de micromètre
☐ **b.** de l'ordre de la dizaine de micromètres
☐ **c.** de l'ordre du micromètre

Conseils

1. Pas besoin de calculs ici. Procède par élimination des tailles qui ne correspondent pas à la réalité. Utilise l'échelle présente en bas à droite de la photographie a : le trait jaune représente 5 µm sur la photo de droite, et les petits « bâtonnets » orange sont des bactéries.

2. La photographie b montre une bactérie infectée par des virus. Utilise la réponse à la question 1 (taille d'une bactérie) pour répondre à la question 2 (taille des virus à l'intérieur de la bactérie).

Solution

1. c. **2.** a.

14 Expliquer la production des anticorps

Si l'infection se poursuit, une seconde ligne de défense immunitaire intervient : la production d'anticorps.

RETENIR L'ESSENTIEL

I La reconnaissance de substances anormales dans l'organisme

- Tous les micro-organismes sécrètent des toxines ou portent à leur surface des molécules que l'organisme reconnaît comme différentes des siennes : ce sont des antigènes.
- La **reconnaissance d'antigène** est une **étape primordiale des défenses immunitaires**. Sans elle, les réactions immunitaires ne peuvent pas se produire !

Mot-clé

Antigène : substance que l'organisme reconnaît comme étrangère et qui déclenche une réaction immunitaire.

II La production des anticorps

- Les anticorps sont sécrétés par une catégorie de leucocytes, les lymphocytes B, fabriqués par la moelle rouge des os.
- Les anticorps produits **se fixent spécifiquement sur les antigènes** qui ont provoqué leur synthèse, et permettent leur neutralisation.

Mot-clé

Lymphocytes B : catégorie de leucocytes sanguins, capables de se multiplier et de produire des anticorps en réponse à la présence d'un antigène.

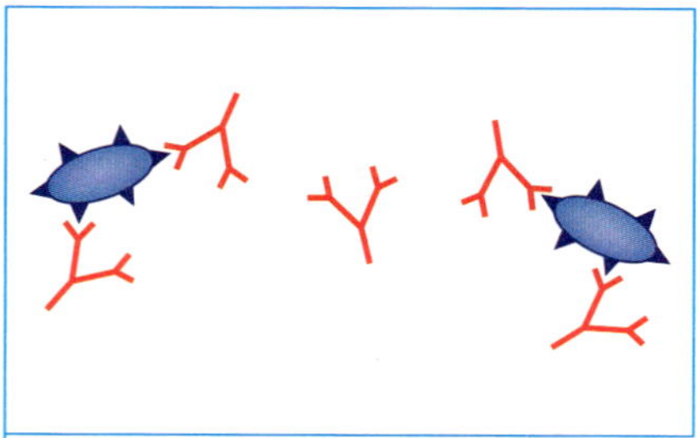

Anticorps (en rouge) se fixant spécifiquement sur des antigènes (triangles bleus) de bactéries.

- Lorsqu'on détecte un nombre anormalement élevé d'anticorps, on estime que l'individu a été en contact avec un antigène : on dit alors qu'il est séropositif.

Mot-clé

Séropositivité : présence anormalement importante d'un type d'anticorps ; l'individu a été en contact avec l'antigène qui a permis la production de ces anticorps.

APPLIQUER LA MÉTHODE

Calculer la taille réelle du noyau d'une cellule

Calculer la taille réelle du noyau de la cellule représentée sur le document.

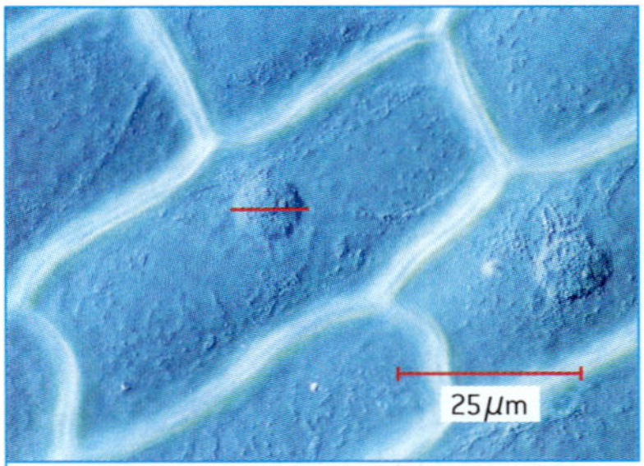

Épiderme d'oignon observé au microscope photonique.

Conseils

1. Mesurer l'échelle sur la photographie.
2. Mesurer l'objet dont on cherche la taille réelle.
3. Construire un tableau de proportionnalité.
4. Appliquer la règle du produit en croix.

Solution

1. Mesurer avec la règle la dimension de l'échelle (trait noir en bas à droite). Sur la photographie, l'échelle mesure 1,5 cm. Elle représente 25 µm dans la réalité.

2. Mesurer avec la règle la dimension de l'objet dont on cherche la taille réelle. Sur la photographie, le trait rouge figurant le diamètre du noyau de la cellule, mesure approximativement 0,6 cm.

3.

	Taille mesurée (cm)	Taille réelle (µm)
Sur l'échelle	1,5	25
Sur le trait rouge = diamètre du noyau	0,6	Inconnue : X

Les valeurs d'une même colonne doivent être exprimées dans la même unité. Les flèches rouges matérialisent les produits égaux (à effectuer en diagonale), c'est-à-dire le produit en croix.

4. On fait : 1,5 cm × X = 0,6 cm × 25 µm
C'est-à-dire : X = (0,6 × 25)/1,5 = 10 µm
La taille réelle du noyau de la cellule est d'environ 10 µm.

Pour vérifier que tu as compris ▶ Exercice 1

Pour t'entraîner ▶ Exercices 2 à 8

Pour préparer le brevet ▶ Exercices 9 à 11

15 Exposer le mode d'action des lymphocytes B et T

Comment agissent les lymphocytes B ? Comment réagissent les défenses immunitaires à une infection à l'intérieur d'une cellule ?

RETENIR L'ESSENTIEL

I Mode d'action des lymphocytes B

- Les lymphocytes B **reconnaissent** l'antigène **(1)**, se **multiplient (2)** dès la phase de reconnaissance et, **plusieurs jours plus tard, fabriquent des anticorps (3)** qui seront libérés dans le milieu intérieur. Ces lymphocytes sont stockés dans les ganglions et la rate.

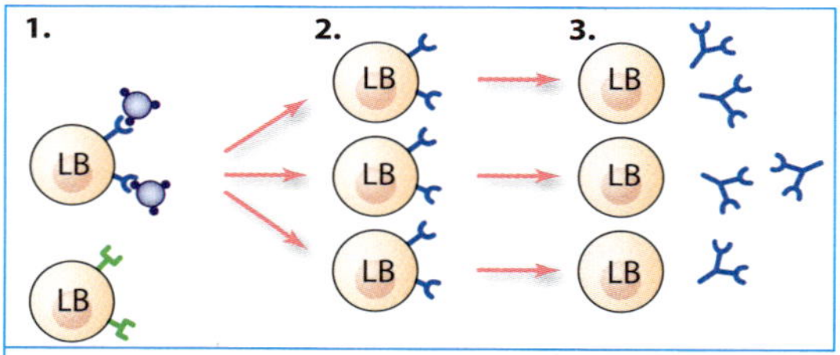

Mode d'action des lymphocytes B.

- Certains lymphocytes B permettent une réaction plus rapide lors d'un second contact avec le même antigène : on parle de mémoire immunitaire.

II Mode d'action des lymphocytes T

- D'autres leucocytes, les lymphocytes T, détruisent par contact les cellules qui portent sur leur membrane des antigènes. Ces cellules sont principalement des cellules infectées par un virus, ou des cellules cancéreuses.
- Là encore, il existe une mémoire immunitaire.

> **Mot-clé**
> **Lymphocytes T** : catégorie de leucocytes capables d'éliminer des cellules infectées par simple contact.

III Une réponse immunitaire en deux temps

- Dans un premier temps, la **phagocytose** constitue le premier rempart contre l'infection : très rapide, mais peu précise (non spécifique). Dans un deuxième temps, l'**action des lymphocytes B et T** est extrêmement efficace (spécifique à un type d'antigène), mais plus lente que la phagocytose… C'est le second rempart contre l'infection.

APPLIQUER LA MÉTHODE

Analyser un graphique en SVT

Le graphique indique la quantité d'anticorps (UA = unités arbitraires), suite à une première injection, puis une deuxième injection du même antigène (GRM = globule rouge de mouton).

1. Indiquer la valeur mesurée sur l'axe vertical.

2. Proposer un titre au graphique.

3. Décrire l'évolution de la teneur en anticorps anti-GRM les 20 premiers jours.

4. Préciser la quantité maximale d'anticorps anti-GRM, ainsi que le moment où cette quantité est observée.

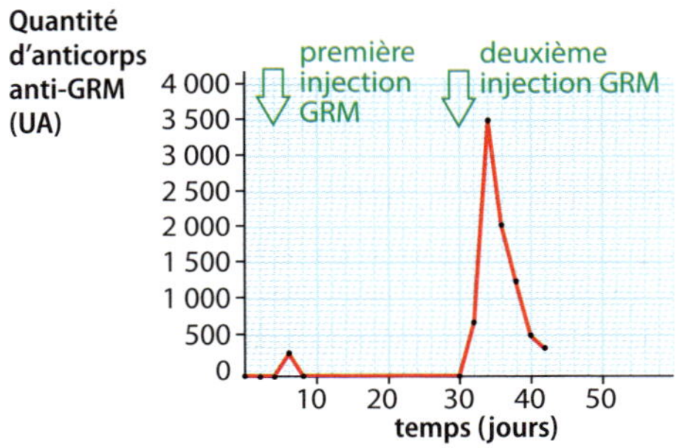

Conseils

1. Identifier la signification du graphique.
2. Lire le graphique.
3. Exploiter le graphique.

Solution

1. L'axe vertical mesure la quantité d'anticorps anti-GRM.

2. Graphique montrant l'évolution de la quantité d'anticorps anti-GRM en fonction du temps selon l'injection de GRM.

3. L'évolution de la quantité d'anticorps anti-GRM en fonction du temps se décompose en 4 phases :
Phase I : les 4 premiers jours, la quantité d'anticorps augmente très peu (environ 0 UA).
Phase II : du 4e au 6e jour, la quantité d'anticorps augmente jusqu'à 400 UA.
Phase III : du 6e au 8e jour, elle diminue jusqu'à environ 100 UA.
Phase IV : au-delà du 18e jour, elle diminue lentement jusqu'à 0 UA.

4. La quantité maximale mesurée est 3 500 UA, au 34e jour.

À noter

On met en relation une valeur de l'axe vertical et une valeur de l'axe horizontal en utilisant une règle et en traçant des lignes pointillées.

Pour vérifier que tu as compris ▶ Exercice 1

Pour t'entraîner ▶ Exercices 2 à 8

Pour préparer le brevet ▶ Exercices 9 à 11

16 Décrire et expliquer la lutte contre la contamination

Comment limiter la contamination ? Si, malgré les précautions prises il y a infection, comment lutter contre les micro-organismes ayant pénétré dans l'organisme ?

RETENIR L'ESSENTIEL

I La lutte contre la contamination

- Dans certains milieux (industrie alimentaire par exemple…), la désinfection d'une pièce et des objets qui s'y trouvent, l'asepsie, est un moyen de limiter la contamination.

Mot-clé
Asepsie : élimination des micro-organismes d'un milieu (eau de Javel, chaleur…).

Quelques mesures d'hygiène préventive en milieu hospitalier.

- Chacun d'entre nous peut également limiter les risques de contamination en respectant certaines règles d'hygiène élémentaires (lavage des mains…).
- L'utilisation d'un préservatif lors d'un rapport sexuel permet d'éviter la transmission de micro-organismes responsables d'IST.
- En cas de blessure, la désinfection de la plaie par un produit antiseptique (alcool à 70°…) détruit les micro-organismes et limite la contamination.

Mots-clés
IST : infection sexuellement transmissible.
Antiseptique : produit détruisant les micro-organismes au niveau d'une plaie.

II La lutte contre l'infection

- Quand la contamination n'a pu être évitée, il faut lutter contre l'infection.
- L'utilisation d'antibiotiques appropriés permet d'éliminer et de limiter la prolifération des **bactéries** pathogènes responsables de l'infection.
- Les antibiotiques sont inefficaces contre les virus : hormis des antiviraux qui ne font que ralentir leur développement, il n'existe aucun médicament pouvant détruire des virus…

Mot-clé
Antibiotique : substance pouvant éliminer un type de bactérie.

APPLIQUER LA MÉTHODE

Réaliser un dessin correct en SVT

Un dessin d'observation en SVT est une représentation la plus précise possible de « l'objet réel », qui doit respecter des conventions très strictes.
On se propose de réaliser un dessin d'une bactérie (staphylocoque doré) qui explose sous l'action d'un antibiotique approprié.
Un élève particulièrement étourdi a commis 6 erreurs signalées par des numéros, précise les erreurs commises et corrige-les.
Titre : Dessin d'une bactérie qui explose sous l'action d'un antibiotique approprié

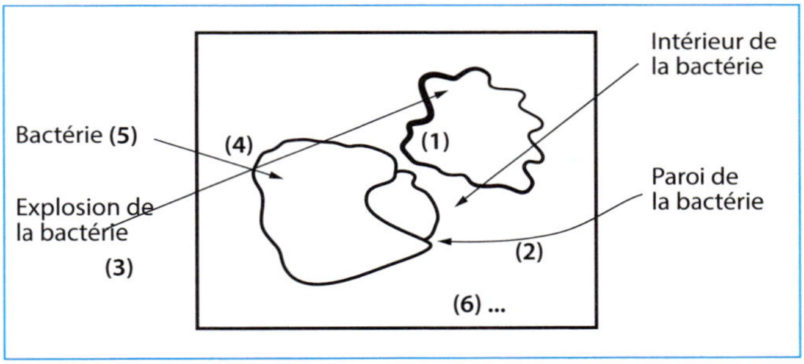

Conseils

Pour réaliser un dessin il faut respecter les conventions suivantes.
1. Tracer un cartouche.
2. Dessiner dans le cartouche.
3. Tracer les traits de la légende.
4. Ajouter la légende.
5. Donner un titre correct, souligné et centré.

Solution

(1) : Trait de crayon trop épais (le trait doit être net, fin et précis).
(2) : Trait de flèche tracé à la main (doit être tracé à la règle).
(3) : Légende écrite sur le trait de flèche (légende placée à côté).
(4) : Flèches qui se croisent (ne doivent jamais se croiser).
(5) : Légendes pas écrites au même niveau (écrire au même niveau).
(6) : Oubli du grossissement (ne pas oublier le grossissement correct).

Attention !
Tout doit être fait au crayon de papier taillé : dessin, légende, titre...

Pour vérifier que tu as compris ▸ Exercice 1
Pour t'entraîner ▸ Exercices 2 à 8
Pour préparer le brevet ▸ Exercices 9 à 11

17 Comprendre le fonctionnement de la vaccination et de certains traitements médicaux

Les médecins peuvent « aider » le système immunitaire, afin de le rendre plus performant et plus rapide.

RETENIR L'ESSENTIEL

I La vaccination

- La vaccination consiste à **introduire dans l'organisme un antigène** caractéristique d'un micro-organisme pathogène déterminé. La vaccination repose sur la **mémoire immunitaire** : on provoque artificiellement un premier contact avec l'antigène, de manière à ce qu'un éventuel nouveau contact avec le même antigène génère une réaction immunitaire plus rapide.
- La **vaccination** permet à l'organisme d'acquérir **préventivement** et **durablement** une mémoire immunitaire contre un micro-organisme pathogène donné, grâce au maintien dans l'organisme de nombreux leucocytes spécifiques. Des rappels sont nécessaires pour réactiver la mémoire immunitaire.

***Le docteur Jenner inoculant la vaccine* (détail).**
Edward Jenner (médecin britannique, 1749-1823) réalise la première vaccination en 1796.

Mots-clés

Vaccination : injection d'un antigène dans l'organisme afin d'activer préventivement le système immunitaire.
Rappels : injections répétées de l'antigène afin d'accroître l'efficacité du vaccin.

II Autres traitements médicaux aidant à lutter contre l'infection

- Si la vaccination n'a pas été faite suffisamment tôt, les médecins peuvent inoculer directement des anticorps spécifiques de l'antigène : on parle de sérothérapie.
- Lorsque le système immunitaire d'une personne est très affaibli, les médecins peuvent utiliser d'autres thérapies qui améliorent son efficacité, voire envisager une greffe de moelle osseuse.

Mot-clé

Sérothérapie : injection d'anticorps spécifiques d'un antigène.

APPLIQUER LA MÉTHODE

Exploiter plusieurs documents pour étudier le sida

À partir des documents suivants, expliquer comment un individu atteint du VIH finit par mourir.

Document 1 L'origine du sida

« Le sida est dû à un virus, le VIH (virus de l'immunodéficience humaine). Les cellules cibles du virus du sida sont les lymphocytes T. Le virus pénètre dans le lymphocyte T et fabrique dans son cytoplasme de nouveaux virus. Les virus sont ensuite libérés en grand nombre dans le sang. Le lymphocyte T infecté est alors détruit.

Document 2 Les phases de l'infection du VIH

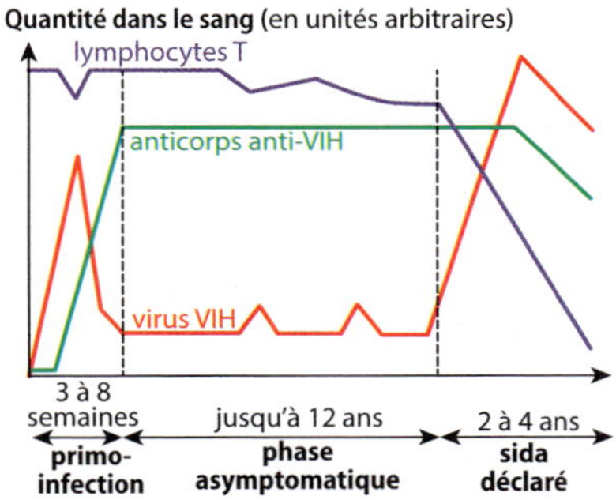

Conseils

- Étape 1 : Identifie le problème posé.
- Étape 2 : Présente chaque document en dégageant l'essentiel des informations qu'il apporte.
- Étape 3 : Relie entre elles les informations tirées des documents.
- Étape 4 : Réponds à la question posée en renvoyant aux documents pour étayer tes réponses.

Solution

- **Étape 1 :** Comment expliquer qu'un individu atteint du VIH finisse par mourir ?
- **Étape 2 :** D'après le document 1, les cellules cibles du VIH sont les lymphocytes T (LT). Ces cellules sont détruites après avoir été infectées.

Le document 2 montre les phases de l'infection par le VIH et l'évolution des quantités de LT, VIH et anticorps anti-VIH dans le sang.

- **Étape 3 :** La suppression des LT, qui jouent un rôle primordial dans les réactions immunitaires, peut mettre jusqu'à 12 ans avant de se produire.
- **Étape 4 :** Le VIH, en infectant les LT, provoque leur destruction et donc l'effondrement des défenses immunitaires ; c'est ainsi que les personnes atteintes du VIH meurent.

Se tester QUIZ

Vérifie que tu as bien compris les points clés des **fiches 13 à 17.**

Pour chaque question, vérifie ta réponse à l'aide du corrigé et consulte les fiches de cours si nécessaire.

1 Comprendre les réactions immunitaires

→ RÉVISE LES FICHES 13 À 17.

1. Parmi les trois réactions immunitaires à se mettre en place, la plus rapide est :

- ☐ **a.** la production d'anticorps
- ☐ **b.** la phagocytose
- ☐ **c.** l'action des lymphocytes T

2. Les cellules capables de produire des anticorps sont :

- ☐ **a.** des lymphocytes B
- ☐ **b.** des lymphocytes T
- ☐ **c.** des cellulaires phagocytaires

3. Des anticorps se fixent spécifiquement sur :

- ☐ **a.** des bactéries
- ☐ **b.** des virus
- ☐ **c.** des antigènes

4. L'action des lymphocytes est dans l'ordre :

- ☐ **a.** destruction des cellules – reconnaissance de l'antigène – multiplication de lymphocytes
- ☐ **b.** reconnaissance de l'antigène – multiplication de lymphocytes -destruction des cellules
- ☐ **c.** multiplication de lymphocytes – destruction des cellules – reconnaissance de l'antigène

5. La vaccination consiste à :

- ☐ **a.** introduire dans l'organisme une maladie
- ☐ **b.** introduire dans l'organisme un micro-organisme pathogène vivant
- ☐ **c.** introduire dans l'organisme un antigène spécifique d'un micro-organisme pathogène

6. On peut limiter une infection bactérienne qu'on subit pour la première fois grâce à :

- ☐ **a.** un antibiotique approprié
- ☐ **b.** un vaccin
- ☐ **c.** une solution antiseptique

S'entraîner

Vérifie que tu sais appliquer les méthodes des **fiches 13 à 17.**

Pour chaque exercice, consulte la méthode indiquée et compare ta réponse à celle donnée dans le corrigé.

2 Étudier deux réactions immunitaires

→ RÉVISE LES FICHES 13 ET 14

1. Indiquer quels sont les deux moyens de défense représentés dans les schémas ci-dessous.

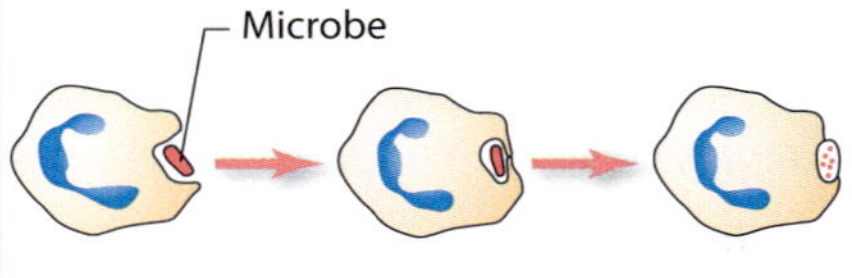

Réaction immunitaire 1

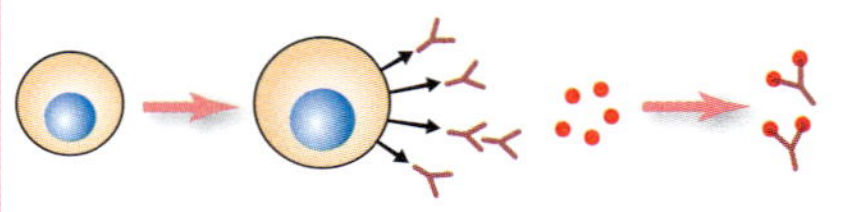

Réaction immunitaire 2

2. Citer les cellules responsables de ces moyens de défense.

3. Expliquer ce qui se passe dans chaque cas.

4. Parmi ces deux moyens de défense :
a. préciser celui qui constitue la première ligne de défense de l'organisme ;
b. préciser celui pour lequel il existe une mémoire immunitaire ;
c. préciser celui qui est considéré comme « spécifique ». Dire pourquoi.

3 Déterminer la taille réelle d'éléments observés au microscope par le calcul

→ APPLIQUE LA MÉTHODE DE LA FICHE 14
→ CONSULTE LA FICHE ANNEXE 2

1. À partir des photographies 1, 2 et 3, calculer le diamètre réel de chaque élément.

2. Classer ces éléments par ordre de taille croissante.

3. Indiquer le rapport de taille entre le staphylocoque et le virus de la varicelle. Préciser le calcul.

Document **Photographies au microscope électronique à transmission.**

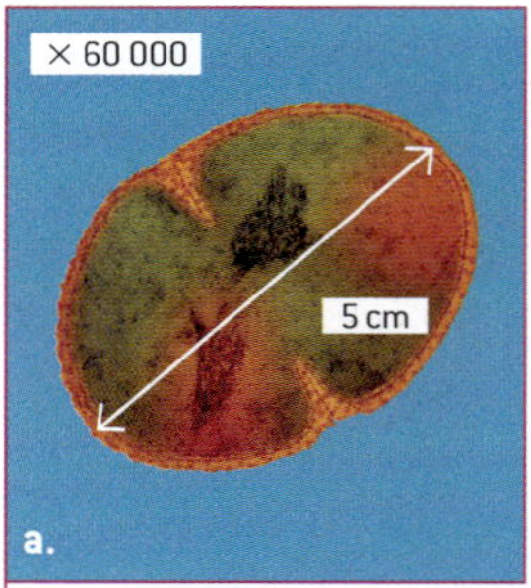

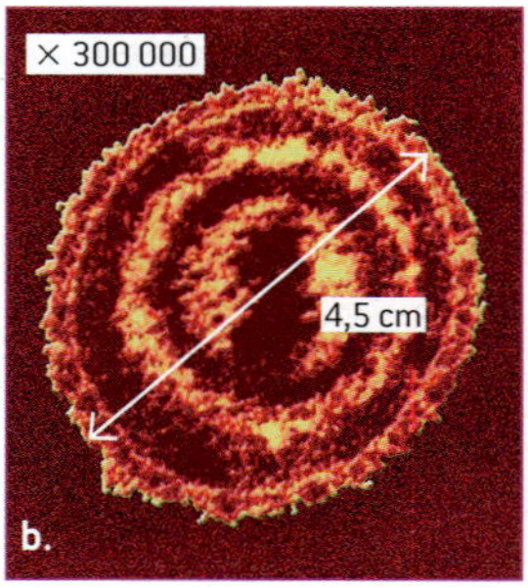

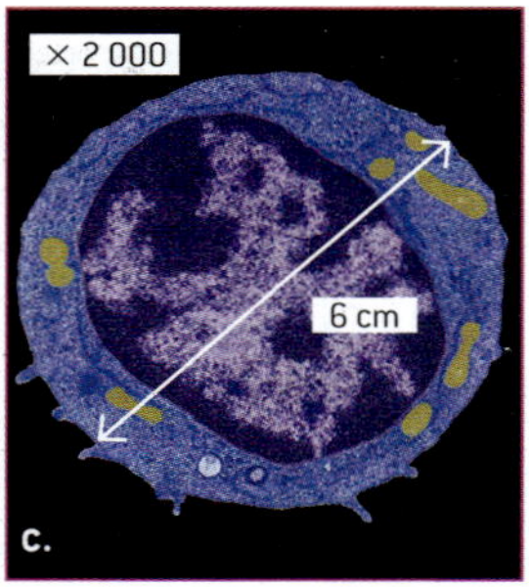

a. Staphylocoque (bactérie), × 60 000. **b.** Virus de la varicelle, × 300 000. **c.** Globule blanc, × 2000

4 Mesurer l'évolution du nombre de bactéries dans le yaourt en fonction de la température

→ APPLIQUE LA MÉTHODE DE LA FICHE 11

1. Indiquer le nombre de lactobacilles dans le yaourt à 30 °C.
2. Indiquer le nombre de streptocoques dans le yaourt à 40 °C.
3. Indiquer à quelle température on peut trouver 604 millions de streptocoques par gramme de yaourt.
4. Indiquer la température à laquelle on trouve le nombre le plus élevé de lactobacilles.
5. Préciser la bactérie qui est la plus présente dans le yaourt.
6. Préciser la bactérie qui est la moins présente dans le yaourt.

Document **Nombre de bactéries présentes par gramme de yaourt pour une température donnée**

Température (en °C)	Lactobacilles (en millions)	Streptocoques (en millions)
30	834	66
35	1 042	97
40	1 105	221
42	1 363	604
45	906	636
50	221	275

5 Calculer la dimension réelle d'un virus grâce à un produit en croix

→ APPLIQUE LA MÉTHODE DE LA FICHE 14
→ CONSULTE LA FICHE ANNEXE 2

Déterminer en précisant les calculs la dimension réelle du virus. Utiliser le trait colorié en bleu.

Document **Virus (en rouge et vert) infectant une cellule (en orange)**

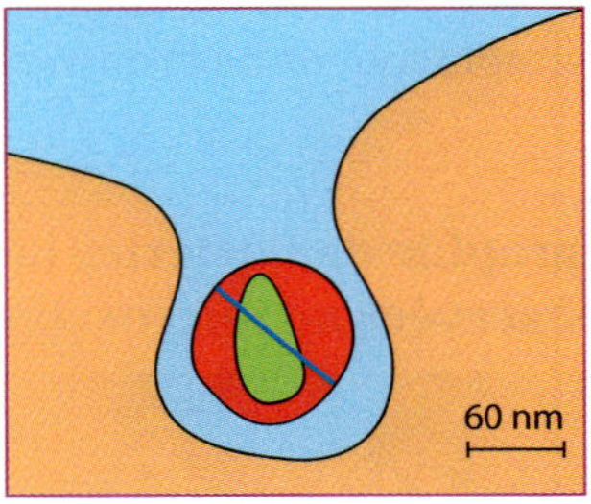

6 Comprendre l'utilisation d'antibiotiques appropriés

→ APPLIQUE LA MÉTHODE DE LA FICHE 15

On mesure la quantité de bactéries dans leur milieu de culture avec ou sans l'antibiotique approprié.

1. Nommer les deux valeurs mesurées portées par l'axe des ordonnées.

2. Donner un titre à ce graphique.

3. Indiquer le nombre de bactéries présentes dans le milieu de culture au début des deux expériences, puis au bout de 14 h.

4. Décrire l'évolution de la courbe rouge, puis celle de la courbe verte.

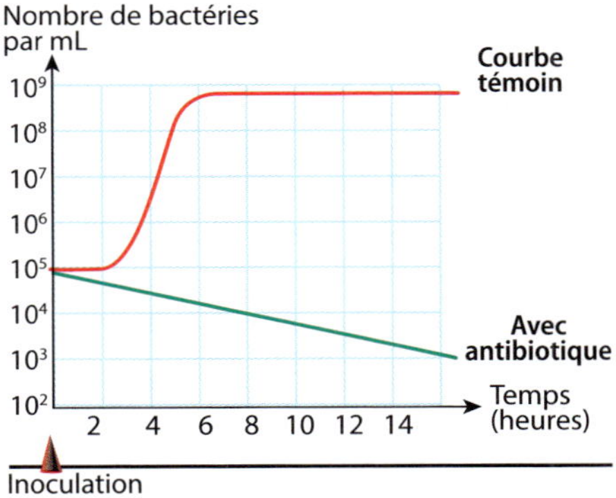

7 Dessiner d'après une observation de bactéries lactiques au microscope

→ APPLIQUE LA MÉTHODE DE LA FICHE 16
→ CONSULTE LA FICHE ANNEXE 3

Nous sommes en contact permanent avec une très grande variété de micro-organismes vivants dans notre environnement (bactéries, virus, champignons...). Certains sont dangereux (**pathogènes**) car ils peuvent être responsables de maladies, d'autres sont sans danger, voire même très utiles. C'est le cas par exemple de certaines bactéries responsables de la transformation du lait en yaourt. Ces bactéries non pathogènes sont de deux types facilement identifiables : les streptocoques de forme arrondie et les lactobacilles en forme de bâtonnet.

Document **Photographie de bactéries lactiques colorées au bleu de méthylène observées au microscope optique (× 1 400)**

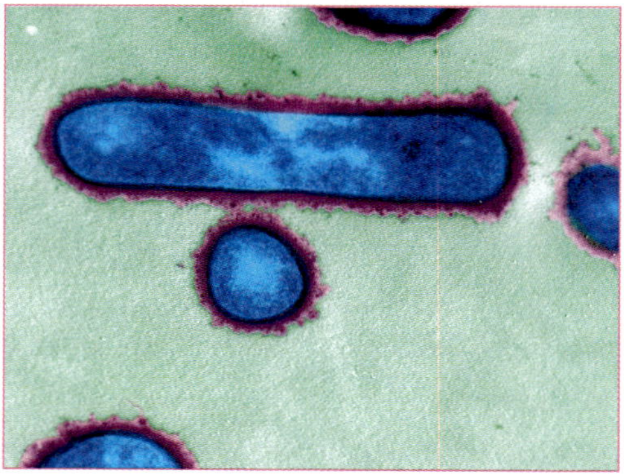

1. Réaliser sur une feuille de dessin, le dessin d'observation de la photographie ci-dessus.

2. Légender le dessin en précisant le nom de chaque type de bactérie grâce à leur forme.

3. Donner un titre au dessin.

4. Préciser le grossissement.

Démarrons ensemble

Pense à tracer à la règle un cartouche centré. Si ce n'est pas une obligation, cela te facilitera la tâche pour réaliser ton dessin.
Les traits de flèches doivent être précis et tracés à la règle.
Le titre indique « ce qui est observé » et « comment cela est observé ».
Le grossissement est indiqué en bas du cartouche.

8 Antibiotiques et lutte contre l'infection

→ APPLIQUE LA MÉTHODE DE LA FICHE 17

À partir des informations extraites dans les quatre documents, répondre au problème suivant : « Comment l'utilisation d'antibiotiques permet-elle de lutter contre une infection bactérienne ? »

Document 1 Alexander Fleming

« En 1928, Alexander Fleming, un médecin anglais, cultive des bactéries pathogènes. Lors de ses études, il constate que certaines cultures ont été contaminées par un champignon microscopique (*Penicillium notatum*), et que les bactéries à proximité du champignon ont disparu. Il émet alors l'hypothèse que le champignon produit une substance qui empêche le développement de la bactérie : c'est la découverte du premier antibiotique, la pénicilline.

Document 2 Effets des antibiotiques sur les angines

Maladie	Effet des antibiotiques
Angine d'origine virale	Aucun
Angine d'origine bactérienne	Guérison du malade

Document 3 Évolution du nombre de bactéries au cours du temps avec deux antibiotiques différents, ou en absence d'antibiotique

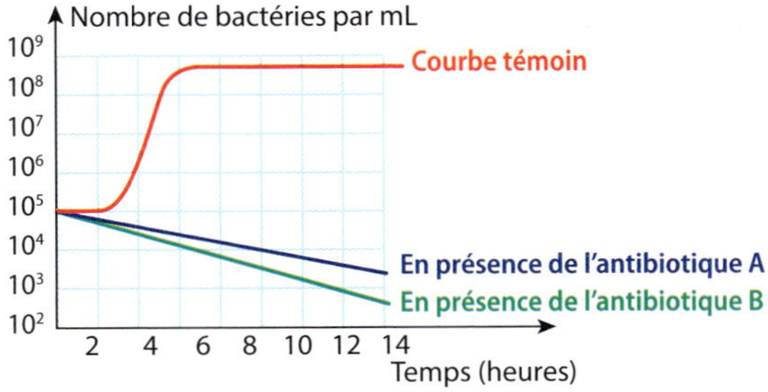

Document 4 Antibiogramme testant l'efficacité de quatre antibiotiques

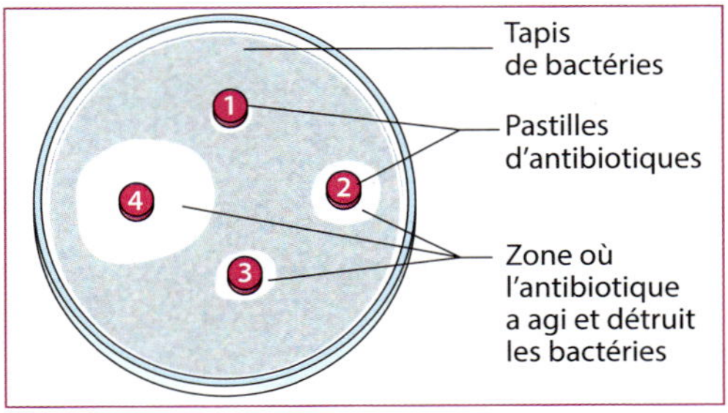

Vers le brevet

Exerce-toi en vue du brevet et révise les **fiches 13 et 17.**

Pour chaque sujet, aide-toi des conseils donnés et compare ta réponse à celle donnée dans le corrigé.

SUJET TYPE 9 — 20 min — Étudier une maladie, le botulisme

→ APPLIQUE LA MÉTHODE DE LA FICHE 17

Le botulisme est une maladie qui atteint le système nerveux. Elle est due à une bactérie souvent présente dans le sol et qui peut se trouver dans certaines boîtes de conserve.

1. Préciser si la bactérie du botulisme est pathogène. Justifier votre réponse.

2. À partir de vos connaissances et des modes d'action des bactéries pathogènes, formuler deux hypothèses pour expliquer comment les bactéries du botulisme rendent malade.

3. Lorsque l'on met des légumes verts en conserve, on doit faire chauffer les légumes. Préciser l'intérêt d'une telle manipulation.

4. Si le chauffage n'a pas été suffisant, les légumes mis en conserve peuvent rendre malade du botulisme (bien que toutes les bactéries responsables du botulisme aient été détruites…).
Quelle hypothèse émise à la question 3 est validée par cette nouvelle donnée ? Expliquer pourquoi.

SUJET TYPE 10 — 20 min — Série d'expériences pour comprendre l'action des lymphocytes B

→ APPLIQUE LA MÉTHODE DE LA FICHE 17

Des souris ont été traitées aux rayons X (irradiation) de manière à détruire leurs lymphocytes. Elles ont été réparties en trois lots (lots 1, 2 et 3). Des souris non irradiées constituent un 4e lot témoin.
Les souris des lots 2 et 3 ont également reçu une injection de leurs propres lymphocytes qui avaient été prélevés avant l'irradiation.
Enfin, on a injecté une culture de bactéries à ces 4 lots de souris. Le tableau ci-après donne, pour chaque lot, la production d'anticorps, qui traduit la réaction immunitaire.

Document **Étapes et résultats de l'expérience**

Numéro des lots	Traitements préalables	Injection de culture bactérienne	Résultats Recherche des anticorps quelques jours après
1	Rayons X		Pas d'anticorps sécrétés
2	Rayons X puis injection des lymphocytes B et T		Anticorps sécrétés
3	Rayons X puis injection des lymphocytes T		Pas d'anticorps sécrétés
4 (témoin)	Aucun traitement	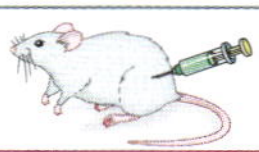	Anticorps sécrétés

1. Comparer les lots 1 et 4 et indiquer l'effet du traitement aux rayons X.

2. Comparer les lots 2 et 3 :
a. Préciser quelle est l'expérience témoin, quelle est l'expérience test.
b. Préciser le seul facteur différent entre ces deux expériences.
c. Conclure : proposer une hypothèse sur la production des anticorps.

3. Proposer une expérience complémentaire pour vérifier l'hypothèse.

Démarrons ensemble

1. Décris chaque lot, en précisant l'effet du traitement aux rayons X.
2. a. L'expérience test correspond à celle où l'on a introduit un nouveau facteur.
b. Il s'agit du seul facteur différent entre les deux expériences.
c. L'hypothèse proposée te permet d'expliquer la production d'anticorps dans l'expérience 3.

TYPE

11 La production d'anticorps dans la lutte antimicrobienne

20 min

→ RÉVISE LA FICHE 14

Le tétanos et la diphtérie sont des maladies provoquées par des bactéries. Les bactéries libèrent dans le milieu intérieur des toxines, antigènes responsables de la réaction immunitaire de l'organisme. Ces maladies peuvent être mortelles en absence de traitement adéquat.
Des chercheurs effectuent une série d'expériences résumées dans les documents suivants.

Document 1 Séries d'expériences pratiquées sur des lots de souris

lots	Expériences	Résultats
n° 1	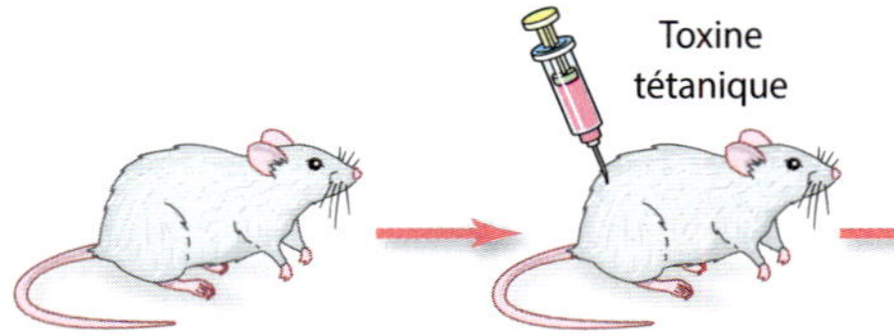 	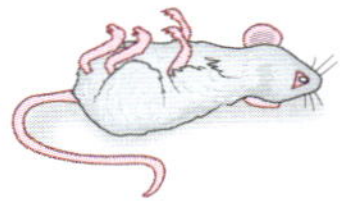
n° 2	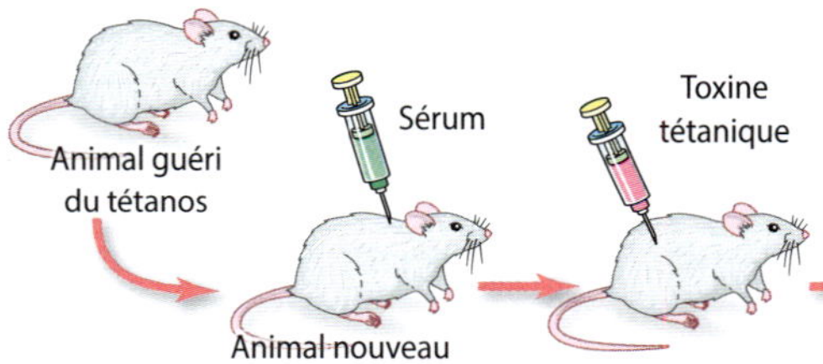 	
n° 3	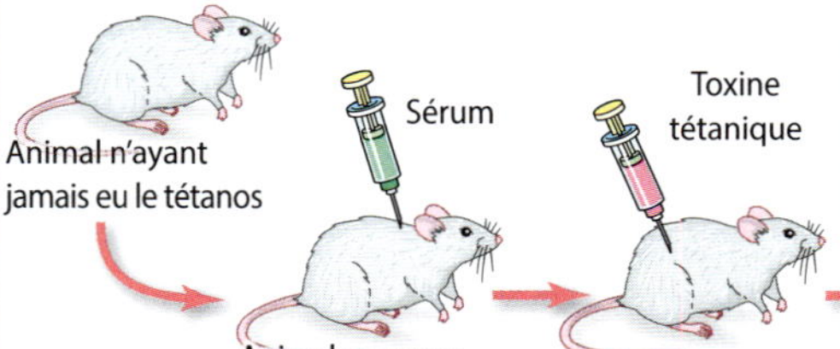 	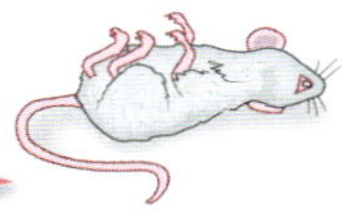

Document 2 Expérience complémentaire sur un quatrième lot de souris

lot	Expérience	Résultat
n° 4	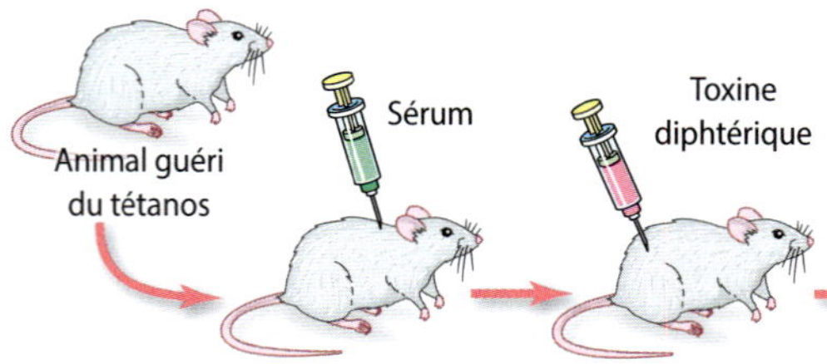 	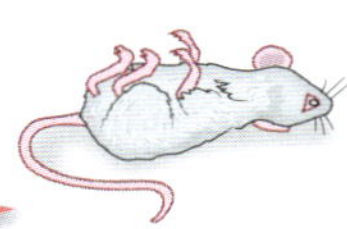

Mot-clé
Sérum : liquide sanguin débarrassé de ses cellules.

1. Comparer les expériences des lots n° 1 et 2 afin d'en déduire le rôle du sérum issu de l'animal guéri du tétanos.

2. Préciser quelle expérience (lot 3 ou 4) permet de vérifier l'intérêt du sérum issu d'un animal guéri du tétanos.

3. À partir de vos connaissances, indiquer le nom de la substance issue du sérum de l'animal guéri du tétanos permettant de protéger des souris n'ayant jamais eu le tétanos.

4. À partir des expériences présentées dans les documents 1 et 2, justifier que les substances nommées dans le 3 ont une action spécifique sur un antigène donné.

Démarrons ensemble

1. et **2.** Repère le seul facteur différent entre les deux expériences : c'est forcément ce facteur qui est responsable des différences constatées en fin d'expériences.

Se tester QUIZ

1 **1. b. • 2. a. • 3. c. • 4. b. • 5. c. • 6. a.**

S'entraîner

2

1. On distingue la **phagocytose** (doc. 1) et la **production d'anticorps** (doc. 2).

2. Les cellules responsables de ces moyens de défense sont : des cellules phagocytaires (schéma 1) et des lymphocytes B (schéma 2).

3. Phagocytose : la cellule phagocytaire s'accole, absorbe et digère le microbe. **Production d'anticorps :** un lymphocyte B particulier reconnaît un antigène, il est « activé » : il sécrète de grandes quantités d'anticorps spécifiques de l'antigène qui l'a activé.

4. a. C'est la **phagocytose** qui constitue la première ligne de défense.

b. Il existe une **mémoire immunitaire** pour la production d'anticorps.

c. Le moyen de défense considéré comme spécifique est la **production d'anticorps**, car les anticorps produits se fixent exclusivement (spécifiquement) sur l'antigène qui a conduit à leur production.

3 **1.** Pour calculer le diamètre réel de chaque élément, il faut mesurer sa taille sur le document puis effectuer le calcul : taille mesurée/grossissement indiqué.
Diamètre réel de la bactérie staphylocoque : 5 cm/60 000 = **0,8 µm**
Diamètre réel du virus de la varicelle :
4,5 cm/300 000 = 0,15 µm = **150 nm**
Diamètre réel du globule blanc : 6 cm/2 000 = **30 µm**

2. Du plus petit au plus grand, on a : virus, puis bactérie et enfin globule blanc.

3. Le rapport de taille entre cette bactérie et ce virus est de :
Taille de la bactérie/taille du virus = 0,8 µm/0,15 µm = **5,3**
C'est-à-dire que cette bactérie est **5,3 fois plus grosse** que ce virus.

À noter
Sur la photographie 1, on t'indique que tout a été grossi 60 000 fois. Pour connaître la taille réelle de ce que tu observes, tu peux diviser ce que tu mesures par 60 000…

À noter
Tu peux repérer les dimensions des organismes étudiés dans cet exercice sur la méthode de la fiche 13.

4 **1.** Sur le tableau fourni, on constate qu'à 30 °C, il y a **834 millions de lactobacilles/g de yaourt**.

Température en °C	Lactobacilles (en millions)	Streptocoques (en millions)
30	834	66
35	1 042	97

Température en °C	Lactobacilles (en millions)	Streptocoques (en millions)
40	1 105	221
42	1 363	604
45	906	636
50	221	275

2. On compte **221 millions de streptocoques** par gramme de yaourt à 40 °C.

3. On trouve 604 millions de streptocoques par gramme de yaourt, quand il est porté à **42 °C**.

4. On trouve le nombre le plus élevé de streptocoques à 45 °C : **636 millions de bactéries/g de yaourt**.

5. Les **lactobacilles** présentent la quantité la plus importante dans le yaourt.

6. Les **streptocoques** présentent la quantité la moins importante dans le yaourt.

5

Pour effectuer un produit en croix et ne pas commettre d'erreur, il faut **construire un tableau de proportionnalité**.

	Taille mesurée (mm)	Taille réelle (nm)
Sur l'échelle	7	60
Diamètre du virus (trait bleu)	10	Inconnue : X

Les valeurs d'une même colonne sont exprimées dans la même unité.
Les flèches noires symbolisent les correspondances, les flèches rouges matérialisent les produits égaux (à effectuer en diagonale), c'est-à-dire le produit en croix.
Et appliquer le produit en croix :
On fait : 7 mm × X = 10 mm × 60 nm
C'est-à-dire : X = (10 × 60)/7 = **86 nm**
La taille réelle du virus est d'environ **86 nm.**

À noter
- Revois la méthode de la fiche 14.
- 1 nm = 1/1 000 de µm : revois la fiche annexe sur les dimensions de l'échelle du vivant.

6 **1.** L'axe des ordonnées (axe vertical) indique la **quantité de bactéries** dans **leur milieu de culture** sans antibiotique (courbe rouge) ou avec antibiotique approprié (courbe verte).

2. Titre du graphique :
« Évolution de la quantité de bactéries dans un milieu de culture avec ou sans antibiotique approprié en fonction du temps. »

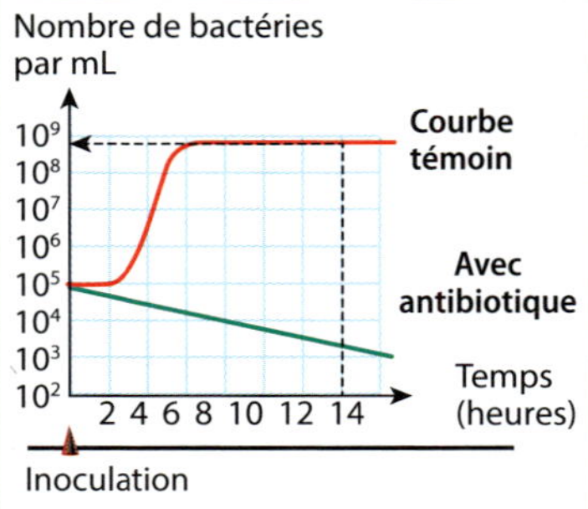

3. Au début des expériences, on compte environ **10^5 bactéries** dans les deux cas. Au bout de 14 heures, on en compte environ **10^9** pour l'expérience sans antibiotique et **10^3** avec l'antibiotique.

Remarque : pour trouver ces valeurs, on trace à la règle une droite verticale en pointillés en partant de la 14e heure jusqu'à ce que celle-ci atteigne la courbe, puis, on projette cette valeur de la courbe sur l'axe des ordonnées en traçant une droite horizontale en pointillés et on lit la valeur désignée sur l'axe des ordonnées.

4. Évolution de la quantité de bactéries en présence de l'antibiotique approprié : la quantité de bactéries diminue régulièrement, jusqu'à atteindre 10^3 au bout de 14 h.

Évolution de la quantité de bactéries sans l'antibiotique : on distingue trois phases :

- **phase 1 :** la quantité de bactéries reste constante à 10^5 pendant presque 2 h ;
- **phase 2 :** la quantité de bactéries augmente, de 10^5 à environ 10^9 bactéries durant environ 4 h.
- **phase 3 :** la quantité de bactéries stagne à environ 10^9 bactéries de la 6e à la 14e h.

À noter
À la règle, repère sur le graphique la quantité de bactéries à la 14e heure. Découpe la courbe rouge en différentes phases, cela t'aidera pour ton analyse de graphique.

7 Dessiner d'après une observation de bactéries lactiques au microscope

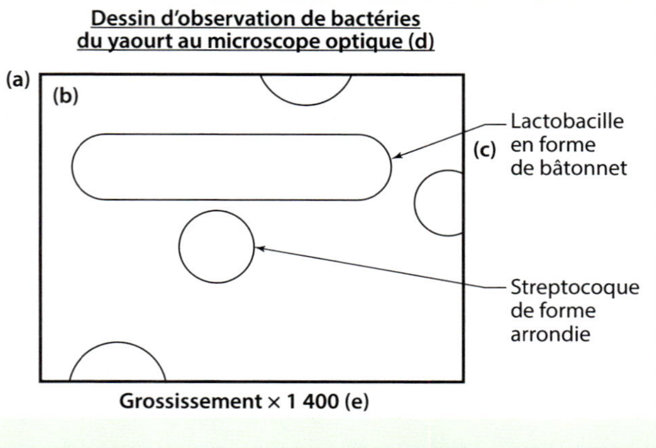

1. Le cartouche est centré, tracé à la règle (a) : cela laisse de la place à droite et à gauche pour la légende, le dessin est par conséquent parfaitement disposé...

Le dessin est ressemblant, les proportions entre les différentes bactéries et l'espace qui les sépare sont respectés (b).

2. Les flèches sont tracées à la règle, elles indiquent avec précision les bactéries. Elles portent toutes une pointe correctement tracée (c).
La légende est correctement disposée : à droite ou à gauche du cartouche, aux extrémités des flèches (et pas dessus).
Elle est écrite horizontalement, sans faute d'orthographe.
Elle qualifie les bactéries selon leur forme et permet donc de les identifier.

3. Le titre est centré et souligné (d).

Il comporte son sujet (ici, un dessin d'observation), ce qui est observé (des bactéries lactiques) et le moyen d'observation (ici un microscope photonique, ou optique).

4. Le grossissement (e) est indiqué dans le texte : **×1 400**.

8 Antibiotiques et lutte contre l'infection

Le problème à résoudre est : Comment l'utilisation d'antibiotiques permet-elle de lutter contre une infection bactérienne ?

Présentation/exploitation des documents

– *Document 1 :* Le texte précise la découverte historique du premier antibiotique : une substance produite par un champignon microscopique qui empêche le développement de la bactérie.

– *Document 2* : Le tableau indique que les antibiotiques n'ont aucun effet sur une angine virale. On peut généraliser (« Les antibiotiques, c'est pas automatique ») : les antibiotiques n'ont aucun effet sur les virus.

– *Document 3* : Le graphique montre que sous l'action de l'antibiotique A la quantité de bactéries diminue de 10^5 à environ 5×10^3, sous l'action de l'antibiotique B la quantité de bactéries diminue à environ 5×10^2, et qu'en absence d'antibiotique, la quantité de bactéries augmente. On en déduit que sous l'action de l'antibiotique A, le développement des bactéries diminue (par rapport au témoin), mais également que l'antibiotique B est encore plus efficace contre ces bactéries.

On relie ces informations au problème : les antibiotiques empêchent le développement des bactéries, et ont une action spécifique contre certaines bactéries.

– *Document 4* : L'antibiogramme montre que parmi les 4 antibiotiques testés (les 4 pastilles numérotées) tous n'ont pas la même action sur les bactéries : plus la zone claire est importante (grand nombre de bactéries détruites), plus l'antibiotique est efficace contre ce type de bactéries. (ici, l'antibiotique 4 semble le plus efficace, l'antibiotique 1 le moins efficace).

On relie ces informations au problème : les antibiotiques empêchent le développement des bactéries en les détruisant. D'autre part, ce document confirme l'action spécifique d'un antibiotique donné contre certaines bactéries.

Conclusion

Les antibiotiques permettent de lutter contre une infection bactérienne soit en empêchant le développement des bactéries (doc. 1), soit en les détruisant (docs. 3 et 4). Les antibiotiques agissent spécifiquement sur certaines bactéries (docs. 3 et 4) et n'ont aucune action sur les virus (doc. 2).

Vers le brevet

9 **1.** La bactérie du botulisme est **pathogène** car elle peut provoquer une maladie en atteignant le système nerveux : le botulisme.

2. Une bactérie peut rendre malade soit en produisant une toxine, soit en proliférant de manière dangereuse dans le milieu intérieur.

3. On chauffe les légumes verts de manière à **détruire les bactéries présentes.**

4. On peut **valider la première hypothèse** (toxines produites) car les bactéries botuliques sont censées être détruites... Elles rendent malade en produisant une toxine dangereuse.

10 **1.** Le **lot 1** montre que suite à l'irradiation aux rayons X et à l'injection d'une culture bactérienne, quelques jours plus tard, les souris ne sécrètent pas d'anticorps.

Le **lot 4** montre que suite à l'irradiation aux rayons X et à l'injection d'une culture bactérienne, quelques jours plus tard, les souris sécrètent des anticorps.

2. Le **lot 2** montre que suite à l'irradiation aux rayons X, l'injection des lymphocytes B et T et à l'injection d'une culture bactérienne, quelques jours plus tard, les souris sécrètent des anticorps.

Le **lot 3** montre que suite à l'irradiation aux rayons X, l'injection des lymphocytes T et à l'injection d'une culture bactérienne, quelques jours plus tard, les souris ne sécrètent pas d'anticorps.

a. Le **lot 2** est l'expérience test. Le lot 3 est l'expérience témoin.

b. Le seul facteur différent entre ces deux expériences est l'injection de lymphocytes B après l'irradiation des souris.

c. Le seul facteur différent étant la présence des lymphocytes B, on peut penser que les lymphocytes B sont responsables des différences constatées au bout de quelques jours.
On peut poser l'hypothèse suivante : les lymphocytes B produisent des anticorps suite à l'injection de la culture de bactéries.

3. Pour vérifier l'hypothèse, on pourrait faire : irradiation aux rayons X, injection des lymphocytes B des souris, puis injection de la culture bactérienne. Si l'hypothèse est vraie, alors quelques jours plus tard, on devrait observer une sécrétion d'anticorps.

11 **1.** Expérience 1 : les souris meurent ; expérience 2 : les souris survivent. La seule différence entre ces deux expériences est qu'on a injecté du sérum d'un animal guéri du tétanos avant d'inoculer la toxine tétanique aux souris du lot n° 2. C'est donc ce sérum particulier qui permet d'expliquer la survie des souris du lot n° 2 : on en déduit que le sérum issu d'une souris ayant survécu au tétanos contient une substance qui protège du tétanos.

2. Pour vérifier l'intérêt du sérum issu d'un animal guéri du tétanos, on doit réaliser une expérience où l'on injecte du sérum d'un animal qui n'a jamais été en contact avec la toxine du tétanos à un nouveau lot de souris. C'est le **lot n° 3** qui permet de vérifier cela : le sérum « protecteur » doit provenir d'un animal guéri du tétanos.

> **À noter**
> Relis la fiche 14.

3. La substance issue du sérum de l'animal guéri du tétanos et qui permet de protéger des souris n'ayant jamais eu le tétanos s'appelle des **anticorps**.

4. Expérience. 4 : Les anticorps antitétaniques ne protègent pas de la diphtérie : ils offrent une protection spécifique contre la toxine du tétanos, pas contre la toxine diphtérique.

> **À noter**
> Une **action spécifique** sur un antigène donné signifie que la substance agit exclusivement sur une toxine (et non sur une autre).

LE VIVANT ET SON ÉVOLUTION

Comment fonctionne le système nerveux ?

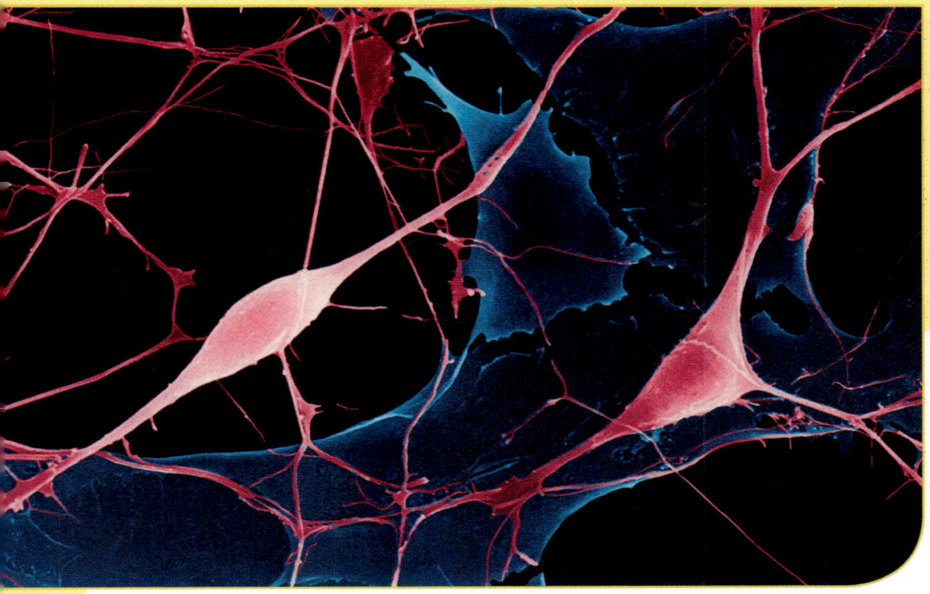

FICHES

EXERCICES & SUJETS

CORRIGÉS

18 Décrire et expliquer le fonctionnement du système nerveux

Un joueur de rugby à qui on envoie une balle, la perçoit et déplace ses mains et ses membres afin de la saisir : on met en évidence l'existence d'un message qui transite de ses yeux jusqu'aux muscles responsables des mouvements.

RETENIR L'ESSENTIEL

I Le système nerveux

- La commande du mouvement est assurée par le **système nerveux** qui met en relation les organes sensoriels et les muscles.
- La contraction d'un muscle est conditionnée par les interventions successives d'un **organe des sens**, des **nerfs sensitifs**, du **cerveau**, puis de la **moelle épinière** et enfin du **nerf moteur** qui stimule le muscle.
- Les nerfs sont les structures de base du système nerveux qui relient les organes les uns aux autres.
- La stimulation du récepteur sensoriel donne naissance à un message nerveux transmis aux centres nerveux.

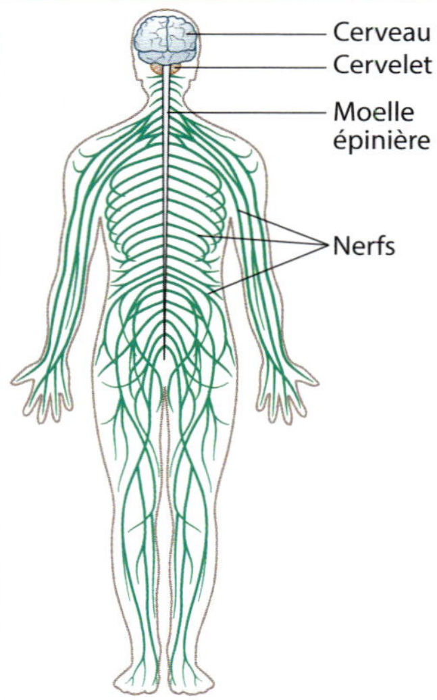

Le système nerveux humain.

Mots-clés

Nerf : cordon blanchâtre formé par des faisceaux de fibres nerveuses qui relie un centre nerveux et un organe.
Message nerveux : message qui circule d'un organe à un autre.

II Le cerveau, l'organe central du système nerveux

- Les points d'arrivée des **messages nerveux sensitifs** et de départ des **messages nerveux moteurs** sont situés au niveau du cortex cérébral.
- Le cortex cérébral est une mosaïque de plusieurs zones spécialisées dans la perception de l'environnement et dans la commande du fonctionnement d'organes précis. Ces aires cervicales communiquent entre elles et font intervenir la mémoire.

Mot-clé

Cortex cérébral : partie superficielle du cerveau (2 à 4 mm d'épaisseur).

APPLIQUER LA MÉTHODE

Utiliser le grossissement d'un microscope

I Calculer le grossissement à partir d'un microscope

Repérer sur le microscope le grossissement de l'**oculaire** (ex : ×6/×10 /×15…) et celui de l'**objectif** utilisé (ex : ×4/×10 /×40/×60…).

Le grossissement de l'élément observé est alors :

Grossissement oculaire × grossissement de l'objectif utilisé

II Déterminer le grossissement d'un microscope d'après un document

Sur la photographie, la cellule d'épiderme d'oignon rouge mesure approximativement 2,5 cm. Or, le grossissement du microscope est de 250. Donc, en réalité la cellule est **250 fois plus petite**.

Photographie d'une cellule d'épiderme d'oignon au microscope (grossissement × 250).

La taille réelle de la cellule est :

taille mesurée/grossissement

La taille réelle de la cellule est donc de 2,5/250 = 0,01 cm
La taille réelle de la cellule est donc 0,01 cm × 10 000 = **100 µm.**

À noter
Conversion en µm :
1 cm = 10 000 µm.

Pour vérifier que tu as compris ▶ **Exercice 1**

Pour t'entraîner ▶ **Exercices 2 à 6**

Pour préparer le brevet ▶ **Exercices 7 et 8**

19 Comprendre la transmission du message nerveux au niveau cellulaire

Le fonctionnement du système nerveux implique les fibres nerveuses contenues dans les nerfs. Comment sont transmis les messages nerveux au niveau cellulaire ?

RETENIR L'ESSENTIEL

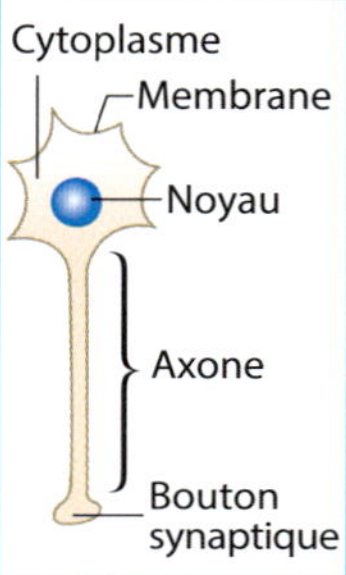

Doc 1. Le neurone.

I Les cellules nerveuses

- Les neurones sont les cellules nerveuses impliquées dans la communication nerveuse.
- Les messages nerveux sont transmis le long des neurones, toujours dans le même sens : le message nerveux naît au niveau du corps cellulaire, **il transite le long de l'axone** et aboutit au niveau des boutons synaptiques.

Mots-clés

Neurone : cellule spécialisée du système nerveux.
Axone : long prolongement cytoplasmique du neurone, fibre nerveuse contenue dans les nerfs.

II La communication de neurone à neurone

- Les neurones sont organisés en réseau. Ils communiquent entre eux au niveau de dispositifs spécialisés : les synapses. La transmission du message nerveux d'un neurone à l'autre se fait par l'intermédiaire de **messages chimiques** libérés par le neurone 1 et déclenchant un second message nerveux dans le neurone 2.
- Les drogues et certains médicaments (antidépresseurs…) modifient le fonctionnement des synapses neuronales en perturbant la transmission des messages nerveux. À l'inverse, l'entraînement optimise le fonctionnement synaptique et permet une transmission plus rapide des messages nerveux.

Mot-clé

Synapse : zone de jonction entre deux neurones, au niveau de laquelle se fait la transmission du message chimique.

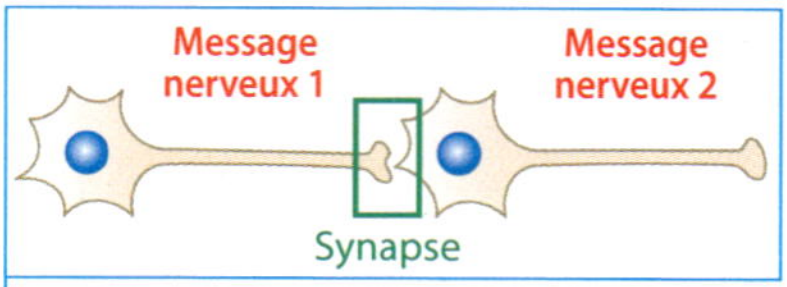

Doc 2. Réseau de deux neurones.

- Les neurones sont des cellules extrêmement fragiles qui ne sont pas remplacées lorsqu'elles sont endommagées, c'est pourquoi il convient d'en prendre soin…

APPLIQUER LA MÉTHODE 19

Observer les fibres nerveuses avec différents microscopes

La plupart des objets observés en SVT sont extrêmement petits et nécessitent l'emploi de microscopes.

Microscope utilisé	Observations d'une portion de nerf
Microscope photonique (ou optique) Utilisé en classe Échantillon traversé par de la lumière Grossissement maximal : ×2 500	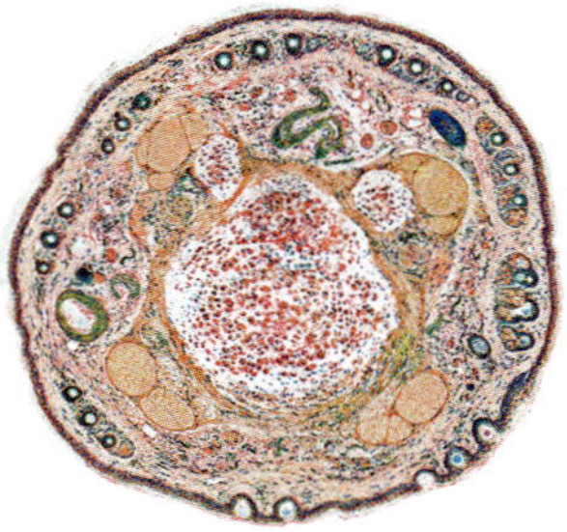
Microscope électronique à balayage (MEB) Utilisé par les scientifiques Échantillon traversé par des électrons Fournit des images en 3D Grossissement maximal : ×40 000	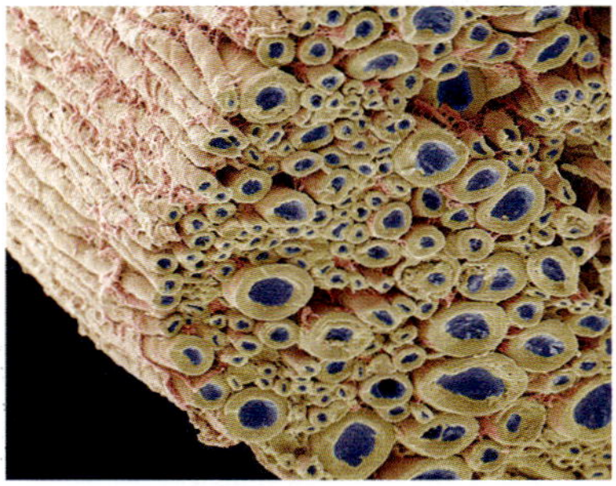
Microscope électronique à transmission (MET) Utilisé par les scientifiques Échantillon traversé par des électrons. Grossissement maximal : ×150 000	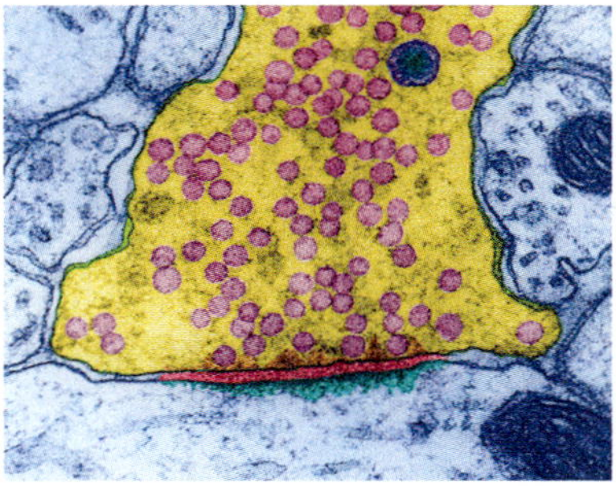 **Photographie d'une synapse entre deux neurones**

Pour vérifier que tu as compris
▸ **Exercice 1**

Pour t'entraîner
▸ **Exercices 2 à 6**

Pour préparer le brevet
▸ **Exercices 7 et 8**

Se tester QUIZ

Vérifie que tu as bien compris les points clés des **fiches 18 et 19.**

Pour chaque question, vérifie ta réponse à l'aide du corrigé et consulte les fiches de cours si nécessaire.

1 Comprendre le fonctionnement nerveux

→ RÉVISE LES FICHES 18 ET 19

1. Le cerveau :
- ☐ **a.** est le seul centre nerveux de l'organisme
- ☐ **b.** reçoit les messages nerveux moteurs
- ☐ **c.** commande par voie nerveuse les muscles effecteurs

2. Une cellule nerveuse est également appelée :
- ☐ **a.** neurone
- ☐ **b.** fibre nerveuse
- ☐ **c.** synapse

3. Une synapse :
- ☐ **a.** est une cellule du cerveau
- ☐ **b.** est un centre nerveux
- ☐ **c.** permet à deux cellules nerveuses de communiquer entre elles

4. La communication entre deux cellules nerveuses se fait :
- ☐ **a.** grâce à un message électrique
- ☐ **b.** grâce au contact bref entre les cellules
- ☐ **c.** grâce à un messager chimique

S'entraîner

Vérifie que tu sais appliquer les méthodes des **fiches 18 et 19.**

Pour chaque exercice, consulte la méthode indiquée et compare ta réponse à celle donnée dans le corrigé.

2 Calculer la dimension réelle d'un nerf

→ APPLIQUE LA MÉTHODE DE LA FICHE 18

Déterminer en précisant les calculs la dimension réelle de la branche de nerf sciatique. Utiliser les flèches rouges de la photographie.

Document **Photographie au microscope optique d'une branche de nerf sciatique (grossissement : × 30)**

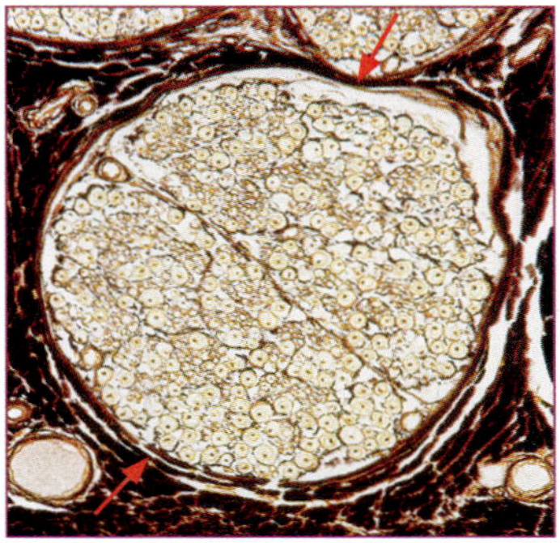

3 Identifier le type de microscope utilisé en fonction d'une photographie

→ APPLIQUE LA MÉTHODE DE LA FICHE 19

Les trois photographies de portion de nerf ou de la jonction entre deux neurones ci-dessous ont été prises à partir de trois microscopes différents (microscope optique, électronique à balayage et électronique à transmission).
Indiquer quel microscope a été utilisé dans les trois cas.

Document **Photographies obtenues à partir de différents microscopes**

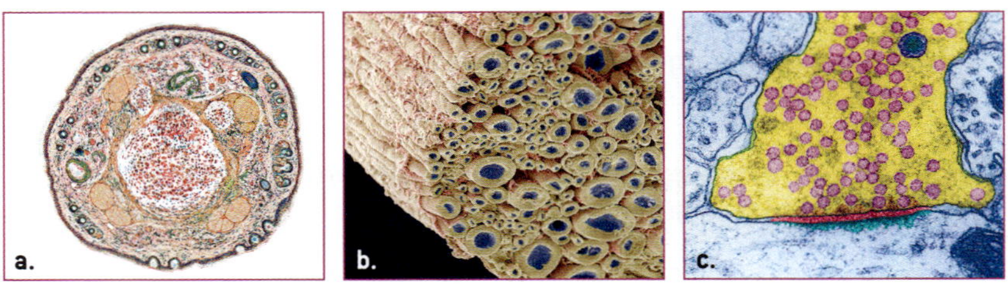

4 Identifier les zones du cerveau intervenant dans la commande d'un mouvement

→ APPLIQUE LA MÉTHODE DE LA FICHE 16

À l'aide de flèches, tracer sur le document 2 le trajet des messages nerveux décrit dans le document 1.

Document 1 **Les différentes aires cérébrales sollicitées dans la commande d'un mouvement**

« Tout mouvement visant à prendre un objet vu est commandé par une zone du cerveau : l'aire A. Celle-ci reçoit des informations de deux autres aires cérébrales :

– l'aire D qui identifie l'objet à saisir à partir d'informations reçues de l'aire E ;
– l'aire C qui localise dans l'espace l'objet à saisir à partir d'informations reçues de l'aire E.

La commande du mouvement est transmise à l'aire B qui envoie des messages nerveux jusqu'aux muscles.

Document 2 Les aires cérébrales impliquées dans la commande des muscles

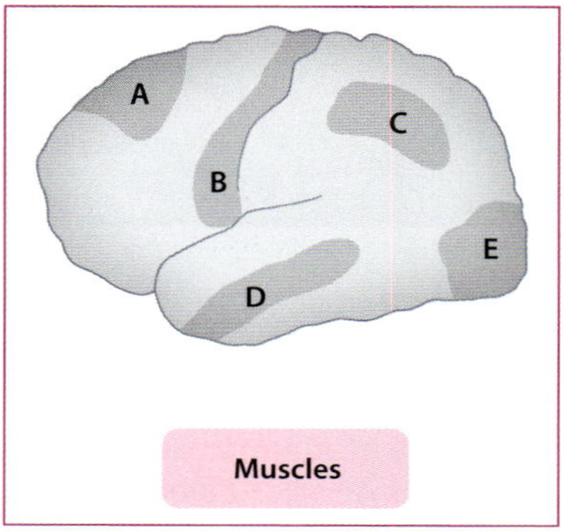

5 Réaliser le dessin d'une observation au microscope d'un neurone

→ APPLIQUE LA MÉTHODE DES FICHES 16, 18 ET 19

Comme toutes les cellules, le neurone est constitué d'un **noyau**, d'une **membrane** et d'un **cytoplasme**. Par ailleurs, le neurone possède des **prolongements cytoplasmiques** qui lui donnent une forme étoilée et qui lui permettent d'être reliée à de nombreux autres neurones.

Document Photographie de neurone coloré observé au microscope (×1 500)

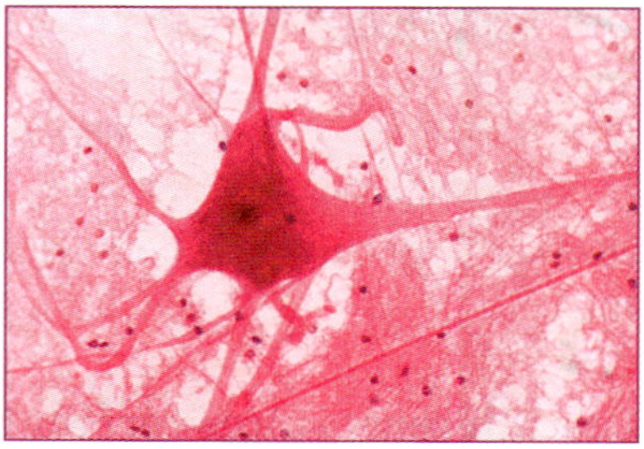

1. Indiquer le type de microscope utilisé pour obtenir la photographie du document.

2. Réaliser le dessin d'observation de la photographie.

3. Légender le dessin à l'aide des mots en gras dans le texte.

4. Donner un titre au dessin.

5. Donner la dimension réelle du noyau de la cellule. Penser à préciser les calculs.

6 Réaliser le schéma du fonctionnement d'une synapse

→ APPLIQUE LA MÉTHODE DE LA FICHE 16

1. À partir du texte du document 1 et de vos connaissances, identifier le neurone qui transmet l'information et le neurone qui reçoit l'information.

2. a. Reproduire le schéma du document 2, et représenter les vésicules synaptiques et les récepteurs aux messagers chimiques.
b. Indiquer où se situe la synapse.
c. Représenter par des points rouges les messagers chimiques.
d. Indiquer les premier et deuxième messages nerveux de nature électrique.
e. Donner un titre au schéma.

Document 1 Le fonctionnement d'une synapse entre deux neurones

« Les neurones sont des cellules spécialisées dans la transmission des informations : ils communiquent entre eux.
Entre deux neurones, l'information circule sous forme de **messagers chimiques** : un **premier neurone** contient des substances chimiques enfermées dans des petits saccules, les **vésicules synaptiques**.
Suite à l'arrivée du **message nerveux** de nature électrique, les vésicules synaptiques déversent leur contenu dans l'espace entre les deux neurones, l'**espace synaptique**.
Les messagers chimiques se fixent sur des **récepteurs** situés dans la membrane du **second neurone**. S'ils sont suffisamment nombreux, les messagers chimiques provoquent un **message nerveux dans le second neurone** : ce message nerveux également de nature électrique se propage alors le long de l'axone jusqu'à la prochaine cellule cible.

Document 2 Schéma d'une synapse entre deux neurones

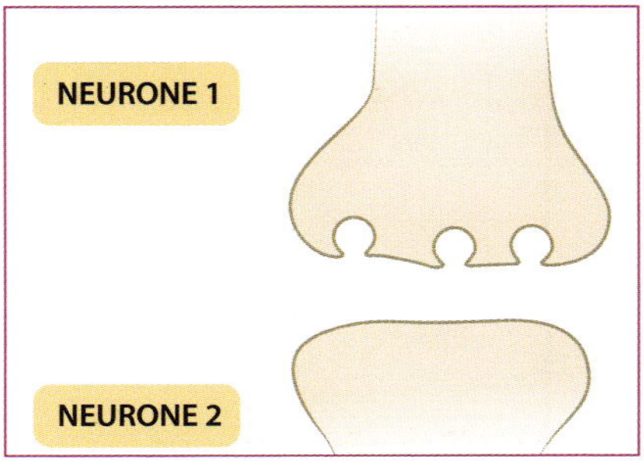

Démarrons ensemble

- Revois la méthode de la fiche 16.
- Ici, les mots importants à placer sont surlignés.
- Respecte l'ordre des questions, cet ordre va t'aider à organiser convenablement ton schéma.

Vers le brevet

Exerce-toi en vue du brevet et révise les **fiches 18 et 19.**

Pour chaque sujet, aide-toi des conseils donnés et compare ta réponse à celle donnée dans le corrigé.

SUJET TYPE

7 Construire un graphique montrant l'action de l'alcool sur le temps de réaction

20 min

→ APPLIQUE LA MÉTHODE DE LA FICHE 4

Lorsqu'un obstacle se présente sur la route, le conducteur d'un véhicule freine pour arrêter son véhicule.
La distance d'arrêt du véhicule comprend :

- La distance parcourue pendant le **temps de réaction** du conducteur : c'est-à-dire le temps nécessaire à la transmission des messages nerveux dans le corps humain de l'œil du conducteur (il voit l'obstacle) jusqu'aux muscles de ses jambes et de ses pieds (il appuie sur la pédale de frein).
- La distance parcourue pendant le **temps de freinage** : c'est le temps que le véhicule s'immobilise totalement.

Grâce à un simulateur de conduite, on évalue la distance nécessaire à l'arrêt complet du véhicule, à différentes vitesses et en fonction de l'alcool consommé. Les résultats sont consignés dans le tableau du document.

Document **Évolution de la distance d'arrêt d'un véhicule en fonction de la vitesse et de l'alcoolémie du conducteur**

Vitesse (km/h)	Distance parcourue (en m) par un individu à alcoolémie nulle (0 g d'alcool/L de sang)	Distance parcourue (en m) par un individu ayant bu deux verres de vin à 11° (0,5 g d'alcool/L de sang)
50	29	36
90	71	76
110	108	113
130	131	140

1. À partir du tableau, construire le graphique de l'évolution de la distance d'arrêt d'un véhicule en fonction de la vitesse lorsque le conducteur a consommé deux verres de vin à 11°.

2. À partir du tableau, construire le graphique de l'évolution de la distance d'arrêt d'un véhicule en fonction de la vitesse lorsque le conducteur est à jeun.

3. Comparer les deux courbes tracées et conclure.

Démarrons ensemble

Pour trouver la bonne échelle, repère les valeurs minimales et maximales du tableau.

TYPE

8 Étude du mode d'action des drogues sur le système nerveux

20 min

→ APPLIQUE LA MÉTHODE DE LA FICHE 17

Document 1 Dopés à la dopamine

« Dopés à la dopamine ! C'est ce qui arrive aux neurones sous l'influence de la cocaïne, par exemple. En règle générale, la dopamine libérée par un neurone vient se fixer sur un neurone récepteur. Mais ce dernier n'absorbe pas tout. Une partie de la dopamine est recapturée par l'expéditeur. Or, quand la cocaïne s'en mêle, pas de recapture au niveau du neurone émetteur. Résultat : la dopamine continue de stimuler le neurone récepteur provoquant une sensation de bien-être à court terme. Privé de sa dose, un toxicomane dépendant se trouve en état de manque. Il souffre véritablement.

Betty Mamane, « Dopés à la dopamine »,
Science et Vie Junior n° 128, mai 2000.

Document 2 Dopamine et transmission synaptique

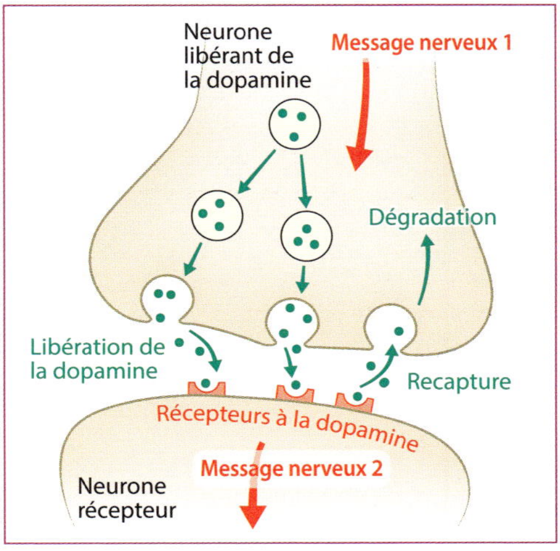

1. Indiquer le nom de la structure neuronale au niveau de laquelle passe le message nerveux entre deux neurones.

2. Nommer la substance chimique transmise ici d'un neurone à l'autre.

3. Expliquer l'action de la cocaïne sur cette substance.

4. Indiquer les conséquences à court terme et à long terme de la consommation de cette drogue.

Démarrons ensemble

1. Relis la fiche 19.
2. et **3.** Relis le texte de l'exercice.
4. Les informations utiles pour répondre à la question sont dans le texte et le schéma.

Se tester QUIZ

1 **1. c. • 2. a. • 3. c. • 4. c.**

S'entraîner

2 Pour calculer le diamètre réel de chaque élément, il faut mesurer sa taille sur le document puis effectuer le calcul : taille mesurée/grossissement indiqué.

Le nerf sciatique mesure 3,6 cm sur la photographie. Or, la taille réelle du nerf est 30 fois plus petite (on lit grossissement : × 30).

Pour calculer la taille réelle du diamètre du nerf sciatique, on doit faire :

Taille réelle de la cellule = taille mesurée/grossissement

Taille réelle de la cellule = 3,6 cm/30 = 0,12 cm = **1,2 mm**.

À noter

Sur la photographie, on t'indique que tout a été grossi 30 fois. Pour connaître la taille réelle de ce que tu observes, tu peux diviser ce que tu mesures par 30…

3 ▪ On repère facilement la photographie prise à partir d'un microscope électronique à balayage car il donne un aspect en relief.

▪ Avec le microscope électronique à transmission, les détails visibles sont extrêmement petits, on peut distinguer des vésicules contenant les messagers chimiques entre deux neurones.

▪ La **photographie b** est prise à partir d'un microscope électronique à balayage. La **photographie a** est prise à partir d'un microscope optique.

▪ La **photographie c** est prise à partir d'un microscope électronique à transmission.

4 En partant du texte, on place au fur et à mesure les flèches reliant les différentes aires cérébrales, puis dans un deuxième temps on indique l'ordre des différents messages nerveux.

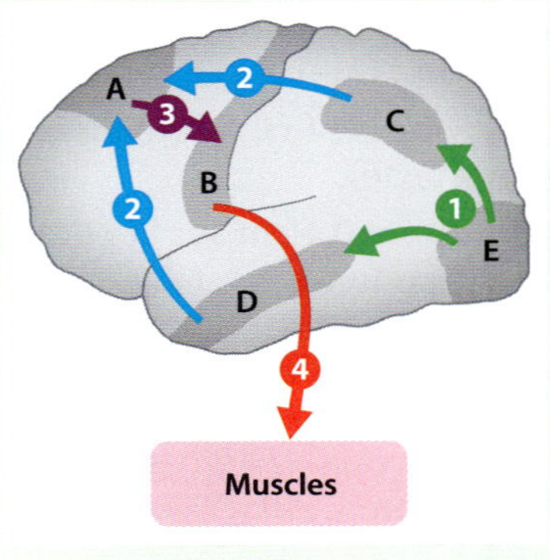

5 **1.** Le microscope utilisé pour obtenir la photographie de neurone est un **microscope optique** : c'est un colorant déposé sur la lame mince qui donne cet aspect à la cellule nerveuse.

> **À noter**
> Revois la méthode de la fiche 19.

2., **3.** et **4.**

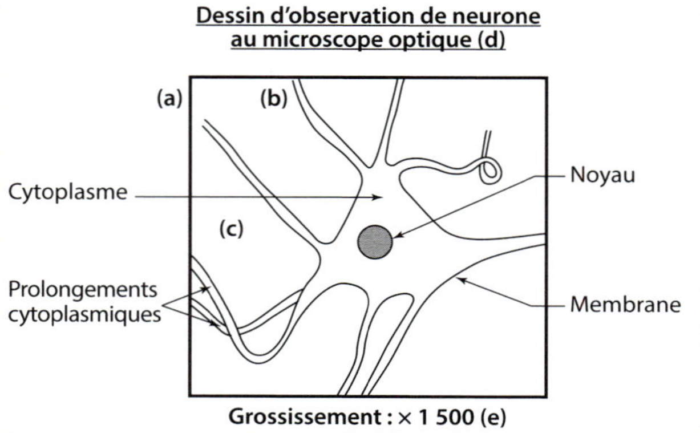

> **À noter**
> Révise la méthode de la fiche 16.

- Le cartouche est centré, tracé à la règle (a) : cela laisse de la place à droite et à gauche pour la légende, le dessin est par conséquent parfaitement disposé.
- Le dessin est ressemblant, les proportions entre les différents éléments de la cellule nerveuse et l'espace qui les sépare sont respectées (b).
- Les flèches sont tracées à la règle, elles indiquent avec précision les différents éléments écrits en gras dans le texte. Elles portent toutes une pointe correctement tracée (c).
La légende est correctement disposée : à droite et à gauche du cartouche, aux extrémités des flèches (et pas dessus).
Elle est écrite horizontalement, sans faute d'orthographe.
- Le titre (d) est centré et souligné. Il comporte son sujet (ici, un dessin d'observation), ce qui est observé (une portion de neurone) et le moyen d'observation (ici un microscope photonique, ou optique).
- Le grossissement (e) est précisé (ici, le grossissement × 1 500 était indiqué dans le texte).

> **À noter**
> Le **titre** indique « ce qui est observé » et « comment cela est observé ».

5. Le noyau de la cellule mesure 0,4 cm sur la photographie. Or, la taille réelle du neurone est 1 500 fois plus petite (on lit grossissement : ×1 500).
Pour calculer la taille réelle du diamètre du noyau du neurone, on doit faire :
Taille réelle de la cellule = taille mesurée/grossissement
Taille réelle de la cellule = 0,4 cm/1 500 = 0,00026 cm = **2,6 µm.**

> **À noter**
> Revois la méthode de la fiche 18.

6 **1.** Le neurone 1 est le neurone **transmetteur** de l'information nerveuse, le neurone 2 est le neurone **récepteur** de l'information nerveuse.

2.

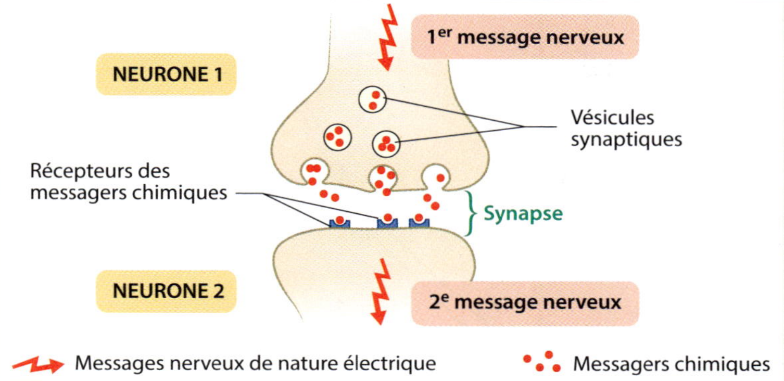

Vers le brevet

7 **1.** et **2.** L'axe des ordonnées (axe vertical) représente ce qu'on étudie (ici la distance d'arrêt d'un véhicule) et l'axe des abscisses (axe horizontal) représente la variable, c'est-à-dire la valeur que l'on connaît (ici la vitesse du véhicule avant freinage).

Le tableau de données nous donne les valeurs maximales à prendre en compte pour la construction du graphique : à savoir ici, 130 km/h pour la vitesse du véhicule et 140 m pour la distance d'arrêt.

- Pour la **vitesse du véhicule**, on prend 10 km/h = 1 cm ; l'axe des abscisses doit mesurer au minimum 13 cm (toutefois, on laisse un peu de place afin que la flèche de l'axe ne vienne pas « coller » la valeur la plus importante). Pour la **distance d'arrêt du véhicule**, on prend 10 m = 1 cm ; l'axe des ordonnées mesure au minimum 14 cm.
- Ensuite on trace les deux axes perpendiculaires, avec les flèches aux extrémités, sans oublier les titres des axes et les unités des valeurs.
- Pour chaque couple de valeurs du tableau, on trace des droites en pointillés, avec une croix marquant l'intersection des deux lignes.
- On place tous les points du tableau. On les relie et on pense à préciser le titre du graphique.

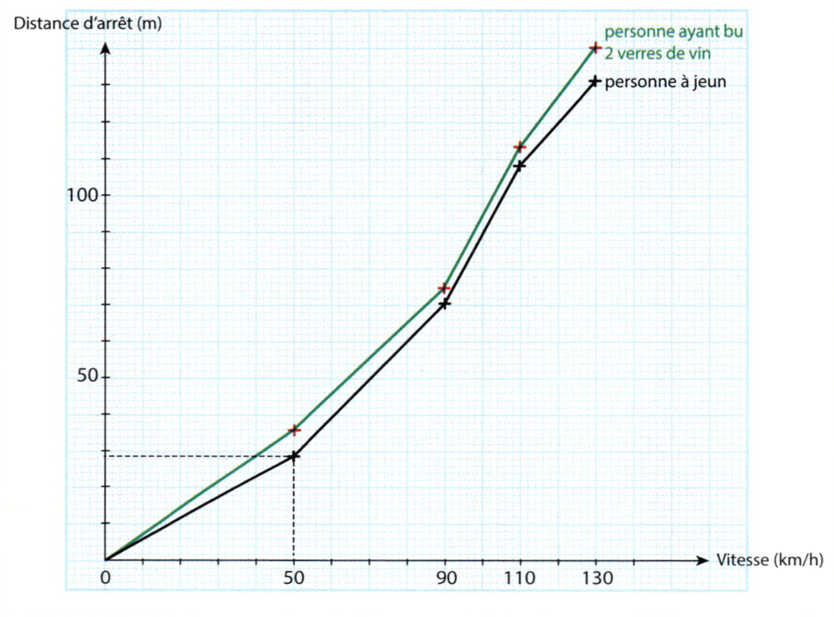

3.

Méthode

Décris l'évolution des deux courbes en insistant sur les différences constatées : l'une des courbes représente le temps d'arrêt d'une personne ayant consommé de l'alcool, tu pourras en déduire l'effet de l'alcool sur la distance d'arrêt d'un véhicule.

On constate que lorsqu'une personne a bu deux verres de vin, la distance d'arrêt du véhicule (courbe verte) est plus importante que lorsque la personne est à jeun (courbe noire).

On en conclut que la consommation d'alcool (même en faible quantité) augmente la distance d'arrêt du véhicule : cette distance supplémentaire peut être synonyme d'accident...

8 **1.** Le message nerveux passe au niveau d'une synapse entre deux neurones.

2. La substance chimique transmise entre les deux neurones est ici la **dopamine**.

À noter

Tu peux visualiser une **synapse** dans la fiche 19.

3. La cocaïne empêche la recapture de la dopamine par le neurone émetteur.

4. Conséquences à court terme : sensation de bien-être ; à long terme : souffrance, dépendance.

Comment la digestion assure-t-elle les besoins nutritionnels des cellules ?

FICHES

EXERCICES & SUJETS

CORRIGÉS

20 Décrire la transformation des aliments en nutriments

Les cellules ont besoin de nutriments afin d'obtenir l'énergie et les matériaux nécessaires à leur survie. Les êtres humains obtiennent leurs nutriments lors de la digestion.

RETENIR L'ESSENTIEL

I L'appareil digestif humain

- L'appareil digestif humain est constitué de l'ensemble des organes qui prélèvent la nourriture, la digèrent pour en extraire de l'énergie et des nutriments et évacuent le surplus en matière fécale.
- L'appareil digestif comprend le tube digestif, au long duquel transitent les aliments, et des **glandes digestives** (foie, pancréas...).

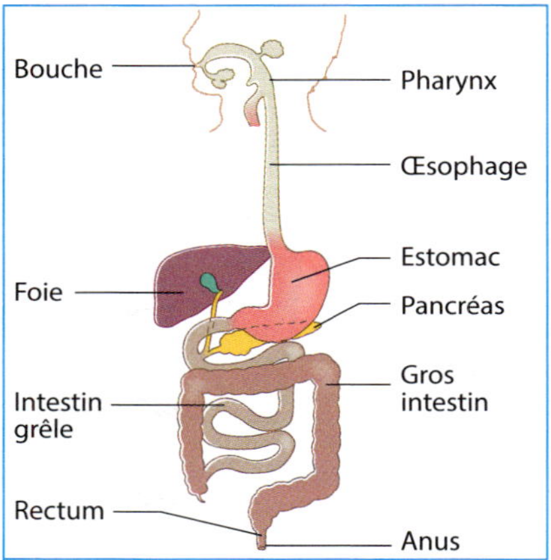

Doc 1. L'appareil digestif humain.

II La transformation des aliments

- La **digestion** consiste en la transformation des aliments en nutriments sous l'**action mécanique** (mastication...) et **chimique** de sucs digestifs.
- Ce sont essentiellement les **enzymes digestives** contenues dans les sucs digestifs qui transforment les grandes molécules des aliments en petites molécules de **nutriments**.

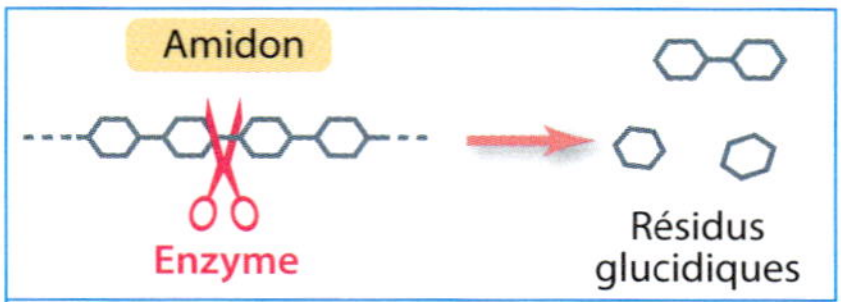

Doc 2. Action d'une enzyme digestive.

Mot-clé

Sucs digestifs : substances contenant de l'eau et des enzymes digestives.

APPLIQUER LA MÉTHODE

Tester la démarche scientifique sur la digestion des protéines

Un élève se propose d'utiliser la démarche scientifique à l'étude de la digestion des protéines du blanc d'œuf dans l'estomac.
Seulement, il ne se souvient plus quelle étape de la démarche scientifique correspond à son étude de la digestion de protéines.

Aide-le à les relier.

Étape de la démarche scientifique	Étude de la digestion de protéines
1. Observation – Constat	**A.** Hypothèse validée.
2. Le problème	**B.** La pepsine transforme la protéine du blanc d'œuf en nutriments « invisibles ».
3. La ou les hypothèse(s)	**C.** Comment expliquer la disparition des protéines du blanc d'œuf ?
4. L'expérience	**D.** J'en conclus que la pepsine transforme les protéines du blanc d'œuf en substances « invisibles ».
5. Les résultats	**E.** Du blanc d'œuf est placé dans une substance gastrique : la protéine semble disparaître.
6. Interprétation des résultats	**F.** 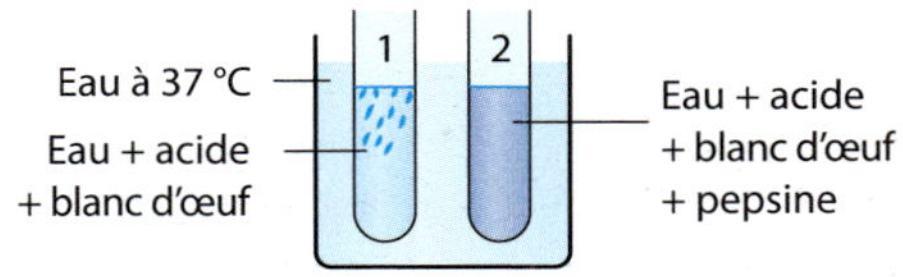 Résultats après 48 h
7. Validation ou non de l'hypothèse	**G.** Au bout de 48 h, le blanc d'œuf est toujours présent, alors qu'en présence de pepsine, à 37 °C, le blanc d'œuf semble avoir disparu.
8. Conclusion	**H.** 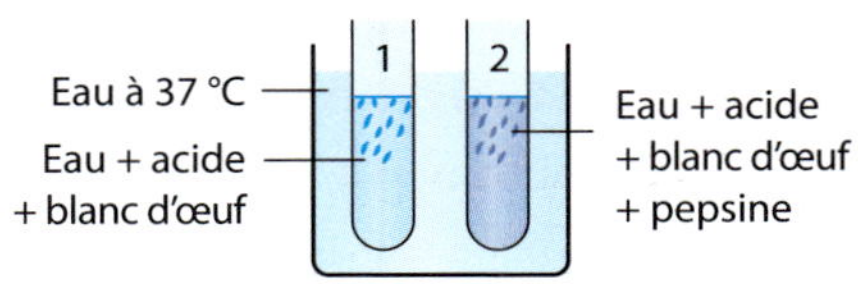

Solution

1. E. **2.** C. **3.** B. **4.** H. **5.** F. **6.** G. **7.** A. **8.** D.

Pour vérifier que tu as compris ▸ Exercice 1

Pour t'entraîner ▸ Exercices 2 à 5

Pour préparer le brevet ▸ Exercices 6 et 7

21 Suivre le passage des nutriments dans le sang

Comment les nutriments passent-ils dans le sang à l'issue de la digestion ?

RETENIR L'ESSENTIEL

I Le passage des nutriments dans le sang

Les nutriments issus de la digestion passent essentiellement dans le sang au niveau des **villosités intestinales** de l'intestin grêle. On appelle ce phénomène l'absorption intestinale.

Mot-clé

Absorption intestinale : passage des nutriments dans le sang au niveau de la paroi de l'intestin grêle.

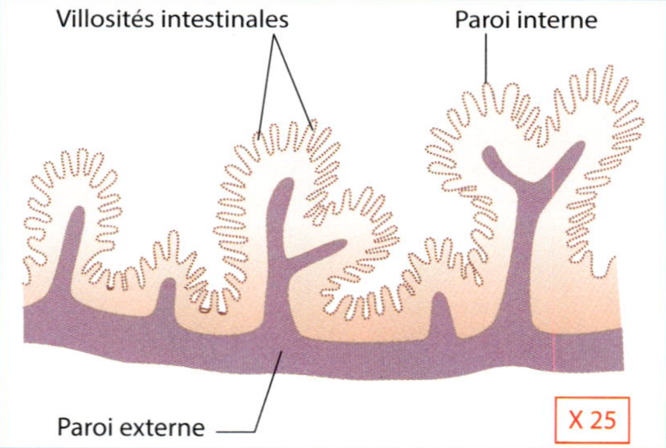

Schéma d'une coupe d'intestin grêle.

II Les caractéristiques de l'intestin grêle dans l'absorption intestinale

- Le passage des nutriments au niveau de l'intestin grêle est facilité, car la paroi de l'intestin grêle :
  - est très fine ;
  - présente une très grande surface (très nombreux replis, nombre important de villosités intestinales, longueur de l'intestin grêle…) ;
  - est parcourue par de nombreux vaisseaux sanguins.
- Par ailleurs, la flore intestinale favorise **l'absorption intestinale**.

Mot-clé

Flore intestinale : ensemble de micro-organismes se trouvant dans le tube digestif.

APPLIQUER LA MÉTHODE

Réaliser un croquis d'une portion de villosité intestinale

À partir de la photographie prise au microscope électronique à balayage d'une portion de l'épithélium (qui tapisse l'intérieur de l'intestin grêle) de villosité intestinale, réaliser un croquis afin de montrer que les nombreuses microvillosités des cellules intestinales augmentent la surface d'échanges avec les aliments en digestion.

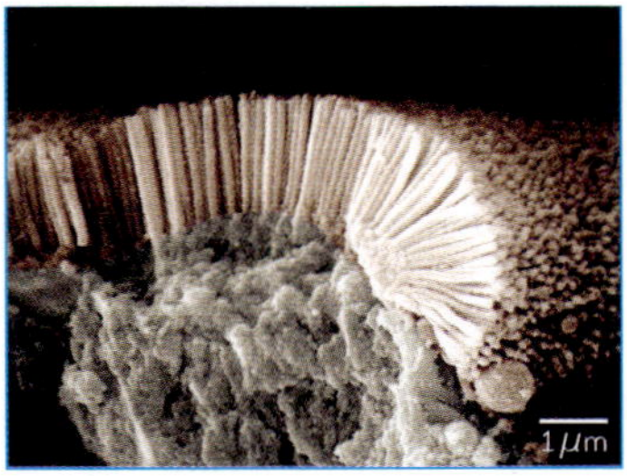

Conseils

Un croquis est une **représentation simplifiée** de ce que l'on voit. Seuls les éléments les plus importants sont figurés. Le croquis doit être ressemblant et les proportions respectées. Pour réaliser un croquis à partir d'une photo, veille à bien suivre les étapes suivantes.

- Tracer un cartouche
- Réaliser le croquis dans le cartouche
- Tracer les traits de légende
- Ajouter les légendes
- Donner un titre souligné

Solution

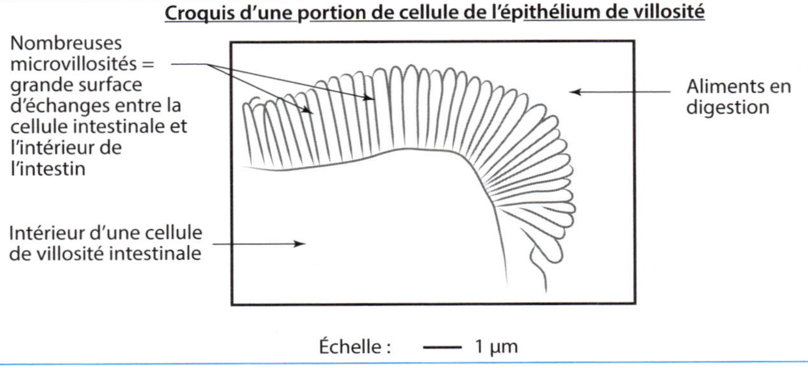

Croquis d'une portion de cellule de l'épithélium de villosité.

Pour vérifier que tu as compris ▸ Exercice 1

Pour t'entraîner ▸ Exercices 2 à 5

Pour préparer le brevet ▸ Exercices 6 et 7

Se tester QUIZ

Vérifie que tu as bien compris les points clés des **fiches 20 et 21.**

Pour chaque question, vérifie ta réponse à l'aide du corrigé et consulte les fiches de cours si nécessaire.

1 Comprendre comment la digestion assure les besoins en nutriments des cellules

→ RÉVISE LES FICHES 18 ET 19

1. Les organes du tube digestif traversés par les aliments sont, dans l'ordre :
- ☐ **a.** la bouche – l'œsophage – l'intestin grêle – l'estomac – le gros intestin
- ☐ **b.** la bouche – l'œsophage – l'estomac – l'intestin grêle – le gros intestin
- ☐ **c.** la bouche – la trachée – l'estomac – l'intestin grêle – le gros intestin

2. La transformation des aliments en nutriments se fait grâce à :
- ☐ **a.** une action des enzymes digestives
- ☐ **b.** une action de levures digestives
- ☐ **c.** une action mécanique

3. Les enzymes digestives agissent :
- ☐ **a.** déjà dans la bouche
- ☐ **b.** dans l'intestin grêle seulement
- ☐ **c.** dans tout le tube digestif

4. L'absorption intestinale est le passage :
- ☐ **a.** des aliments du tube digestif dans le sang
- ☐ **b.** des aliments du tube digestif dans les organes
- ☐ **c.** des nutriments du tube digestif dans le sang

S'entraîner

Vérifie que tu sais appliquer les méthodes des **fiches 20 et 21.**

Pour chaque exercice, consulte la méthode indiquée et compare ta réponse à celle donnée dans le corrigé.

2 Déceler une erreur dans une démarche d'investigation

→ APPLIQUE LA MÉTHODE DE LA FICHE 20

Pour répondre au problème : « Comment expliquer la digestion de la viande en nutriments dans l'estomac ? », on pose l'hypothèse : « Un morceau de viande est transformé en nutriments par les enzymes digestives. »
Pour répondre à cette hypothèse, un élève propose l'expérience suivante :
« On prend 2 tubes à essais. On met un morceau de viande de 5 g et 2 mL d'eau distillée dans le premier tube. On place 5 g de viande hachée et 2 mL de suc gastrique dans le deuxième tube. Les deux tubes sont exposés à 37 °C pendant 12 heures. »
Cette démarche comporte une erreur…

Afin de déceler quelle étape de la démarche d'investigation est fausse, on se propose de compléter le tableau suivant en indiquant l'erreur commise par l'élève et ce qu'il aurait dû faire.

	Manipulation		Ce que l'élève aurait dû faire (en cas de manipulation incorrecte)
	Correcte	Incorrecte	
Prendre 2 tubes			
Placer la même quantité (2 mL) de liquide dans les 2 tubes			
Placer la même masse (5 g) de viande dans les 2 tubes			
Placer un morceau de viande de 5 g dans le 1er tube			
Placer 5 g de viande hachée dans le 2e tube			
Verser 2 mL d'eau distillée dans le 1er tube			
Verser 2 mL de suc gastrique dans le 2e tube			
Placer les 2 tubes à 37 °C pendant 12 heures			

3 Réaliser un croquis d'observation

→ APPLIQUE LES MÉTHODES DES FICHES 19 ET 21

L'intestin grêle est caractérisé par des **replis** internes de la paroi de l'intestin grêle. Ces replis sont eux-mêmes recouverts de nombreuses **villosités intestinales** à l'intérieur desquelles on peut observer de nombreux **capillaires sanguins**. Le pourtour de l'intestin grêle est composé de **muscles circulaires**, qui, en se contractant, favorisent le trajet des aliments dans le tube digestif.

Document **Photographie de coupe transversale d'intestin grêle observée au microscope (× 30)**

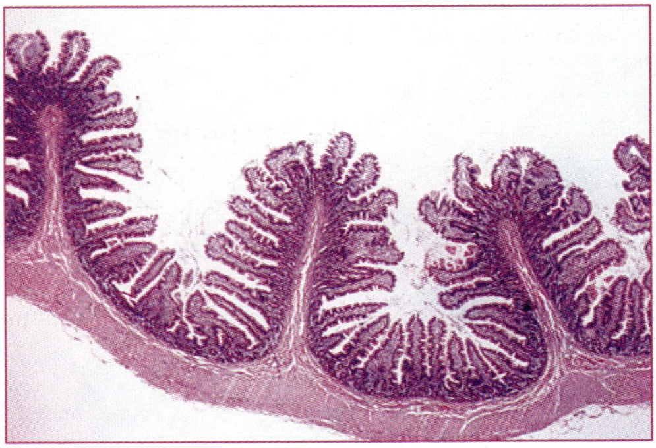

1. À partir de vos connaissances, indiquer le type de microscope utilisé pour obtenir la photographie.

2. Réaliser le croquis d'observation de la photographie.

3. Légender le croquis à l'aide des mots en gras dans le texte.

4. Donner un titre au croquis.

5. À partir de votre croquis, donner des arguments montrant une grande surface d'échanges interne de l'intestin grêle.

4 Étudier la transformation du lactose le long du tube digestif

→ APPLIQUE LA MÉTHODE DE LA FICHE 15

Certains individus ne peuvent consommer du lait riche en lactose. En effet, leur organisme montre une déficience en lactase (enzyme normalement présente dans le tube digestif).

Document 1 Transformation du lactose par la lactase

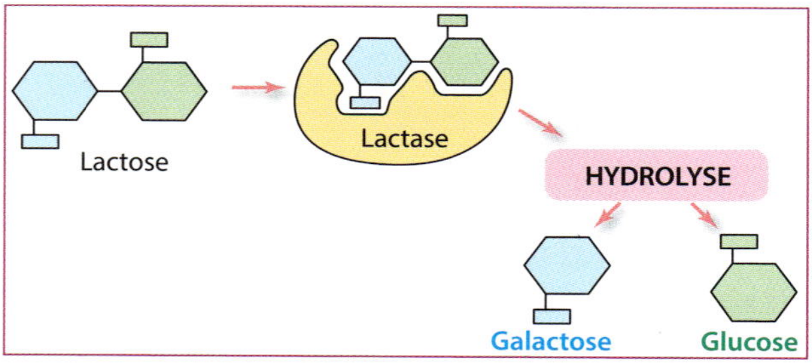

Le **document 2** permet de suivre l'évolution du taux de lactose chez deux individus :
- chez l'individu A, la lactase est présente dans le tube digestif ;
- chez l'individu B, la lactase est absente.

Document 2 Taux de lactose dans différentes parties du tube digestif

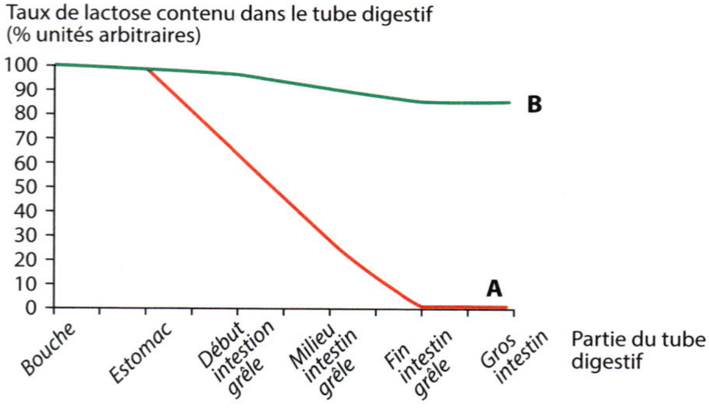

1. À partir du document 2, décrire l'évolution du taux de lactose le long du tube digestif de l'individu A. Même question pour l'individu B.

2. À partir des réponses précédentes, indiquer l'action de la lactase.

3. À partir du document 1 et de vos connaissances, expliquer en quoi est transformé le lactose dans le tube digestif et ce qu'il devient dans l'organisme.

5 Le devenir des nutriments dans l'intestin grêle

En cas de difficulté pour alimenter un être humain (chirurgie, coma...), ses organes peuvent être nourris par une perfusion directement dans le sang de nutriments solubles dans l'eau.

Normalement, les êtres vivants sont nourris par le produit de la digestion des aliments.

Pour 2 600 g d'aliments absorbés (dont 2 000 g d'eau), un être humain ne rejette que 150 g d'excréments (dont 110 g d'eau).

Document Photographie de villosités de la muqueuse intestinale et son réseau de capillaires sanguins observés au microscope optique

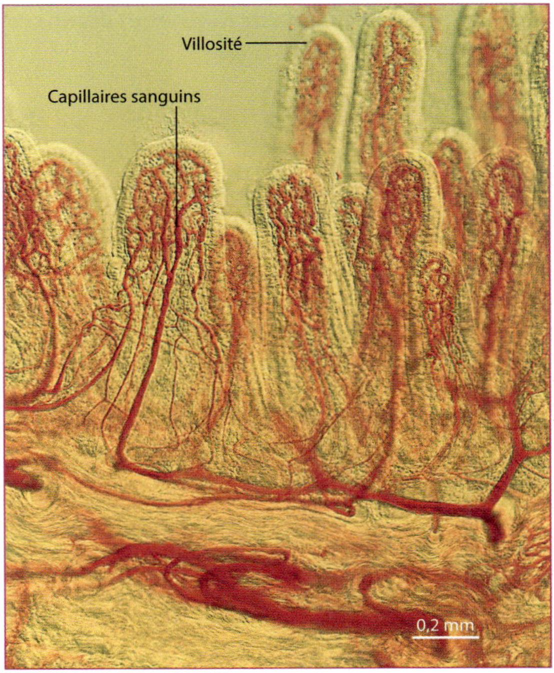

1. Calculer en grammes, la quantité manquante entre les aliments ingérés et les rejets.

2. Calculer la quantité « sèche » manquante, c'est-à-dire la quantité de substances qui ne soit pas de l'eau.

3. À partir du document, et de vos connaissances, expliquer le devenir de la quantité manquante à partir de l'intestin grêle dont on sait que la muqueuse est richement vascularisée par des capillaires sanguins.

Démarrons ensemble

1. Il s'agit ici d'une simple soustraction entre la quantité consommée et la quantité rejetée.
2. Il faut soustraire la quantité d'eau, afin de ne conserver que la quantité de substances sèches...

Vers le brevet

Exerce-toi en vue du brevet et révise les **fiches 20 à 21.**

Pour chaque sujet, aide-toi des conseils donnés et compare ta réponse à celle donnée dans le corrigé.

SUJET TYPE

6 Comprendre les causes de l'intolérance au lait

20 min

Document 1 Le lactose dans le lait

« Le lait contient un glucide : le lactose. Il est formé de deux molécules de sucres simples : le galactose et le glucose. La digestion chimique du lactose est assurée par une enzyme de l'intestin grêle : la lactase. Chez certaines personnes, la lactase intestinale, présente à la naissance, est par la suite produite en quantité insuffisante. Dans de tels cas, la personne ne « tolère » plus le lait et présente des troubles intestinaux. D'une part, le lactose non digéré empêche l'absorption d'eau au niveau de l'intestin grêle et du gros intestin. Il se produit alors des diarrhées. D'autre part, la dégradation du lactose par des bactéries de la flore intestinale produit de grandes quantités de gaz et provoque des crampes douloureuses.

Document 2 **Schéma simplifié du lactose**

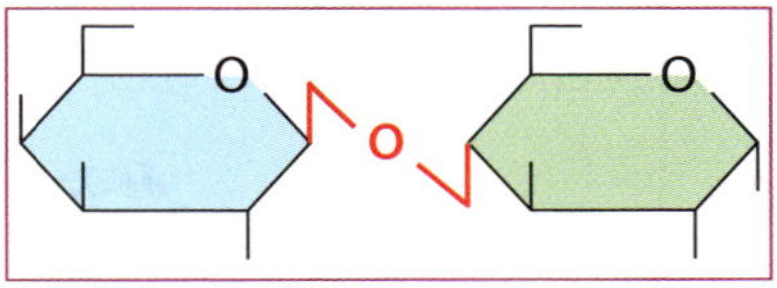

1. À partir des informations fournies, indiquer dans quelle partie du tube digestif est digéré le lactose, ainsi que le nom de l'enzyme impliquée.
2. Schématiser le résultat de la digestion du lactose.
3. Préciser le devenir des molécules résultant de la digestion.
4. Expliquer les troubles intestinaux chez des personnes souffrant de l'absence de l'enzyme digérant le lactose.
5. Proposer une solution afin d'éviter ces troubles.

Démarrons ensemble

1. Relis le texte de l'exercice.
2. Relis la fiche 20.
3. Relis la fiche 21.
4. Relis le texte de l'exercice, la réponse y figure.
5. Pense à la cause du trouble : propose un moyen d'y remédier.

TYPE 7 — 40 min — Étudier la transformation de l'amidon du pain dans la bouche

→ APPLIQUE LA MÉTHODE DE LA FICHE 20

Lorsqu'un morceau de pain est mâché suffisamment longtemps, il prend progressivement, au contact de la salive, une saveur sucrée qu'il n'avait pas dans un premier temps.

1. À partir du texte, formuler l'observation scientifique faite.
2. Proposer un problème posé par ce constat.
3. Indiquer une hypothèse permettant d'expliquer ce problème.
4. Pour tester l'hypothèse, on réalise les expériences suivantes.

Tube 1	Tube 2
À 37 °C, dans un tube 1, on verse : 5 mL d'empois d'amidon 5 mL d'eau	À 37 °C, dans un tube 2, on verse : 5 mL d'empois d'amidon 5 mL d'amylase salivaire (une enzyme contenue dans la salive)

Pour chacun des deux tubes, on cherche la présence (ou l'absence) de substance sucrée et d'amidon, au début des expériences (à t_0) et au bout de 15 minutes (à $t_{0 + 15 \text{ min.}}$).

Les résultats sont présentés dans le tableau suivant.

	Tube 1 (5 mL amidon + 5 mL eau)		Tube 2 (5 mL amidon + 5 mL enzyme)	
	Amidon	Saveur sucrée	Amidon	Saveur sucrée
t_0	+	–	+	–
$t_{0 + 15 \text{ min}}$	+	–	–	+

Légende : + = présence ; – = absence.

Schématiser les expériences réalisées, en précisant quelle est l'expérience témoin et quelle est l'expérience test.

5. Indiquer le seul facteur différent entre les deux expériences.
6. Présenter les résultats des deux expériences.
7. Interpréter les résultats.
8. Valider ou non l'hypothèse.
9. Conclure quant à la façon dont la salive fait apparaître la saveur sucrée.

Démarrons ensemble

1. Relève le phénomène dont on cherche l'explication.
2. Le problème doit être formulé sous forme interrogative, c'est une question dont on cherche la réponse. Elle commence souvent par : « Comment expliquer... ».
3. L'hypothèse en SVT est une réponse provisoire au problème posé.
4. Schématise tes tubes à essais au même niveau, veille à présenter les points communs (liquides représentés au même niveau si la quantité de liquide versé est identique...).
5. Le seul facteur différent est le facteur que l'on teste (température, substance, lumière...). Ce facteur est forcément en rapport avec l'hypothèse testée.
9. Exploite les résultats de ta démarche scientifique pour expliquer l'apparition de la saveur sucrée.

Se tester QUIZ

1 **1. b. • 2. a. • 3. a. • 4. c.**

S'entraîner

2 Dans une démarche d'investigation les deux expériences réalisées (le témoin et le test) doivent être identiques, excepté le facteur que l'on souhaite tester.

	Manipulation		Ce que l'élève aurait dû faire (en cas de manipulation incorrecte)
	Correcte	Incorrecte	
Prendre 2 tubes	×		
Placer la même quantité (2 mL) de liquide dans les 2 tubes	×		
Placer la même masse (5 g) de viande dans les 2 tubes	×		
Placer un morceau de viande de 5 g dans le 1er tube	×		
Placer 5 g de viande hachée dans le 2e tube		×	Placer un morceau de viande de 5 g dans le 2e tube
Verser 2 mL d'eau distillée dans le 1er tube	×		
Verser 2 mL de suc gastrique dans le 2e tube	×		
Placer les 2 tubes à 37 °C pendant 12 heures	×		

3 **1.** La coupe d'intestin grêle est ici observée au **microscope optique ou photonique**.

À noter
Revois la méthode de la fiche 19.

2. a.

ⓓ Croquis d'observation d'une coupe transversale d'intestin grêle observé au microscope photonique

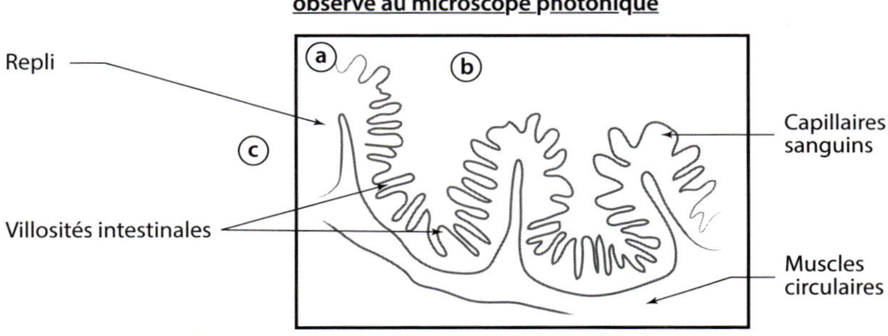

ⓔ Grossissement : × 30

Le cartouche est centré, tracé à la règle : cela laisse de la place à droite et à gauche pour la légende, le croquis est par conséquent parfaitement disposé…

À noter
Revois la méthode de la fiche 21.

b. Le croquis est ressemblant, les proportions entre les différents éléments de la coupe d'intestin grêle et l'espace qui les sépare sont respectés.

3. c. Les flèches sont tracées à la règle, elles indiquent avec précision les différentes parties de l'intestin grêle à légender. Elles portent toutes une pointe correctement tracée.
La légende est correctement disposée : à droite et à gauche du cartouche, aux extrémités des flèches (et pas dessus).
Elle est écrite horizontalement, sans faute d'orthographe.

4. d. Le titre est centré et souligné. Il comporte son sujet (ici, un croquis d'observation), ce qui est observé (une coupe d'intestin grêle) et le moyen d'observation (ici un microscope photonique, ou optique).

À noter
Le **titre** indique « ce qui est observé » et « comment cela est observé ».

e. Le grossissement est précisé (ici, le grossissement ×30 était indiqué dans le titre de la photographie).

5. La surface interne de l'intestin grêle est importante car elle est augmentée par les replis internes ainsi que par les nombreuses villosités intestinales.

À noter
Indique tous les éléments internes de l'**intestin grêle** qui permettent d'augmenter la surface interne de l'organe.

4 **1.**

Méthode
Révise la méthode de la méthode de la fiche 15.
Découpe la courbe A en différentes phases, cela t'aidera pour ton analyse de graphique.
Pense à n'utiliser que les expressions suivantes : « Augmente/augmentation », « Diminue/diminution » ou « Stagne/reste constante ».

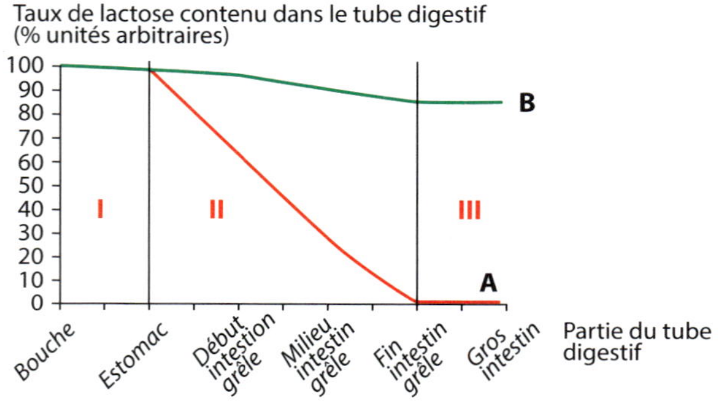

Chez l'individu A : on distingue trois parties dans le graphique.

Partie I : le taux de lactose diminue très lentement de 100 à près de 97 % de la bouche à l'estomac.
Partie II : le taux de lactose diminue fortement de près de 97 % à 0 à la fin de l'intestin grêle.
Partie III : le taux est nul à la fin du tube digestif.

Chez l'individu B : on ne distingue qu'une seule évolution : le taux de lactose diminue très lentement de 100 à à peu près 90 % à la fin du tube digestif.

2. L'individu A possède la lactase (expérience témoin), l'individu B n'en possède pas (expérience test). On en déduit que **la lactase « détruit » le lactose**.

3. Le document 1 montre que le lactose du lait est en fait transformé en **galactose** et **glucose**. Ces substances (nutriments) vont ensuite passer dans le sang au niveau de l'intestin grêle.

5 **1.** On cherche à trouver la quantité manquante entre les aliments ingérés et les rejets : une personne absorbe 2 600 g d'aliments et ne rejette que 150 g des aliments consommés.
2 600 – 150 = **2 450 g des aliments manquent.**

2. Sur les 2 600 g d'aliments consommés, il y a 2 000 g d'eau. On en déduit que les aliments consommés ne contiennent que :

2 600 – 2 000 = **600 g** de substances sèches.

On procède de la même manière pour les excréments ; sur les 150 g d'excréments, il y a 110 g d'eau, donc il ressort du tube digestif :

150 – 110 = **40 g** d'éléments secs.

Ainsi, pour connaître la quantité de substances sèches manquantes, on fait : 600 g de substances sèches ingérées – 40 g de substances sèches dans les excréments = **560 g de substances sèches manquantes.**

3. On sait que les nutriments issus de la digestion **passent dans le sang** des villosités intestinales au niveau de l'intestin grêle. Sur la photographie, on devine que ce passage est facilité car :

– les villosités intestinales sont richement irriguées par de très nombreux capillaires sanguins ;

– la paroi des villosités intestinales est très fine (on voit les capillaires sanguins à travers la paroi) ;

– la surface d'échanges (contact entre le sang et l'intérieur de l'intestin grêle) est très importante : nombreuses villosités intestinales qui augmentent considérablement la surface de contact.

Vers le brevet

> **À noter**
> L'exemple de la **digestion** de l'amidon est donné dans la fiche 20.

6 Comprendre les causes de l'intolérance au lait

1. Le lactose est digéré au niveau de l'intestin grêle, sous l'action d'une enzyme : la lactase.

2. La digestion chimique du lactose donne deux molécules très voisines : le glucose et le galactose.

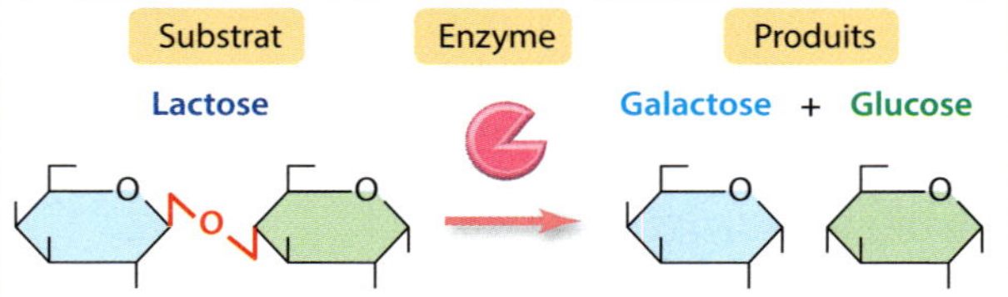

3. Le glucose et le galactose devraient normalement **passer dans le sang** au niveau des villosités intestinales.

4. L'absence de lactase entraîne des **troubles digestifs** : diarrhées (le lactose empêche l'absorption d'eau au niveau de l'intestin) et crampes douloureuses (qui résultent de la dégradation du lactose par des bactéries de la flore intestinale).

5. Pour éviter les troubles, on pourrait ajouter dans l'alimentation l'**enzyme absente** (ou ne plus boire de lait avec lactose...).

7 **1. Observation :** L'amidon du pain se transforme en substance sucrée au contact de la salive de la bouche.

2. Problème : Comment expliquer que la saveur de l'amidon du pain initialement non sucrée, devienne progressivement sucrée ?

3. Hypothèse : la salive contient une substance capable de transformer l'amidon du pain à la saveur non sucrée en substance sucrée.

4. Schéma des expériences réalisées

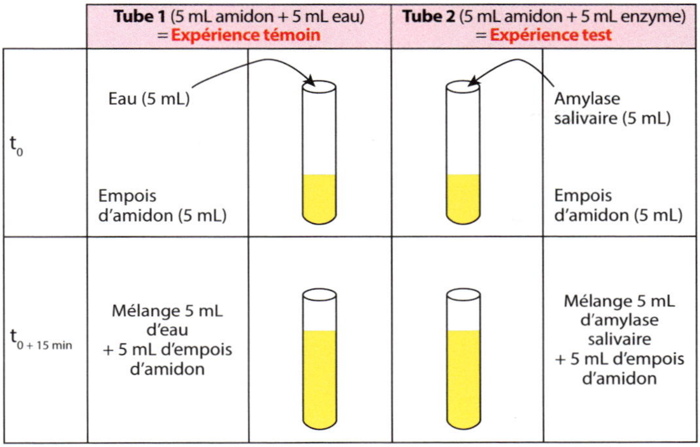

5. Le **seul facteur différent** entre les deux expériences est la présence de l'amylase salivaire dans le tube 2. Si on observe une différence dans les résultats c'est donc l'amylase salivaire qui en est responsable…

6. ▪ **Dans le tube 1 :** au début de l'expérience (t_0), on observe de l'amidon et la saveur sucrée est absente. Au bout de 15 minutes ($t_{0 + 15 \text{ min.}}$), rien n'a changé : l'amidon est toujours présent et la saveur sucrée n'est pas apparue.

▪ **Dans le tube 2 :** au début de l'expérience (t_0), on observe de l'amidon et la saveur sucrée est absente. Au bout de 15 minutes ($t_{0 + 15 \text{ min.}}$), l'amidon a disparu et la saveur sucrée est apparue…

7. Le seul facteur différent entre les deux expériences étant l'amylase salivaire, on déduit que l'**amylase salivaire** est responsable de la disparition de l'amidon et de l'apparition de la saveur sucrée : l'amylase salivaire a transformé l'amidon en substance sucrée à 37 °C, en 15 minutes.

8. L'hypothèse est **validée**.

> **À noter**
> Indique seulement si l'hypothèse est vérifiée ou non. La justification est donnée par le travail préalable.

9. Au contact de l'amylase salivaire contenue dans la salive, et à la température de la bouche (37 °C), l'**amidon** contenu dans le pain est progressivement **transformé** (donc détruit) en substance sucrée (apparition de la saveur sucrée).

LE CORPS HUMAIN ET LA SANTÉ

Comment s'effectue la maîtrise de la reproduction ?

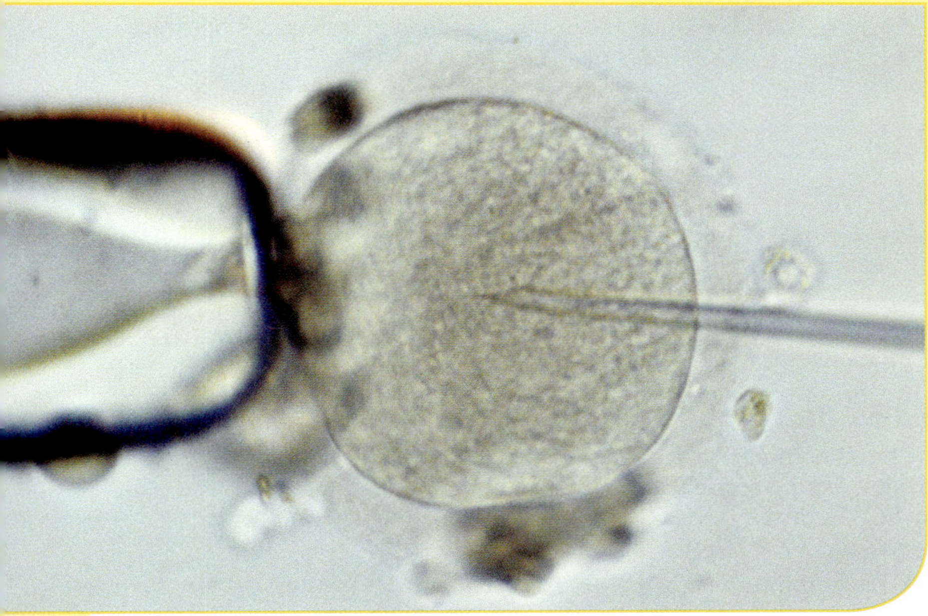

FICHES

EXERCICES & SUJETS

CORRIGÉS

22 Décrire le fonctionnement des appareils reproducteurs

La naissance d'un enfant résulte du fonctionnement des appareils reproducteurs du père et de la mère.

RETENIR L'ESSENTIEL

I L'appareil reproducteur humain

- Les organes centraux de la reproduction sont les gonades (**testicules** chez l'homme et **ovaires** chez la femme) qui produisent les gamètes.
- L'appareil la femme présente un **utérus** qui subit des transformations cycliques afin d'accueillir un éventuel embryon.

Mots-clés

Gonades : glandes produisant les gamètes.
Gamètes : cellules reproductrices.

II La production des gamètes

- Chez l'homme les gamètes mâles sont les **spermatozoïdes**. Ils sont produits de manière continue de la **puberté** jusqu'à la fin de la vie. Ce sont des cellules mobiles, qui contiennent 23 chromosomes du père.
- Chez la femme, les gamètes femelles sont les **ovules**. Ils sont produits de manière cyclique (un ovule tous les 28 jours) de la puberté jusqu'à la ménopause. Ce sont des cellules qui contiennent 23 chromosomes de la mère.
- À l'issue d'une relation sexuelle, un gamète mâle peut fusionner avec un gamète femelle – c'est la **fécondation –**, et former un embryon humain à 46 chromosomes. Par multiplications cellulaires successives, l'embryon augmente son nombre de cellules et peut se fixer à la paroi interne de l'utérus où a lieu son développement intra-utérin durant environ 9 mois.

Mot-clé

Ménopause : période de la vie d'une femme correspondant à la fin de la période reproductive. Elle est marquée par l'arrêt des règles et de l'ovulation.

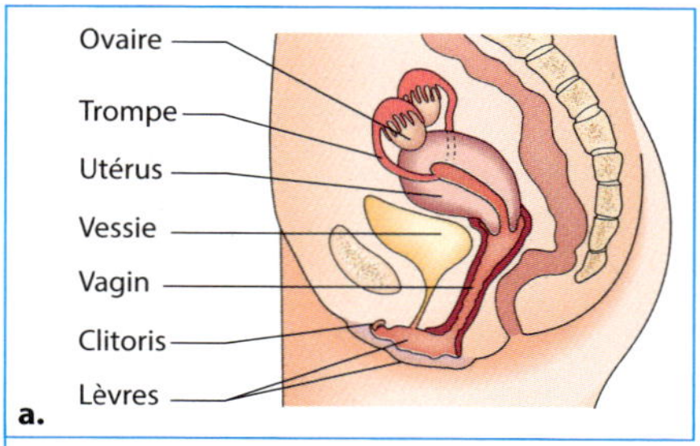

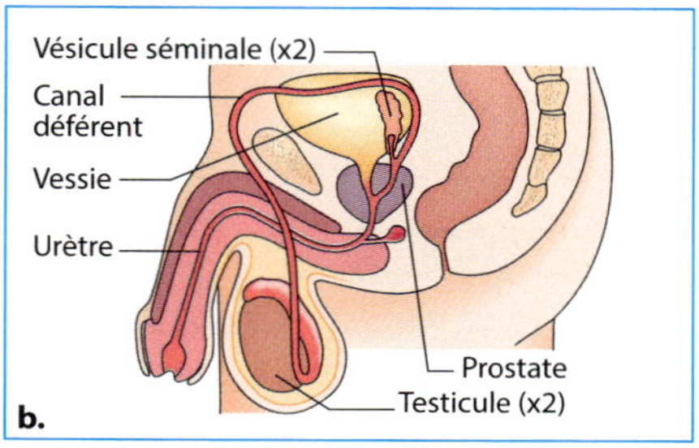

Coupe de l'appareil reproducteur.
a. De la femme **b.** De l'homme

APPLIQUER LA MÉTHODE

Interpréter des photographies afin d'expliquer un cas de trouble du développement sexuel chez l'homme

La cryptorchidie est l'absence d'un ou deux testicules dans les bourses. Cette anomalie résulte fréquemment d'une migration incomplète des testicules de l'abdomen vers les bourses lors du développement embryonnaire.
Cette anomalie risque de provoquer la stérilité de l'individu à sa puberté si elle n'est pas traitée à temps.

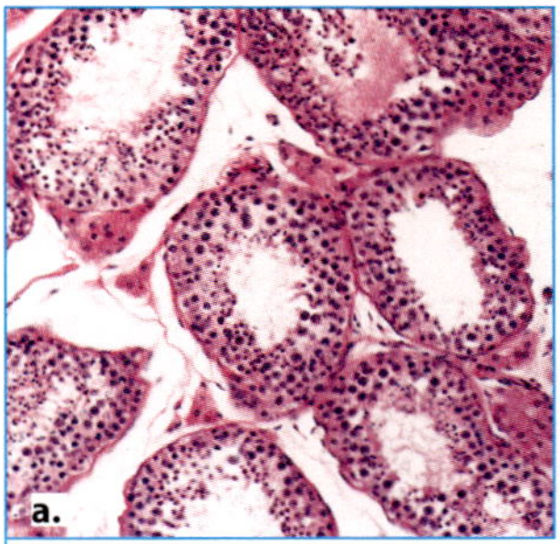

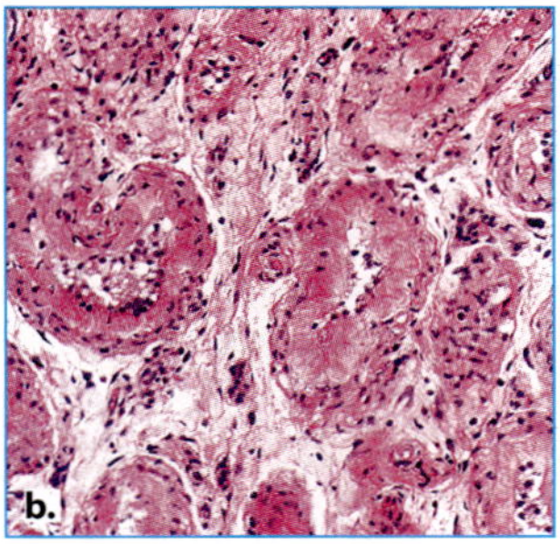

Coupe de testicule (×600)
a. Coupe de tubes séminifères d'un testicule mature (on distingue des spermatozoïdes en cours de formation). **b.** Tubes séminifères d'un testicule cryptorchide rappelant un testicule prépubertaire (absence de spermatozoïdes).

1. Décrire la coupe de tubes séminifères d'un testicule mature chez un homme cryptorchidique (photo de droite) ou non (photo de gauche).

2. Analyser les deux photographies afin d'expliquer le risque de stérilité d'un individu cryptorchidique.

Solution

1. Chez l'individu non cryptorchidique : les tubes séminifères produisent des spermatozoïdes.
Chez l'individu cryptorchidique : on ne distingue pas de spermatozoïdes.

2. L'individu cryptorchidique ne produit pas de spermatozoïdes (ou trop peu), il n'y aura donc pas de fécondation, et donc pas d'enfant.

Pour vérifier que tu as compris ▸ Exercice 1

Pour t'entraîner ▸ Exercices 2 à 4

Pour préparer le brevet ▸ Exercices 5 à 7

23 Expliquer le contrôle des appareils reproducteurs par les hormones

À la puberté, les gonades commencent à fonctionner et des transformations du corps et du comportement apparaissent. Comment sont contrôlées ces transformations ?

RETENIR L'ESSENTIEL

I Le déclenchement du développement des organes reproducteurs

À la puberté, des substances (hormones) fabriquées par des glandes situées dans le cerveau sont libérées dans le sang, déclenchent le développement des organes reproducteurs, puis leur fonctionnement.

> **Mot-clé**
> **Hormone** : substance fabriquée par un organe producteur, libérée dans le sang et qui agit à distance sur le fonctionnement d'un organe cible.

II Le déclenchement de l'apparition des caractères sexuels

- À la puberté, suite au développement des organes sexuels, les gonades libèrent à leur tour dans le sang des hormones sexuelles : **testostérone** pour les garçons, **progestérone** et **œstrogènes** pour les filles.
- Ces hormones sexuelles vont agir sur des organes cibles et provoquer chez eux des transformations (développement de la poitrine chez les filles, pilosité plus importante…).

> **Mot-clé**
> **Hormone sexuelle** : substance fabriquée par les gonades, libérée dans le sang et qui agit à distance sur le fonctionnement de plusieurs organes cibles.

III Le contrôle du cycle sexuel chez la femme

- Chez les filles, dès la puberté, les hormones sexuelles contrôlent le cycle de l'utérus et le déclenchement des règles.
- Chez les filles, dès la puberté, des hormones du cerveau contrôlent l'ovulation.

APPLIQUER LA MÉTHODE

Rédiger une hypothèse et la tester pour déterminer l'origine de l'ovulation

On cherche à savoir de quelle manière l'hypophyse (glande présente dans le cerveau) agit sur le déclenchement de l'ovulation. Pour cela, on compare les quantités de deux hormones, la LH et la FSH, présentes dans le sang de deux souris femelles dont l'une a subi l'ablation (retrait) de l'hypophyse. Les résultats sont présentés dans le tableau ci-dessous.

	Taux de LH (Unité arbitraire)	Taux de LH (Unité arbitraire)	Résultats
Sans ablation de l'hypophyse	3,5	3,8	Ovulation
Avec ablation de l'hypophyse	0,1	0,2	Pas d'ovulation

1. Relever dans le tableau comment varie le taux des deux hormones hypophysaires après l'ablation de l'hypophyse.

2. Proposer une hypothèse pour expliquer la survenue de l'ovulation.

3. Indiquer si l'ablation correspond au témoin ou au test qui permettrait de tester l'hypothèse.

4. Rédiger une analyse rigoureuse des résultats afin de déterminer ce qui est à l'origine de l'ovulation chez la femme.

Solution

1. Après l'ablation de l'hypophyse, **le taux de LH et FSH chute** pour être quasiment nul.

2. Hypothèse : la survenue de l'ovulation est due à la présence des hormones hypophysaires.

3. Le **témoin** est la souris femelle qui n'a pas subi d'ablation, le **test** la souris qui a subi l'ablation.

4. Le seul facteur différent entre ces deux souris est que l'une n'a plus d'hypophyse (test) : elle ne produit plus d'hormones hypophysaires et n'a plus d'ovulation. Chez une souris (témoin) qui produit toujours ces hormones, on constate l'apparition de l'ovulation : c'est l'hypophyse et en particulier **la présence des hormones hypophysaires qui sont à l'origine de l'ovulation**.

Pour vérifier que tu as compris ▸ Exercice 1

Pour t'entraîner ▸ Exercices 2 à 4

Pour préparer le brevet ▸ Exercices 5 à 7

24 Présenter les principes de la maîtrise de la reproduction

Les médecins disposent aujourd'hui de connaissances permettant de maîtriser la reproduction.

RETENIR L'ESSENTIEL

I Aider un couple à avoir un enfant

- La **stérilité** touche certains couples souhaitant avoir un enfant et n'y parvenant pas.
- Les causes de stérilité sont diverses et touchent les femmes (problèmes liés à l'ovaire et à l'ovulation, problèmes liés aux trompes, à la muqueuse utérine ou anomalies hormonales...) et les hommes (anomalies des spermatozoïdes, des testicules ou hormonales...).

Mot-clé

Stérilité : incapacité de concevoir naturellement, de porter ou d'accoucher d'un enfant sain.

- Suite à un bilan clinique, un médecin peut prescrire un traitement hormonal ou la **procréation médicalement assistée (PMA)** :

– la fécondation in vitro (FIV) et transfert d'embryon (FIVETE) ;

– la gestation pour autrui (GPA).

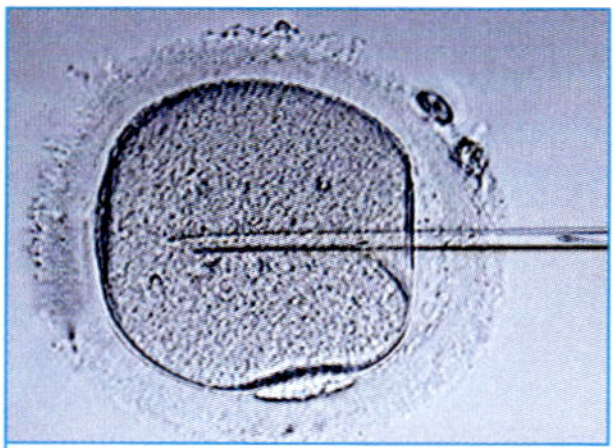

Injection intracytoplasmique de spermatozoïde (ICSI) dans un ovule.

II Aider un couple à ne pas avoir d'enfant

- Lorsqu'un couple ne souhaite pas avoir d'enfant, il dispose de moyens de contraception : la pilule, le préservatif (utile pour la prévention des infections sexuellement transmissibles), le diaphragme, le stérilet...

Mot-clé

Moyen de contraception : moyen visant à empêcher qu'un rapport sexuel entraîne une grossesse.

- Une femme peut également utiliser la **contraception « d'urgence »** en cas d'absence de contraception (pilule du lendemain...). Et si toutefois la grossesse persiste, les femmes peuvent faire pratiquer une **interruption volontaire de grossesse (IVG)** jusqu'à la 12e semaine de grossesse.
- En tout état de cause, les pratiques liées à la maîtrise de la reproduction reposent sur des **comportements responsables** et le **respect de l'autre**.

APPLIQUER LA MÉTHODE

Connaître les méthodes de procréation médicalement assistée

Afin d'aider un couple à concevoir un enfant, les médecins disposent de différentes méthodes de procréation médicalement assistée (PMA) selon le problème rencontré par le couple.

Problème du couple	PMA envisagée
Cas n° 1 Les analyses du sperme de l'homme montrent un nombre insuffisant de spermatozoïdes et/ou un nombre important de spermatozoïdes anormaux.	**L'insémination artificielle** **1.** Recueil du sperme d'un donneur anonyme. **2.** Introduction du sperme dans l'utérus de la femme désirant un enfant, le jour supposé de son ovulation.
Cas n° 2 Les analyses du sperme de l'homme montrent une faible mobilité des spermatozoïdes.	**L'ICSI** **1.** Injection intracytoplasmique d'un spermatozoïde de l'homme dans un ovule de la femme. **2.** Transfert de l'embryon dans l'utérus de la femme.
Cas n° 3 L'examen utérin de la femme indique que les trompes sont obstruées.	**La FIVETE** (fécondation *in vitro* et transfert d'embryons) 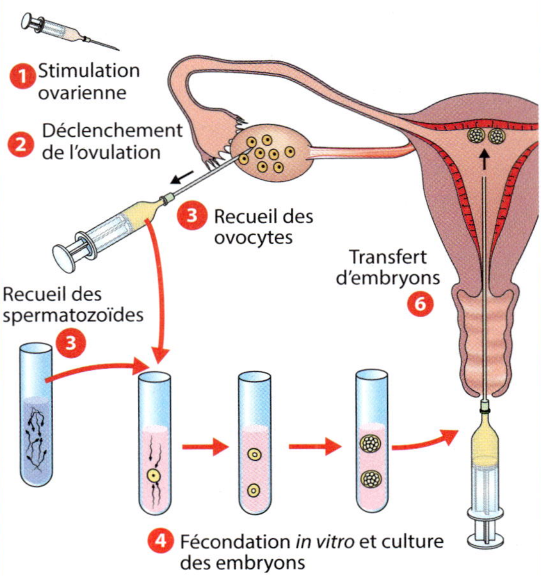

Pour vérifier que tu as compris ▸ Exercice 1

Pour t'entraîner ▸ Exercices 2 à 4

Pour préparer le brevet ▸ Exercices 5 à 7

Se tester QUIZ

Vérifie que tu as bien compris les points clés des **fiches 22 et 24.**

Pour chaque question, vérifie ta réponse à l'aide du corrigé et consulte les fiches de cours si nécessaire.

1 Comprendre la maîtrise de la reproduction

→ RÉVISE LES FICHES 22 À 24.

1. La stérilité :

- ☐ **a.** est définie comme la possibilité pour une femme d'avoir un enfant
- ☐ **b.** peut aussi bien toucher les hommes que les femmes
- ☐ **c.** est toujours liée à la pauvreté du sperme en spermatozoïdes

2. Dans le cadre de la FIVETE :

- ☐ **a.** on injecte des ovules fécondés dans l'utérus d'une femme
- ☐ **b.** on choisit l'ovule à injecter dans le spermatozoïde
- ☐ **c.** on injecte du sperme dans le vagin d'une femme

3. Une obstruction des trompes peut être contournée par :

- ☐ **a.** l'insémination artificielle
- ☐ **b.** la stimulation ovarienne
- ☐ **c.** la FIVETE, l'ICSI (intra cytoplasmic sperm injection)

4. Le préservatif masculin :

- ☐ **a.** peut être utilisé en combinaison avec la pilule contraceptive
- ☐ **b.** est plus efficace si on en utilise deux l'un par-dessus l'autre
- ☐ **c.** est inutile pour se protéger des IST si la femme utilise le diaphragme

5. Le suivi de la grossesse :

- ☐ **a.** est pratiqué par la technique de l'ICSI
- ☐ **b.** est pratiqué par la technique de l'échographie
- ☐ **c.** est pratiqué par la technique de la FIVETE

6. La prise de la pilule contraceptive empêche :

- ☐ **a.** l'ovulation
- ☐ **b.** la nidation de l'embryon dans la muqueuse utérine
- ☐ **c.** la migration de l'embryon le long des trompes

S'entraîner

Vérifie que tu sais appliquer les méthodes des **fiches 22 et 24.**

Pour chaque exercice, consulte la méthode indiquée et compare ta réponse à celle donnée dans le corrigé.

2 Diagnostiquer une stérilité féminine par hystérographie

→ APPLIQUE LA MÉTHODE DE LA FICHE 22

L'hystérographie consiste à injecter dans l'utérus de la femme une substance opaque aux rayons X. Ce produit gagne de proche en proche toutes les cavités de l'appareil génital féminin. Cette technique ne permet pas de visualiser les ovaires.

Document 1 Hystérographie de Mme A

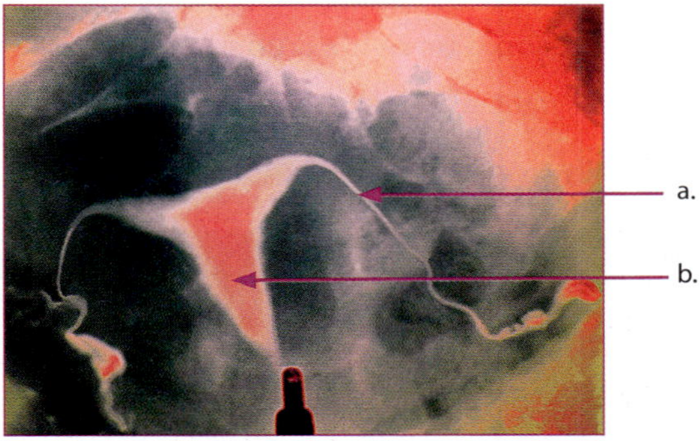

Document 2 Hystérographie de Mme B souffrant d'infertilité

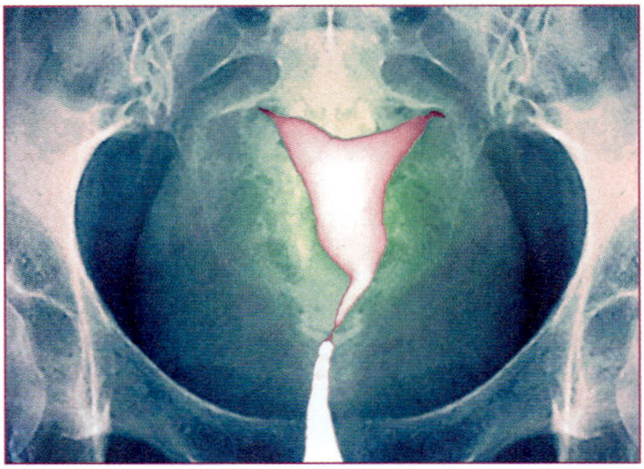

1. D'après vos connaissances, indiquer le nom des organes de l'appareil génital féminin annotés a, b et c.

2. Comparer les hystérographies de Mme A et Mme B. Indiquer les organes qui ne sont pas visibles sur le document 2.

3. L'absence de ces organes se traduit par une anomalie. Proposer une hypothèse sur la conséquence que cette anomalie aurait sur la fécondité de Mme B.

Démarrons ensemble

Relis le cours de la fiche 22.

3 Réaliser le croquis d'une ovulation

→ APPLIQUE LA MÉTHODE DE LA FICHE 21

L'ovulation est l'expulsion d'un **ovule** d'un **ovaire**. Cet événement est extrêmement bref.

Document **Photographie d'ovulation (× 3)**

1. Réaliser un croquis de la photographie.
2. Légender le croquis avec les mots en gras.
3. Donner un titre correct et souligné au croquis.

Démarrons ensemble

Relis la méthode de la fiche 21.

4 Établir la période de fécondité d'une femme

Une femme souhaite connaître sa **période de fécondité**, c'est-à-dire la période au cours de laquelle un rapport sexuel avec son compagnon peut être fécond. Pour cela, elle dispose du calendrier suivant sur lequel elle a surligné en jaune la période de ses règles en avril, mai et juin 2017.

Document 1 Extrait d'un calendrier de 2017

Avril 2017

N°	Lu	Ma	Me	Je	Ve	Sa	Di
13						1	2
14	3	4	5	6	7	8	9
15	10	11	12	13	14	15	16
16	17	18	19	20	21	22	23
17	24	25	26	27	28	29	30

Mai 2017

N°	Lu	Ma	Me	Je	Ve	Sa	Di
18	1	2	3	4	5	6	7
19	8	9	10	11	12	13	14
20	15	16	17	18	19	20	21
21	22	23	24	25	26	27	28
22	29	30	31				

Juin 2017

N°	Lu	Ma	Me	Je	Ve	Sa	Di
22				1	2	3	4
23	5	6	7	8	9	10	11
24	12	13	14	15	16	17	18
25	19	20	21	22	23	24	25
26	26	27	28	29	30		

Juillet 2017

N°	Lu	Ma	Me	Je	Ve	Sa	Di
26						1	2
27	3	4	5	6	7	8	9
28	10	11	12	13	14	15	16
29	17	18	19	20	21	22	23
30	24	25	26	27	28	29	30
31	31						

Août 2017

N°	Lu	Ma	Me	Je	Ve	Sa	Di
31		1	2	3	4	5	6
32	7	8	9	10	11	12	13
33	14	15	16	17	18	19	20
34	21	22	23	24	25	26	27
35	28	29	30	31			

Septembre 2017

N°	Lu	Ma	Me	Je	Ve	Sa	Di
35					1	2	3
36	4	5	6	7	8	9	10
37	11	12	13	14	15	16	17
38	18	19	20	21	22	23	24
39	25	26	27	28	29	30	

Document 2 Le cycle sexuel chez la femme

« Le cycle sexuel chez la femme est l'ensemble des phénomènes physiologiques survenant le plus souvent de manière périodique, et qui préparent l'organisme de la femme à une éventuelle fécondation.

Le cycle sexuel de la femme commence à la puberté et se termine à la ménopause. Le cycle sexuel de la femme est d'environ 28 jours, mais peut présenter des petites variations selon les femmes (certaines ont un cycle de 27 jours, d'autres de 29 ou 30 jours…).

La manifestation la plus visible du début de son cycle est le 1er jour des règles. Les règles correspondent à l'élimination de la partie la plus superficielle de la muqueuse utérine (celle-ci est très richement irriguée en sang, c'est pourquoi les règles ont cette couleur rouge) si l'ovule n'a pas été fécondé lors du cycle précédent.

Parallèlement au cycle utérin, les ovaires subissent des transformations cycliques, dont la plus spectaculaire est la libération d'un ovule qui pourra éventuellement être fécondé par un des spermatozoïdes du père.

Notons que de nombreuses autres manifestations cycliques accompagnent le fonctionnement de l'appareil génital de la femme (au niveau du vagin, du col de l'utérus, des glandes mammaires…) prouvant que ces différentes manifestations cycliques sont contrôlées.

1. Préciser à quoi une femme repère le 1er jour de son cycle sexuel.

2. À partir des dates de ses règles en avril, mai et juin surlignées sur le calendrier du document 1, préciser la durée du cycle de cette femme. Justifier la réponse.

3. Indiquer, en justifiant la réponse, la date probable de ses règles en juillet.

4. Indiquer également en le justifiant la date probable de l'ovulation en juin.

5. Sachant qu'un ovule peut survivre 2 jours après l'ovulation et qu'un spermatozoïde peut survivre jusqu'à 5 jours dans les voies génitales de la femme, indiquer sur le calendrier la période de fécondité de cette femme au mois de juillet. Justifier la réponse.

Vers le brevet

Exerce-toi en vue du brevet et révise les **fiches 22 à 24.**

Pour chaque sujet, aide-toi des conseils donnés et compare ta réponse à celle donnée dans le corrigé.

TYPE

5 Les relations entre différents organes de la femme

15 min

→ APPLIQUE LA MÉTHODE DE LA FICHE 12

À partir du texte ci-dessous, réaliser un schéma fonctionnel qui représente les relations entre l'hypophyse, l'ovaire et l'utérus.

Document **Les relations hormonales entre différents organes de la femme pubère**

« L'hypophyse, une glande du cerveau sécrète des hormones hypophysaires qui déclenchent le fonctionnement des ovaires.
Parallèlement, les ovaires sécrètent des hormones ovariennes qui agissent sur le fonctionnement de l'utérus.

TYPE

6 Étude de l'influence de la pilule sur le col de l'utérus

15 min

→ APPLIQUE LA MÉTHODE DE LA FICHE 22

La glaire cervicale est une sécrétion produite par le col de l'utérus. Elle joue un rôle protecteur contre les micro-organismes. La glaire est constituée de filaments protéiques plus ou moins enchevêtrés formant un réseau. Les photographies du **document 1** montrent l'allure de la glaire cervicale à trois moments du cycle. Par ailleurs, elle est peu abondante au moment de l'ovulation et favorise ainsi la fécondation.

Document 1 Glaire cervicale de l'utérus d'une femme

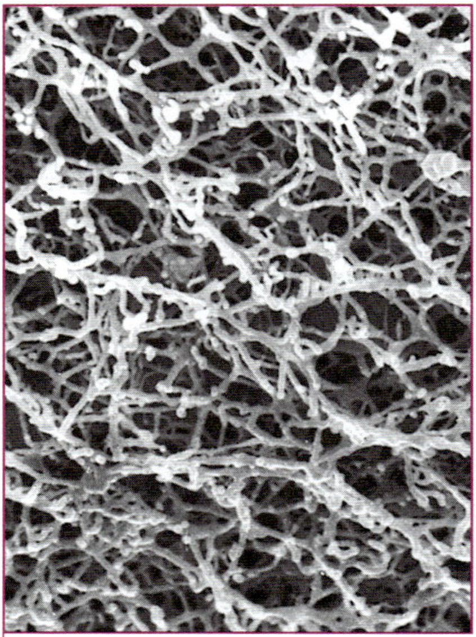

a. Au 8e jour du cycle.

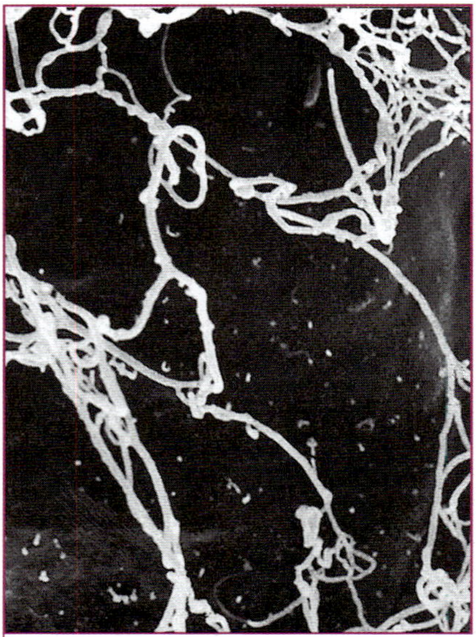

b. Au 14e jour du cycle.

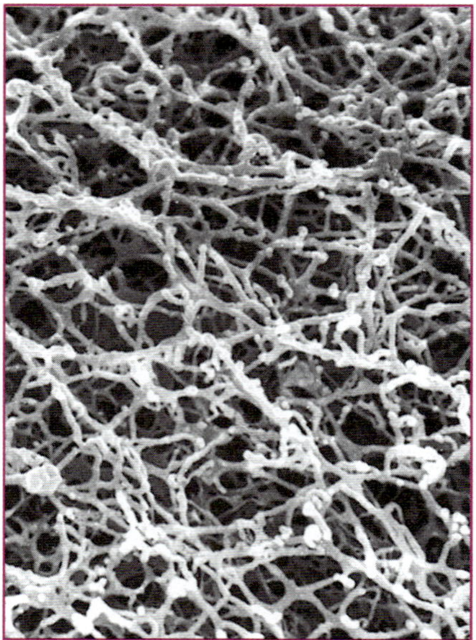

c. Au 20e jour du cycle.

1. Situer la glaire cervicale sur le schéma du **document 2** de l'appareil génital de la femme.
2. Comparer l'aspect de la glaire cervicale au cours du cycle menstruel.
3. Expliquer pourquoi elle a un rôle protecteur vis-à-vis des micro-organismes.
4. Indiquer, en justifiant, le moment du cycle où les spermatozoïdes peuvent le plus facilement franchir le col de l'utérus.
5. La prise de la pilule contraceptive modifie l'aspect de la glaire cervicale. Cela est illustré dans les photographies du **document 3**. Comparer les deux photographies du **document 3**.
6. Conclure sur le rôle de la pilule dans la contraception au niveau du col de l'utérus.

Document 2 L'appareil génital de la femme en coupe, vu de face

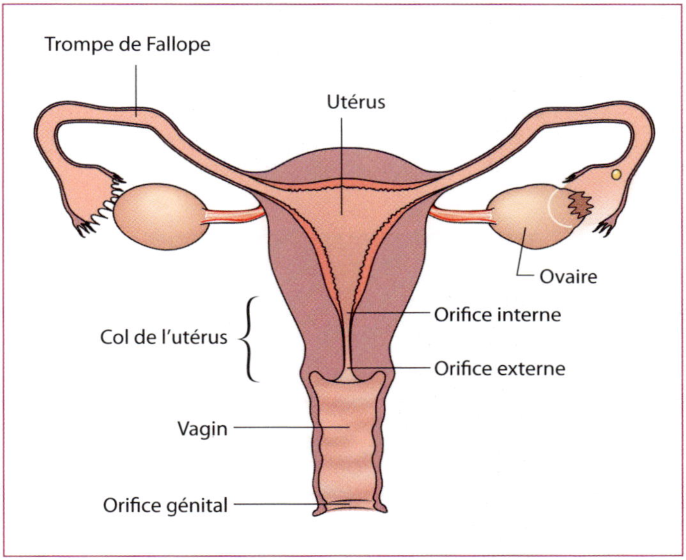

Document 3 Col de l'utérus au 14e jour du cycle (MEB)

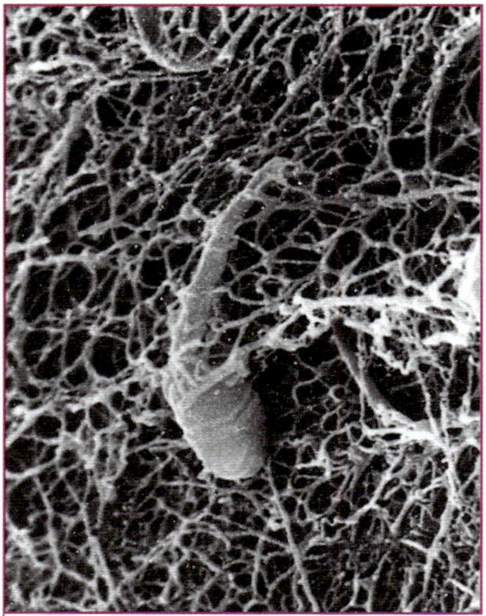

a. Femme utilisant la pilule contraceptive.

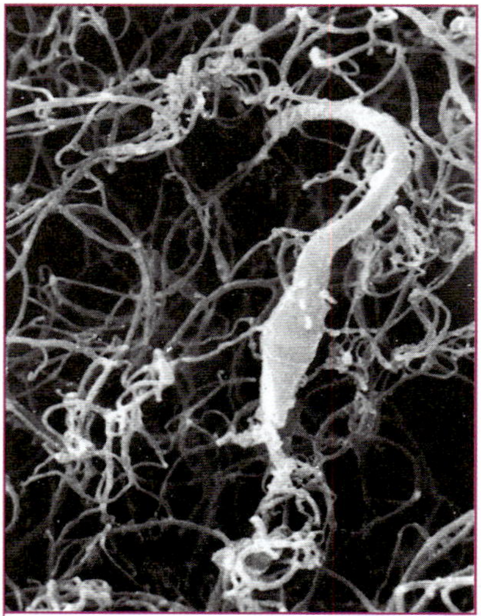

b. Femme sans pilule.

7 Aider un couple stérile à avoir un enfant

20 min

→ APPLIQUE LA MÉTHODE DE LA FICHE 24

Le britannique Robert G. Edwards a reçu le prix Nobel 2010 de médecine pour ses travaux pionniers sur la fécondation *in vitro*. Depuis la naissance du premier « bébé-éprouvette » en 1978, quatre millions de couples ont pu bénéficier de cette méthode de procréation médicalement assistée pour concevoir un enfant.

1. À partir du document et de vos connaissances, indiquer, des deux méthodes présentées, laquelle correspond à la FIVETE (fécondation *in vitro* et transfert d'embryon). Justifier ce choix.

2. Proposer deux exemples de cas de stérilité chez un couple pour lequel cette méthode de procréation assistée peut être utilisée.

Document **Deux méthodes de procréation médicalement assistée**

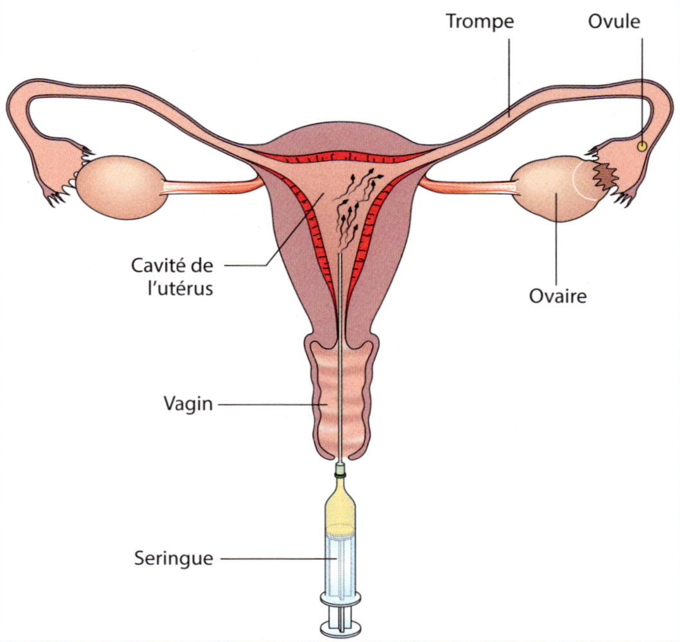

Méthode 1

Étape 1. Le sperme de l'homme est recueilli. Seuls les spermatozoïdes mobiles sont sélectionnés.

Étape 2. Le sperme est introduit dans la cavité de l'utérus au moment de l'ovulation.

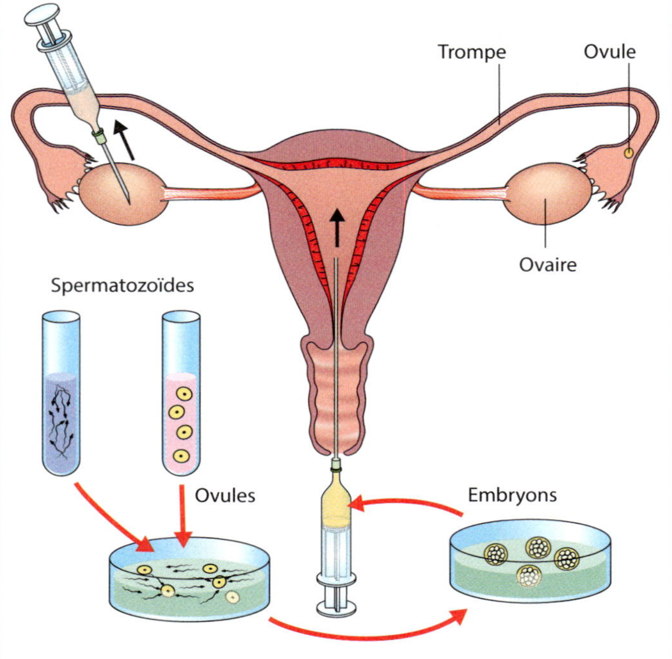

Méthode 2

Étape 1. Après une stimulation ovarienne, plusieurs ovules sont prélevés dans l'ovaire.

Étape 2. Le sperme est recueilli le jour du prélèvement des ovules et préparé en laboratoire.

Étape 3. Les ovules sont mis en contact avec les spermatozoïdes du conjoint pendant 20 heures à 37 °C Un jour plus tard, des embryons au stade 2 cellules sont observables.

Étape 4. Deux jours plus tard, 1 à 4 embryons sont sélectionnés. Ils sont transférés dans la cavité de l'utérus de la femme.

Démarrons ensemble

Révise le cours des fiches 22 et 23.

1. Dans le document tu peux procéder par élimination. Sois attentif à la signification des initiales FIVETE, cela pourra t'aider pour répondre correctement. Pense à justifier la méthode choisie.

2. Parmi l'ensemble des cas de stérilité que tu connais, tu dois sélectionner ceux qui justifient une telle intervention... Revois la méthode de la fiche 24.

Se tester QUIZ

1 **1. b. • 2. a. • 3. c. • 4. a. • 5. b. • 6. a.**

S'entraîner

2 **1.** Légende de l'hystérographie de Mme A :

a. Trompe gauche.

b. Cavité utérine.

2. Sur l'hystérographie de Mme B, on ne voit pas les **trompes**.

3. On sait que Mme B a des problèmes de stérilité.

Hypothèse sur la conséquence de l'absence de trompes : il n'y a pas de contact entre les spermatozoïdes et l'ovule, donc pas de fécondation.

> **À noter**
> L'une des deux photographies correspond au « témoin », l'autre photographie au « test ».

> **À noter**
> Revois la définition du mot **« fécondation »** et indique en quoi cette anomalie peut empêcher la fécondation.

3 **1.** ▪ Le cartouche est centré, tracé à la règle (a) : cela laisse de la place à droite et à gauche pour la légende, le croquis est par conséquent parfaitement disposé...

▪ Le croquis est ressemblant, les proportions de l'ovaire et de l'ovule ainsi que l'espace qui les sépare sont respectés (b).

2. c. Les flèches sont tracées à la règle, elles indiquent avec précision les différentes parties à légender. Elles portent toutes une pointe correctement tracée (c). La légende est correctement disposée : à droite et à gauche du cartouche, aux extrémités des flèches (et pas dessus). Elle est écrite horizontalement, sans faute d'orthographe.

3. ▪ Le titre est centré et souligné. Il comporte son sujet (ici, un croquis d'observation), ce qui est observé (l'ovulation) (d).

▪ Le grossissement (e) est précisé (ici, le grossissement × 3 était indiqué dans le titre de la photographie).

Croquis d'observation d'ovulation chez la femme (d)

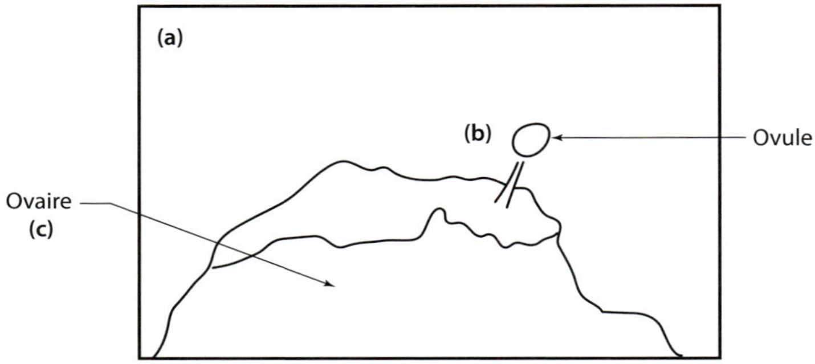

Grossissement : × 3 (e)

4 **1.** Une femme repère le 1er jour de son cycle sexuel au **1er jour de ses règles**.

2. En avril, le 1er jour du cycle de cette femme est le mardi 4. À partir de là, on compte le nombre de jours jusqu'au cycle suivant qui commence le mercredi 3 mai : on trouve 29 jours. On fait le même constat pour le cycle suivant. Cette femme a donc **un cycle de 29 jours**.

À noter

La durée du **cycle** sexuel chez la femme n'est qu'une moyenne : certaines femmes ont un cycle plus court, d'autres un cycle plus long... À partir du moment où une femme est correctement réglée, son cycle est extrêmement régulier (c'est pour cela que l'on parle de règles).

3. Pour trouver la date probable de ses règles en juillet, on compte 29 jours à partir du jeudi 1er juin. Le vendredi 30 juin, les règles vont commencer et durer 5 jours, c'est-à-dire jusqu'au mardi 4 juillet. Les règles de cette femme devraient se dérouler du **30 juin au 4 juillet**.

4. L'ovulation se produit en général 14 jours avant la fin du cycle sexuel de la femme : comme cette femme a un cycle de 29 jours, son ovulation doit se produire le 15e jour de son cycle (29 – 14 = 15). Donc au mois de juin, l'ovulation devrait se produire le **jeudi 15 juin**.

5. Un rapport sexuel peut être fécond, l'ovule doit être fécondé par un des spermatozoïdes, ceux-ci doivent donc encore être « vivants » au moment du contact entre les gamètes. Ainsi, les dates possibles sont :
- du 15 au 17 juin, car un ovule survit 2 jours dans les voies génitales féminines ;
- du 10 au 15 juin, car les spermatozoïdes peuvent survivre jusqu'à 5 jours dans les voies génitales de la femme.

■ La période de fécondité de cette femme en juin s'étale donc du **10 au 17 juin** : c'est à cette période qu'elle a davantage de chance d'avoir un enfant si elle le souhaite.

5 ■ Les trois organes cités sont représentés par des figures géométriques (identiques ou non) et légendées.

■ Les vaisseaux sanguins sont représentés par deux rectangles reliant les trois figures géométriques précédemment construites.

■ Le trajet des hormones est schématisé par des flèches légendées.
Le titre est complet, correct et souligné.

> **À noter**
> Pour le sens de chaque flèche, détermine d'où part l'**hormone** et quel organe elle atteint.

Schéma fonctionnel des relations entre l'hypophyse, les ovaires et l'utérus

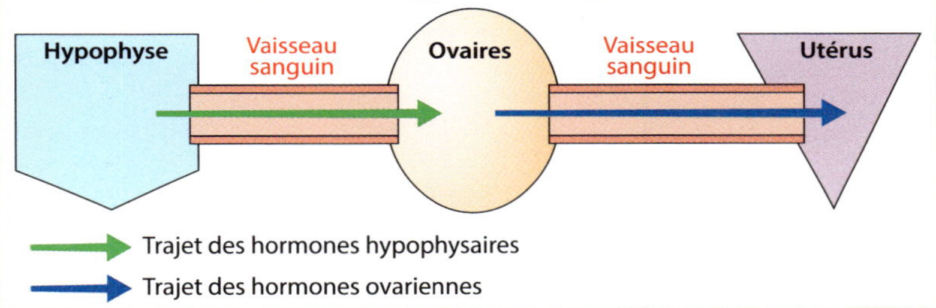

Vers le brevet

6 **1.** La glaire cervicale est localisée au niveau du **col de l'utérus**.

2. La glaire cervicale est dense au 5e jour du cycle de la femme, très clairsemée au 14e jour et à nouveau dense au 20e jour du cycle.

3. La glaire cervicale a un **rôle protecteur** vis-à-vis des micro-organismes car elle joue un rôle de « bouchon », empêchant les micro-organismes de pénétrer dans la cavité utérine.

4. Les spermatozoïdes peuvent plus facilement franchir le col de l'utérus au 14e jour du cycle, car c'est à ce moment que la glaire cervicale est la plus clairsemée.

5. ■ **Sur la photographie de gauche** (glaire cervicale d'une femme prenant la pilule), la glaire cervicale est très dense.

■ **Sur la photographie de droite** (glaire cervicale d'une femme ne prenant pas la pilule), la glaire cervicale est plus clairsemée.

> **À noter**
> Tu peux localiser le **col de l'utérus** par rapport aux autres organes de l'appareil reproducteur féminin dans la fiche 22.

6. La glaire cervicale d'une femme prenant la pilule est plus dense que si elle ne la prend pas (doc. 3). Ainsi, les spermatozoïdes déposés au fond du vagin suite à un rapport sexuel auront davantage de difficultés à franchir le col de l'utérus et à pénétrer dans la cavité utérine pour une éventuelle fécondation d'un ovule.

7 Aider un couple stérile à avoir un enfant

1. La FIVETE correspond à la deuxième méthode présentée par le document. Contrairement à la première méthode, la fécondation a lieu **à l'extérieur** du corps de la femme (fécondation *in vitro*), puis des embryons obtenus sont introduits dans l'utérus de la femme (transfert d'embryons).

2. Un couple stérile peut faire appel à la FIVETE en cas :

- d'**obstruction des trompes** de la femme, empêchant la rencontre de l'ovule et des spermatozoïdes ;

- de **spermatozoïdes peu mobiles** ne pouvant parcourir la distance les séparant de l'ovule.

À noter
Révise le cours des fiches 22 et 23.

À noter
Parmi les **cas de stérilité** que tu connais, ne sélectionne que ceux qui justifient une telle intervention. Pour cela révise le cours de la fiche 23.

LA PLANÈTE TERRE, L'ENVIRONNEMENT ET L'ACTION HUMAINE

Quels liens existe-t-il entre la société humaine et son environnement ?

FICHES

EXERCICES & SUJETS

CORRIGÉS

25 Expliquer la dynamique interne du globe

Certaines manifestations de l'activité interne du globe, d'une rare violence, peuvent avoir des répercussions sur la société humaine. Quels sont ces risques et comment l'Homme parvient-il à les gérer ?

RETENIR L'ESSENTIEL

I La dynamique interne du globe modifie l'environnement de l'Homme

- Les séismes, éruptions volcaniques, tsunamis… sont les témoins de l'activité interne du globe. Toujours brutaux, parfois meurtriers, ils peuvent profondément bouleverser l'environnement de l'Homme.

Le tsunami du 11 mars 2011 au Japon.

- Les connaissances scientifiques de ces événements géologiques permettent de mieux les comprendre. Ces événements sont souvent circonscrits dans des zones précises de la surface du globe : aux limites des plaques lithosphériques.
- Des phénomènes géologiques profonds créent des mouvements de plaques avec pour conséquence des ruptures des roches de surface et des **séismes**. Par ailleurs, l'arrivée en surface de roche en fusion (**magma**) conduit à l'**activité volcanique** de la planète.
- Les géologues parviennent à estimer les **risques géologiques**.

> **Mot-clé**
> **Plaque lithosphérique** : portion de la surface de la Terre ayant un comportement rigide.

II La prévention des risques

La **surveillance des zones à risque** par les observatoires scientifiques, l'**éducation des populations** vivant dans ces zones et la **réactivité des pouvoirs publics** sont les moyens mis en place par les sociétés développées pour limiter les impacts négatifs.

APPLIQUER LA MÉTHODE

Connaître la structure interne du globe

- Le rayon de la Terre mesure environ 6 400 km. Or, les forages les plus profonds réalisés par l'Homme ne dépassent pas 13 km. Ces **mesures directes** permettent seulement d'« effleurer » la surface de la Terre...
- Les scientifiques exploitent donc des **méthodes indirectes** fondées sur l'étude de la propagation des ondes sismiques dans les roches du sous-sol pour connaître la structure interne du globe.

I La propagation des ondes sismiques

La vitesse de propagation des ondes sismiques dépend de la **rigidité** et de la **composition chimique des roches** traversées : certaines ondes sismiques vont plus vite lorsque le milieu traversé est plus rigide ; elles ralentissent lorsque le matériau est moins rigide ; et ne se propagent pas dans un milieu liquide.

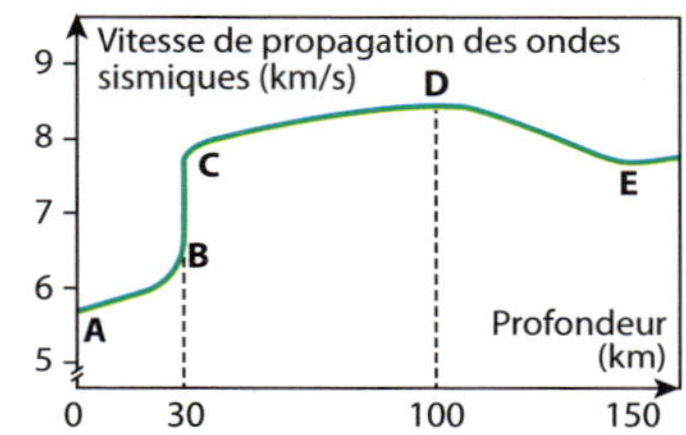

Doc. 1. Évolution de la vitesse des ondes sismiques en fonction de la profondeur sous un continent.

II Interprétations

- Une variation brutale de la vitesse des ondes témoigne d'un changement de rigidité des roches traversées. On peut ainsi définir les propriétés de différentes **enveloppes terrestres**.
- On qualifie la couche rigide la plus superficielle (70 à 200 premiers km de profondeur) de **lithosphère** (accélération de la vitesse des ondes, de A à D sur le document 1). Elle repose sur une couche de roche partiellement fondue, l'**asthénosphère** (ralentissement de la vitesse des ondes, de D à E). La lithosphère « glisse » sur l'asthénosphère.

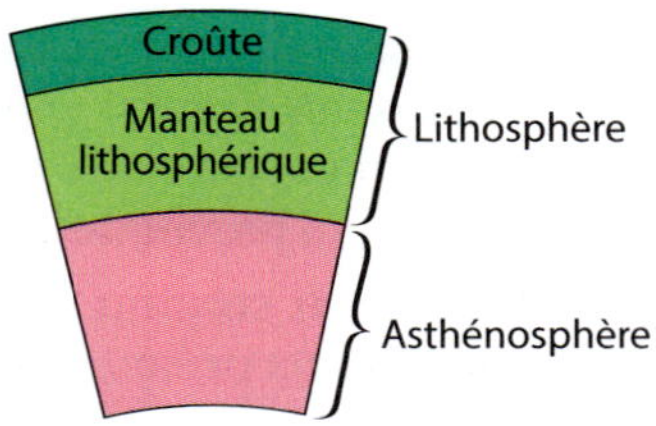

Doc. 2. Les couches externes de la Terre.

Pour vérifier que tu as compris
▸ Exercice 1

Pour t'entraîner
▸ Exercices 2 à 5

Pour préparer le brevet
▸ Exercices 6 à 8

26 Expliquer la dynamique externe du globe

Certains phénomènes météorologiques, d'une rare violence, peuvent avoir des répercussions sur la société humaine. Quels sont ces risques et comment l'Homme parvient-il à les gérer ?

RETENIR L'ESSENTIEL

I La dynamique externe du globe modifie l'environnement de l'Homme

- Les typhons, ouragans… sont des événements météorologiques qui ont souvent de graves répercussions sur les sociétés humaines.

Le super typhon Haiyan au large des Philippines le 13 novembre 2013.

- Ils sont les conséquences de **mouvements de masses d'air** et de **courants océaniques**, **contrôlés par l'énergie du soleil** que reçoit la Terre : l'inégale répartition de l'énergie solaire reçue par la planète conduit à des **variations de pression**, ce qui provoque les **mouvements des masses d'air**.
- Ainsi, le suivi en continu de l'évolution des températures des masses d'air et des courants océaniques permet aux scientifiques de mieux comprendre les événements météorologiques et, par des modélisations, de les **anticiper**.
- Les alertes météo permettent de sauver des vies et d'aménager l'habitat afin que les effets négatifs aient le moins de répercussions possible.

II La prévention des risques

La **surveillance** des zones à risque par les observatoires scientifiques, l'**éducation** des populations vivant dans ces zones et la **réactivité** des pouvoirs publics sont les moyens mis en place par les sociétés développées pour limiter les impacts négatifs.

APPLIQUER LA MÉTHODE

Lire et exploiter une carte

Le 17 juin 2012 une tempête tropicale prénommée Chris s'est formée et fut brièvement classée ouragan. Elle s'est approchée du territoire canadien, mais n'a pas eu de répercussions sur l'intérieur des terres, elle est restée exclusivement maritime.

1. Formuler ce que représente la carte.

2. Préciser comment s'est déplacé Chris du 19 au 20 juin.

- ☐ **a.** d'ouest en est
- ☐ **b.** d'est en est
- ☐ **c.** du nord au sud
- ☐ **d.** du sud au nord

3. Indiquer quelle était la position de Chris le 17 juin 2012.

4. À partir de la carte, relever la période où Chris a été catalogué « ouragan ».

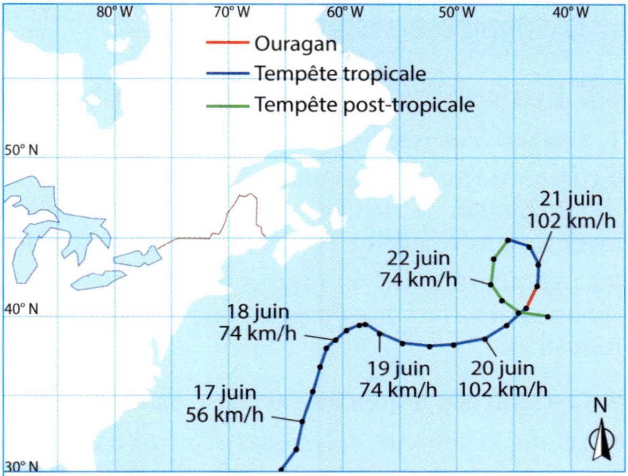

Déplacement de la tempête Chris au large du Canada en juin 2012

Conseils

1. Cherche le titre de la carte, le nom des lieux, l'échelle, les symboles de la légende...
2. Utilise la rose des vents.
3. Repère la position d'un point à l'aide de ses coordonnées.

Solution

1. La réponse est donnée ici par le **titre de la carte** qui représente le déplacement d'une tempête, nommée Chris, au large du Canada en juin 2012.

2. Réponse a. Entre le 19 et le 20 juin, Chris s'est déplacé d'ouest en est.

3. Le 17 juin 2012, Chris était aux coordonnées **33,3 N/63,3 O**.

4. La catégorie « ouragan » est symbolisée par des traits rouges, Chris a été un ouragan **entre le 20 et 21 juin 2012**.

Pour vérifier que tu as compris ▸ Exercice 1

Pour t'entraîner ▸ Exercices 2 à 5

Pour préparer le brevet ▸ Exercices 6 à 8

27 Citer les ressources terrestres utilisables par l'Homme

L'Homme utilise diverses ressources de la planète pour ses besoins. Quelles sont-elles ?

RETENIR L'ESSENTIEL

I Les sources d'énergie du globe

1. Les sources issues de l'activité interne

- Il règne de fortes températures dans les profondeurs de la Terre. Celles-ci sont le moteur du déplacement des plaques ; les séismes et les éruptions volcaniques en sont le témoignage de surface.
- La géothermie est un moyen pour l'Homme de récupérer une partie de cette énergie pour ses besoins (chauffage, industries...).

Mot-clé

Géothermie : technologie visant à exploiter la chaleur interne du globe.

2. Les sources issues de l'activité externe

- Les déplacements de masses d'air et d'eau peuvent être utilisés par l'Homme afin de produire de l'énergie : éolienne, hydraulique...
- Ces ressources nécessitent des connaissances scientifiques et des conditions de réalisation particulières.

II Les ressources non renouvelables du globe

- L'Homme utilise et exploite des **ressources géologiques** qui peuvent fournir de l'énergie (charbon, pétrole, uranium...), ou des matériaux utiles à ses besoins (fer, aluminium, pierres de construction...).
- Ces ressources, relativement rares à l'échelle de la planète, ont souvent mis énormément de temps à se constituer. L'Homme exploite ces matériaux plus rapidement que leurs stocks ne se reconstituent : on parle de ressources non renouvelables (sur une vie humaine).

Mot-clé

Ressource non renouvelable : ressource dont la vitesse de destruction dépasse sa vitesse de création.

Richesse	Charbon	Fer	Gaz naturel	Pétrole	Uranium	Or
Date estimée d'épuisement	2158	2087	2070	2050	2040	2025

Prévisions des dates d'épuisement de richesses.
Les prévisions sont effectuées au rythme actuel de consommation.

APPLIQUER LA MÉTHODE

Construire un tableau pour visualiser les différents réservoirs d'eau sur Terre

L'eau est très présente à la surface de la Terre. Cependant, 97,39 % de cette eau est sous forme salée dans les océans, 0,001 05 % est présent dans les êtres vivants et l'atmosphère et 2,01 % enfermée dans les différents glaciers. Cela signifie que seuls restent exploitables par l'Homme 0,016 % de l'eau douce de surface (lacs, cours d'eau) et une petite partie des 0,58 % de l'eau douce des eaux souterraines.

Construire un tableau de la répartition de l'eau dans les principaux réservoirs d'eau résumant les informations données dans le texte.

Conseils

- Prépare le tableau.
- Trace le tableau.
- Indique les titres des colonnes et des lignes.
- Remplis les cases du tableau.
- Donne un titre souligné au tableau.

Solution

- **Première étape :** On classe les données.
  - les réservoirs d'eau se trouveront dans les colonnes ;
  - les quantités d'eau en deuxième ligne.
- **Deuxième étape :** On en déduit le nombre de colonnes, on ajoute une ligne, puis une colonne pour les titres des lignes.
- **Troisième étape :** On remplit le tableau avec les données de l'énoncé (les unités figurent entre parenthèses).
- **Quatrième étape :** On donne le titre du tableau.

Réservoirs	Océans	Êtres vivants/ atmosphère	Glaciers	Eaux de surface	Eaux souterraines
Proportion d'eau (%)	97,39	0,00105	2,01	0,016	0,58

Répartition de l'eau dans les principaux réservoirs d'eau de la Terre.

Pour vérifier que tu as compris ▸ Exercice 1

Pour t'entraîner ▸ Exercices 2 à 5

Pour préparer le brevet ▸ Exercices 6 à 8

28 Relever des impacts négatifs de l'activité humaine

Les activités humaines ont des conséquences souvent néfastes sur son environnement. Quelles sont-elles ?

RETENIR L'ESSENTIEL

I Les impacts chimiques de l'Homme sur l'environnement

- L'Homme, en rejetant des substances chimiques (pesticides, huiles, détritus...) dans son environnement, entraîne sa pollution.
- Ainsi, il contribue à modifier la biodiversité : diminution de la population de certaines espèces vivantes (abeilles...) et augmentation d'autres (algues au bord de l'océan Atlantique...). Ceci a pour conséquence un profond déséquilibre des écosystèmes.

Mot-clé

Pollution : dégradation d'un endroit par l'introduction de substances ou de radiations.

Mot-clé

Biodiversité : diversité naturelle ou non des êtres vivants.
Écosystème : ensemble des êtres vivants présents de manière régulière dans un milieu donné.

II Les impacts physiques de l'Homme sur l'environnement

Rejet de détritus dans un cours d'eau.

- Certains objets produits par l'Homme, en se retrouvant dans la nature, perturbent les conditions de vie des êtres vivants (sacs plastiques mangés par des tortues...). Ces produits causent d'autant plus de dommages que leur dégradation prend énormément de temps.
- L'exploitation irraisonnée des sols aboutit à leur destruction, et donc à des récoltes appauvries.

III La surexploitation de l'environnement

L'Homme exploite souvent des ressources plus rapidement que les réserves ne se reconstituent (déforestation en Amazonie...). Ceci contribue à bouleverser son environnement et à terme les conditions de la vie sur Terre...

APPLIQUER LA MÉTHODE 28

Critiquer une interprétation relative au climat

Lors d'une discussion polémique avec un journaliste, un géophysicien spécialiste des matériaux terrestres soutient que deux photographies démontrent qu'il n'y a pas de réchauffement climatique. Au contraire même, selon lui, le glacier au sommet du Kilimandjaro étant plus important en 2002, la température a baissé depuis les années 1960.

Deux photographies du Kilimandjaro.
a. Été 1960. **b.** Hiver 2002.

1. Relever qui est l'auteur de cette interprétation. Est-ce un spécialiste du climat ?

2. Expliquer pourquoi cette interprétation est erronée d'un point de vue scientifique.

3. Quelles réflexions peut-on tirer de cette polémique autour du réchauffement climatique.

Conseils

1. Avant d'interpréter un document, il faut d'abord bien le caractériser et vérifier : son auteur, sa nature, sa source...
2. Vérifie bien les informations relatives aux deux photographies.
3. L'interprétation de données s'inscrit dans une démarche scientifique rigoureuse.

Solution

1. L'auteur de cette interprétation est un **scientifique**, ce n'est pas le journaliste. Pourtant, un géophysicien n'est pas forcément expert en climat.

2. Il faut toujours bien vérifier les informations ! Ce que le scientifique omet de préciser, c'est que la photographie de gauche a été prise en été et celle de 2002 en hiver... **On ne peut donc pas comparer les épaisseurs de glace et en déduire que le climat ne s'est pas réchauffé !**

3. Dans le cas présent, ce sont les documents qui n'ont pas fait l'objet d'une vérification suffisante. Bien sûr, l'interprétation de données dépend des connaissances scientifiques disponibles. Celles-ci sont susceptibles de modifications en fonction des découvertes à venir...

Pour vérifier que tu as compris ▶ Exercice 1

Pour t'entraîner ▶ Exercices 2 à 5

Pour préparer le brevet ▶ Exercices 6 à 8

29 Relever des impacts positifs de l'activité humaine

Conscient des conséquences de ses actions sur notre planète, l'Homme a les capacités de limiter l'impact de ses activités. Comment y parvient-il ?

RETENIR L'ESSENTIEL

I L'Homme gère ses exploitations

- Par ses connaissances, l'Homme comprend mieux le monde qui l'entoure : il parvient à avoir une gestion raisonnée de l'exploitation des ressources animales qu'il élève, et des ressources végétales qu'il cultive. On parle d'agrosystèmes.
- La connaissance des sols, par exemple, permet de les protéger afin de pérenniser leur exploitation. La connaissance des plantes et des animaux permet d'optimiser le rendement des exploitations tout en limitant les impacts négatifs sur l'environnement.

Mot-clé

Agrosystème : écosystème naturel modifié par l'Homme pour subvenir à ses besoins, alimentaires notamment.

Arrosage raisonné d'un champ de maïs.

II Gestion d'un écosystème

- La compréhension des écosystèmes permet d'appréhender d'éventuels déséquilibres et d'y remédier : l'Homme peut influer sur les différentes composantes de l'écosystème (conditions physico-chimiques telles que température, pression… ; nourriture disponible ; reproduction des espèces…).
- La société humaine, en tentant de réduire ses déchets, et en utilisant de manière raisonnée les ressources dont elle dispose parviendra à préserver la planète et assurer la survie de l'humanité : on parle de développement durable.

Mot-clé

Développement durable : mode de développement répondant aux besoins du présent sans compromettre la capacité des générations futures à répondre aux leurs.

APPLIQUER LA MÉTHODE

Exploiter une photographie

1. Observer et décrire la photographie suivante.

2. Formuler le message positif, d'un point de vue environnemental, transmis par cette photographie.

Document « Nous n'héritons pas la Terre de nos ancêtres, nous l'empruntons à nos enfants »

Conseils

1. Commence par faire une description d'ensemble avant de passer aux détails.

2. Les informations relatives à la photographie (titre, auteur, échelle, ici citation d'un poète...) peuvent te permettre de répondre à l'interprétation qui t'est demandée.

Solution

1. La photographie présente un adulte, les deux mains jointes comme une coupe, avec de la terre et une petite plante à l'intérieur. Il donne le tout à un enfant qui positionne ses mains de manière à recevoir ce que lui tend l'adulte.

2. ■ Le document fournit une citation : « Nous n'héritons pas la Terre de nos ancêtres, nous l'empruntons à nos enfants ». Le parallèle entre la citation et la photographie est aisé : l'adulte rend la terre et la plante à l'enfant.

■ La pollution, l'ensemble des impacts négatifs de l'Homme est néfaste pour la Terre et l'environnement, mais ce sont les enfants qui seront les plus touchés. La photographie montre un adulte rendre de la terre avec une plante à un enfant : c'est un message d'espoir, la prise de conscience que la Terre appartient aux générations qui suivent, et qu'il faut la préserver.

Pour vérifier que tu as compris ▸ **Exercice 1**

Pour t'entraîner ▸ **Exercices 2 à 5**

Pour préparer le brevet ▸ **Exercices 6 à 8**

Se tester QUIZ

Vérifie que tu as bien compris les points clés des **fiches 25 et 29.**

Pour chaque question, vérifie ta réponse à l'aide du corrigé et consulte les fiches de cours si nécessaire.

1 Lier l'environnement et la société humaine

→ RÉVISE LES FICHES 25 À 29

1. Une ressource est « non renouvelable » car :
- ☐ **a.** une fois utilisée, elle ne se renouvelle pas
- ☐ **b.** une fois utilisée, elle se renouvelle mais extrêmement lentement
- ☐ **c.** une fois utilisée, elle se recycle

2. Des catastrophes naturelles peuvent mettre en danger la société humaine :
- ☐ **a.** n'importe où à la surface du globe
- ☐ **b.** uniquement à la limite des plaques
- ☐ **c.** sur certaines zones très localisées à la surface du globe

3. L'utilisation massive de pesticides dans l'agriculture peut entraîner :
- ☐ **a.** uniquement la disparition des abeilles pollinisatrices
- ☐ **b.** uniquement la disparition des insectes ravageurs
- ☐ **c.** la disparition de tous les insectes

4. Pour préserver la biodiversité, il suffit de :
- ☐ **a.** maintenir l'équilibre des écosystèmes
- ☐ **b.** protéger les espèces en danger d'extinction
- ☐ **c.** créer des parcs naturels

S'entraîner

Vérifie que tu sais appliquer les méthodes des **fiches 25 et 29.**

Pour chaque exercice, consulte la méthode indiquée et compare ta réponse à celle donnée dans le corrigé.

2 Suivre la pollution marine provoquée par naufrage d'un pétrolier : l'Amoco Cadiz

→ APPLIQUE LES MÉTHODES DES FICHES 1 ET 26

L'*Amoco Cadiz* est un pétrolier libérien qui, en raison d'une forte tempête, s'est échoué puis disloqué sur les côtes bretonnes le 16 mars 1978. En deux semaines 223 000 tonnes de pétrole brut se déversèrent en mer et vinrent souiller plus de 300 km de côtes. Au moins 260 000 tonnes de biomasse marine ont été détruites par cette catastrophe. Il fallut sept ans pour que les équilibres biologiques antérieurs se rétablissent.
Sur les cartes ci-dessous, les dates encadrées correspondent à quelques étapes de l'extension de la nappe de pétrole.

Document **Progression de la nappe de pétrole après le naufrage de l'*Amoco Cadiz***

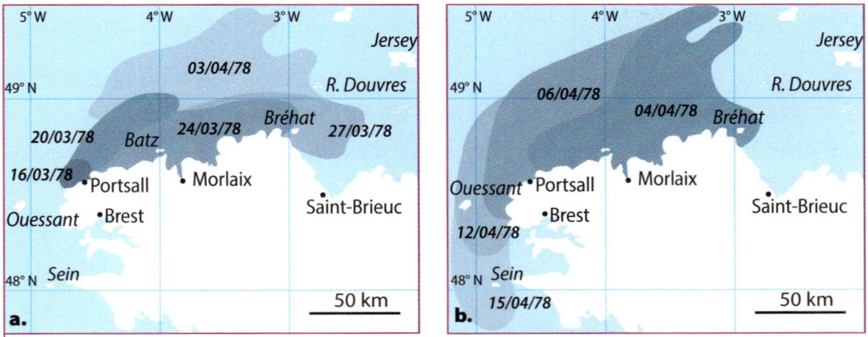

a. Du 16 mars au 3 avril 1978. **b.** Du 4 avril au 15 avril 1978.

1. À partir de la carte 1, identifier la ville la plus proche de l'endroit où le pétrolier s'est échoué.

2. Indiquer le sens de propagation de la nappe de pétrole pendant le mois de mars 1978.

3. Indiquer le sens de propagation de la nappe de pétrole pendant le mois d'avril 1978.

4. Indiquer comment varie le sens de propagation de la nappe de pétrole entre mars et avril.

3 Les quatre grandes familles de charbon

→ APPLIQUE LES MÉTHODES DES FICHES 1 ET 27

Le charbon est une roche dont la propriété est de libérer beaucoup d'énergie (notamment sous forme de chaleur) lorsqu'on la brûle car elle possède une forte teneur en carbone. Le terme charbon recouvre en fait quatre grandes familles :

- la tourbe, d'aspect brunâtre et qui présente des restes de végétaux bien identifiables (feuilles, tiges...), dont l'âge moyen de formation est de 1000 à 7000 ans et dont la teneur en carbone varie de 50 à 55 % ;
- le lignite, d'aspect brunâtre et ligneux, dont l'âge moyen de formation est de 60 millions d'années et dont la teneur en carbone varie de 55 à 75 % ;
- la houille de couleur noire et riche en fossiles (surtout de végétaux) dont l'âge moyen de formation est de 150 millions d'années et dont la teneur en carbone varie de 75 à 90 %, que l'on qualifie souvent (improprement) de « charbon » ;
- l'anthracite, très noire, dont l'âge moyen de formation est de 300 millions d'années et dont la teneur en carbone varie de 90 à 95 %.

1. À partir du texte, relever les quatre grandes familles de charbon.

2. À partir du texte, construire un tableau présentant l'âge moyen et la teneur en carbone des quatre grandes familles de charbon.

3. À partir du tableau obtenu, justifier l'expression de source « d'énergie non renouvelable » donnée au charbon.

4 Analyser une affiche pour la protection de l'environnement

→ APPLIQUE LES MÉTHODES DES FICHES 1, 28 ET 29.

Exploiter les informations de l'affiche afin d'expliquer le message que l'association essaie de faire passer.

Document **Affiche d'une association de protection de l'environnement**

5 Estimer les conséquences de la surpêche du thon rouge

→ APPLIQUE LES MÉTHODES DES FICHES 15 ET 17

Le thon rouge de l'Atlantique (*Thunnus thynnus*) est l'un des poissons les plus convoités au monde. Cet animal est recherché pour sa chair rouge, qui est très appréciée, notamment au Japon pour les sushi-sashimi. Il est aujourd'hui l'une des espèces de poissons les plus menacées de disparition au monde.

1. À partir des informations du document 1, décrire l'évolution de la population de thons rouges de 1980 à 2008.

2. À partir des résultats observés depuis 1994 donnés par le document 1 et le document 2, montrer que le thon rouge est une espèce menacée de disparition.

3. En utilisant l'ensemble des documents, démontrer la justesse de l'affirmation : « La disparition du thon rouge est une menace pour la biodiversité du milieu marin. »

4. Proposer deux mesures permettant de maintenir la biodiversité du milieu marin.

Document 1 Estimation de la population de thons rouges

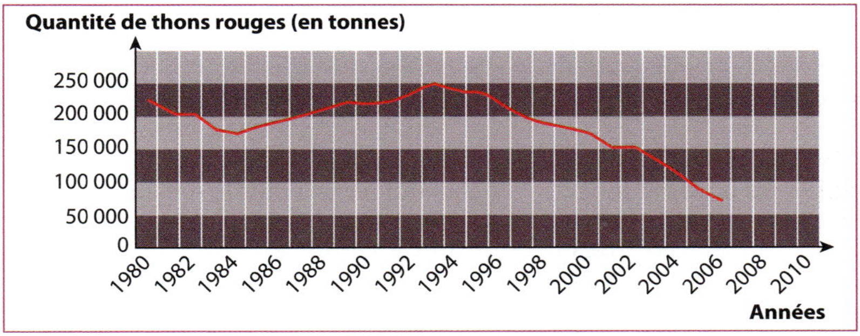

Document 2 Quantité de thon rouge pêché chaque année (données 2006)

Estimation du seuil de pêche au-delà duquel la survie de l'espèce n'est plus assurée	Tonnage pêché dans l'Atlantique nord et la Méditerranée
15 000 tonnes	50 000 tonnes

Document 3 Le thon rouge dans la chaîne alimentaire

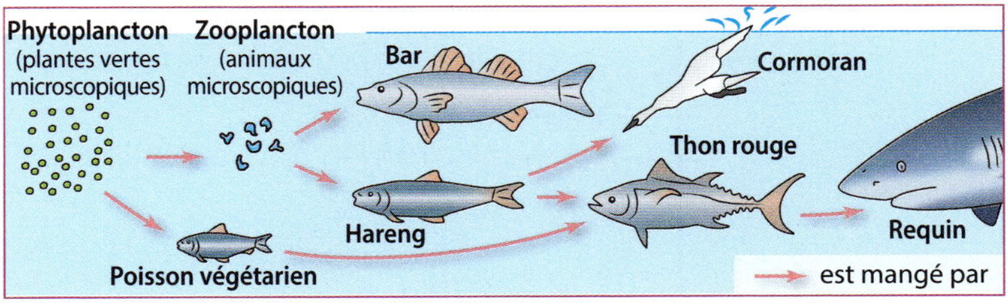

Démarrons ensemble

1. Découpe la courbe rouge en différentes phases, cela t'aidera pour ton analyse du graphique. Pense à n'utiliser que les expressions suivantes : « Augmente/augmentation », « Diminue/diminution » ou « Stagne/reste constante ».
2. Utilise d'abord les informations du document 2, à elles seules elles montrent que l'espèce est menacée, puis complète ta réponse avec les informations fournies par le graphique de 1994 à 2006.
3. Le document 3 montre que le thon rouge est inclus dans une chaîne alimentaire : sa disparition a des conséquences sur les maillons en amont et ceux en aval...
4. Utilise tes connaissances pour proposer des solutions.

Vers le brevet

Exerce-toi en vue du brevet et révise les **fiches 25 à 29.**

Pour chaque sujet, aide-toi des conseils donnés et compare ta réponse à celle donnée dans le corrigé.

SUJET TYPE

6 Le trajet de l'ouragan Chris au large du Canada

30 min

→ APPLIQUE LES MÉTHODES DES FICHES 14, 26 ET 27

L'ouragan Chris a été bref et s'est formé le 17 juin, à près de 35 degrés de latitude au nord d'une dépression non tropicale. Il s'est ensuite déplacé vers l'est et a décrit une boucle vers le nord. Lorsque la tempête a commencé à décrire une boucle, elle a brièvement été classée comme un ouragan avant de devenir une tempête post-tropicale le 21 juin. Les 21 et 22 juin, la tempête post-tropicale Chris a terminé sa boucle en poursuivant sa route vers l'ouest, puis vers le sud le 21 juin, puis à l'est le 22 juin.
La tempête n'a pas eu de répercussions sur la terre et a eu des répercussions minimes sur les Grands Bancs. La bouée se trouvant à la queue du Grand Banc n'a signalé que des vents modérés de l'est et du nord-est (15 nœuds).

Document 1 Trajectoire de Chris au large du Canada

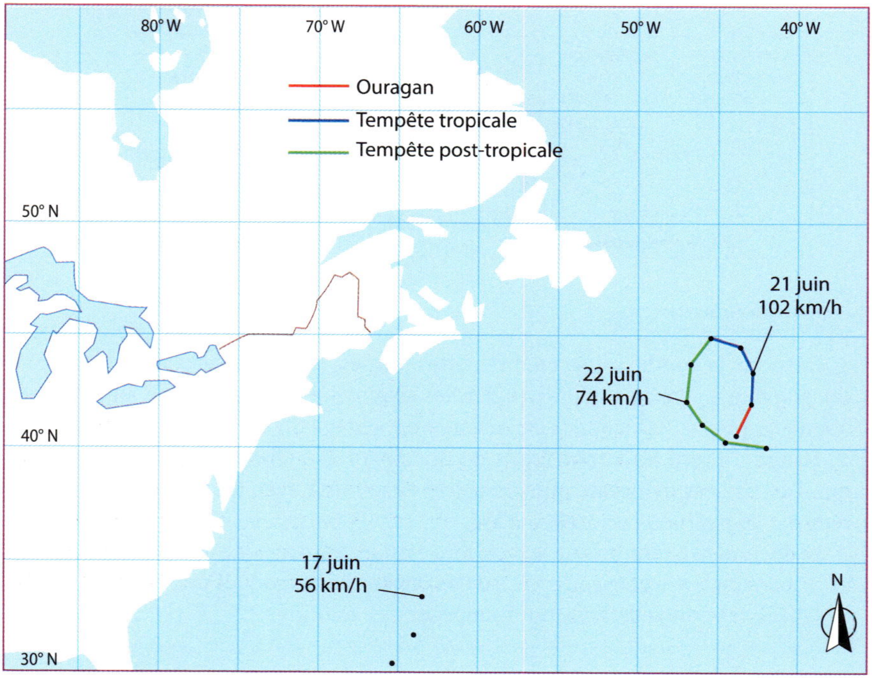

Document 2 Données enregistrées

« • **18 juin 2012**, 21 h HAA, vitesse du vent de 74 km/h (38.3 N/60.5 O).
État : tempête tropicale, comme l'indique un point noir sur une trajectoire bleue.
• **19 juin 2012**, 21 h HAA, vitesse du vent de 74 km/h (38.9 N/56.7 O).
État : tempête tropicale, comme l'indique un point noir sur une trajectoire bleue.
• **20 juin 2012**, 21 h HAA, vitesse du vent de 102 km/h (38.3 N/47.5 O).
État : tempête tropicale, comme l'indique un point noir sur une trajectoire bleue.
• **21 juin 2012**, 21 h HAA, vitesse du vent de 102 km/h (43.3 N/43.0 O).
État : tempête tropicale, comme l'indique un point noir sur une trajectoire bleue.
• **22 juin 2012**, 21 h HAA, vitesse du vent de 74 km/h (42.0 N/46.7 O).
État : tempête post-tropicale, comme l'indique un point noir sur une trajectoire noire.

1. À partir des données enregistrées, construire un tableau de données qui précise la date de l'enregistrement, la vitesse du vent mesurée ainsi que la position de l'ouragan en latitude et longitude.

2. Placer la position de l'ouragan sur la carte vierge fournie, du 18 au 20 juin 2012 inclus. Préciser les calculs.

3. Relier les positions de l'ouragan afin de visualiser son déplacement.

4. Expliciter le déplacement du phénomène climatique.

Démarrons ensemble

1. Pour construire un tableau de données :
– dénombre le nombre de colonnes et de lignes dont tu auras besoin ;
– pense aux titres des lignes et colonnes, ainsi qu'aux unités ;
– n'oublie pas le titre souligné de ton tableau.
2. Revois la méthode de la fiche 14.
3. et **4.** Pense à orienter correctement la carte, repère le nord, l'est, l'ouest et le sud...

TYPE 7 Une pollution en Guyane

20 min

→ APPLIQUE LES MÉTHODES DES FICHES 1 ET 17.

En Guyane, la pratique de l'orpaillage, qui consiste à utiliser le mercure pour extraire l'or du sous-sol, entraîne d'importants rejets de mercure dans l'eau des rivières. Le mercure est intégré dans la chaîne alimentaire par le plancton, que consomment les poissons herbivores, lesquels sont mangés par les poissons carnivores (1 000 fois plus contaminés que les poissons herbivores). Le mercure est un métal **très toxique pour l'Homme.** Une étude a été menée pour connaître le niveau de contamination de la population qui vit en bordure du fleuve Sinnamary.

Document **Évolution de la contamination de la population en fonction de la fréquence de consommation de poissons issus du fleuve**

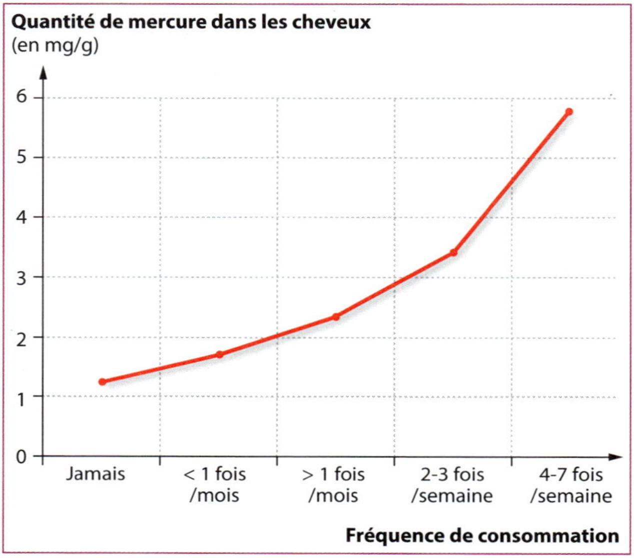

1. À partir du texte, indiquer le nom du polluant et l'origine de la pollution.

2. À partir du texte et du graphique, expliquer comment l'Homme est contaminé par ce polluant.

3. Proposer deux solutions afin de limiter les risques sur la santé liés à cette pollution.

Démarrons ensemble

1. Relis attentivement le texte de l'exercice. Deux réponses sont attendues ici : le nom du polluant et d'où provient ce polluant.
2. Utilise d'abord les informations du texte, puis complète ta réponse avec les informations fournies par le graphique.
3. Les deux solutions peuvent être déduites de l'étude du texte, mais tu peux proposer une solution à partir de tes connaissances.

TYPE

8 Les énergies renouvelables en Islande

25 min

Les énergies renouvelables constituent aujourd'hui un secteur de pointe de l'économie de l'Islande et l'un des piliers de sa politique énergétique.

1. En s'appuyant sur l'ensemble des documents, expliquer pourquoi les énergies hydraulique et géothermique occupent une part si importante dans la production d'énergie en Islande.

2. Après avoir indiqué la quantité d'énergie produite par les énergies non renouvelables, expliquer pourquoi l'Islande reste un producteur important de gaz à effet de serre.

Document 1 Activité volcanique et énergie hydraulique en Islande

« L'Islande est une île volcanique située sur la dorsale médio-atlantique. Une partie importante de l'énergie consommée est d'origine géothermique. L'eau qui s'infiltre dans le sous-sol se réchauffe en circulant à proximité du magma présent en profondeur. Une autre part de l'énergie consommée est d'origine hydraulique. La proximité des glaciers et de zones volcaniques entraîne la formation de rivières glaciaires. La construction de barrages sur ces rivières permet la production d'électricité.

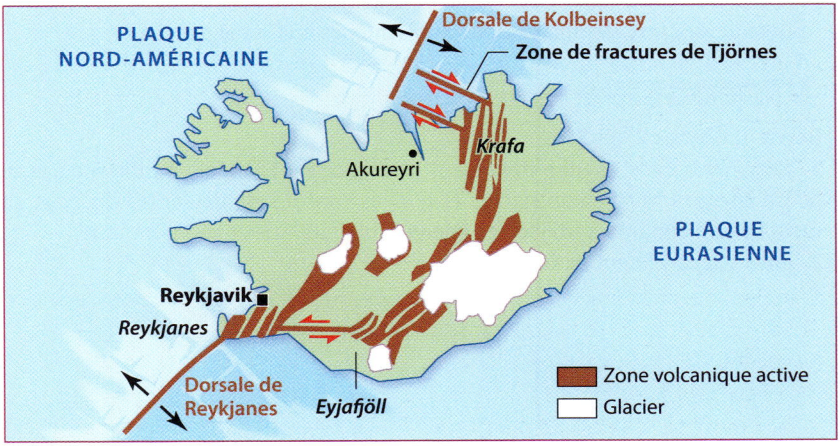

Document 2 Production énergétique et gaz à effet de serre en Islande

« 70 % de l'énergie du pays provient des énergies renouvelables. Plus de 99 % de l'électricité du pays est produite par l'énergie hydraulique et par l'énergie géothermique. Malgré tout, les Islandais émettent 10 tonnes de gaz à effet de serre par an et par habitant, ce qui est plus élevé que les émissions de gaz à effet de serre d'un français (2,30 tonnes en 2002). Cela est dû à l'utilisation de moyens de transport comme l'automobile, l'avion et le bateau. En Islande, il n'existe pas de réseau ferroviaire.

Document 3 Utilisation de l'énergie géothermique

« Il n'y a pas de combustibles fossiles en Islande (hormis un peu de tourbe et de lignite), mais l'activité thermique est prodigieuse : on trouve partout des sources chaudes dont certaines, jaillissantes, sont appelées geysers. L'emploi de l'énergie géothermique pour le chauffage domestique date de fort longtemps en Islande ; ce qui va de soi dans un climat qui exige que les maisons soient chauffées trois cent trente ou trois cent quarante jours par an. Autour de 1925, les sources chaudes furent utilisées pour la culture des légumes en serre. En 1928, des forages aux alentours de Reykjavik fournirent 14 litres à la seconde d'eau chaude à 87 °C. On construisit alors 3 kilomètres de tuyauterie qui permirent de chauffer un quartier pilote de soixante-dix maisons, deux piscines et une école publique.

Démarrons ensemble

Révise les fiches 27 et 29.

1. Recherche dans chaque document pourquoi les Islandais n'utilisent pas ou peu d'énergies non renouvelables et quelles sont les particularités du pays qui incitent les habitants à utiliser les énergies hydraulique et géothermique.
2. Relis attentivement le document 2.

Se tester QUIZ

1 **1. b.** • **2. a.** • **3. c.** • **4. a.**

S'entraîner

2 **1.** Sur la **carte 1**, la première nappe a été délimitée au large de **Portsall** le 18 mars 1978. C'est donc sur la côte de cette petite ville que le pétrolier s'est échoué.

2. Pendant le mois de mars, la nappe s'est propagée **en direction de l'est**. En effet, le 18 mars, elle était localisée par 5° de longitude ouest et le 27 mars, elle était localisée par 3° de longitude ouest : elle a donc progressé de 2 degrés vers l'est.

3. Pendant le mois d'avril 1978, la nappe s'est déplacée **vers l'ouest et le sud**. En effet, le 27 mars, elle était par 3° de longitude ouest, puis localisée par 4° de longitude ouest le 4 avril pour finir par arriver à 5° de longitude ouest le 15 avril 1978 : elle a progressé de 2° vers l'ouest. Elle est également passée de 49° de latitude nord à un peu plus de 48° de latitude nord. Elle a progressé de 1° vers le sud.

4. On constate que la nappe a **changé de sens de progression**.

3 **1.** Les quatre grandes familles de charbon évoquées dans le texte sont la **tourbe**, le **lignite**, la **houille** et l'**anthracite**.

2. Ici, le tableau à construire est un **tableau à double entrée**.

Nombre de colonnes : on a besoin de 4 colonnes pour les 4 grandes familles de charbon + 1 colonne pour le titre.

Nombre de lignes : pour chaque famille de charbon, deux informations sont fournies (l'âge moyen et la teneur en carbone), on a donc besoin de 2 lignes + la ligne pour le titre.

On construit donc un tableau à 5 colonnes et 3 lignes.

On écrit le titre des lignes et des colonnes.

On ajoute les unités utilisées.

On écrit le titre du tableau.

Attention !
Dans une copie il faut souligner le titre d'un document.

Âge moyen et teneur en carbone des 4 grandes familles de charbon

Famille de charbon Informations fournies	Tourbe	Lignite	Houille	Anthracite
Âge moyen (en années)	1 000 à 7000	60 millions	150 millions	300 millions
Teneur en carbone (en %)	50 à 55	55 à 75	75 à 90	90 à 95

3. Dans le tableau, nous voyons que la plupart des charbons mettent des millions d'années à se former, alors qu'on ne met que quelques minutes à les brûler :

l'Homme exploite ces matériaux plus rapidement que leurs stocks ne se reconstituent : on parle de **ressources non renouvelables** (sur une vie humaine).

4 Le document présenté est une affiche réalisée par une association de protection de l'environnement.
L'affiche présente un photomontage, surmonté d'un titre accrocheur, avec un texte explicatif permettant de comprendre le photomontage, et le logo de l'association ainsi que le site internet où les joindre pour obtenir des informations complémentaires.

> **À noter**
> Révise la méthode de la fiche 28 pour exploiter correctement la photographie de l'**affiche** (observation, description, interprétation).

1. Analyse de la photographie

- **Présentation de la photographie :** Le photomontage montre une plage souillée d'algues et un enfant portant des flotteurs aux bras qui joue avec les algues plutôt qu'avec du sable.
- Interprétation de la photographie : L'image est forte, elle provoque du dégoût car on se représente parfaitement le contact visqueux des algues.

> **Attention !**
> Ce document fourmille d'éléments à analyser finement, il est nécessaire de **structurer** la présentation en traitant les informations une à une.

Par ailleurs, la présence de flotteurs aux bras de l'enfant induit la nécessité de le protéger contre les risques de noyade et renforce l'idée de vulnérabilité.

> **Méthode**
> Revois la méthode de la fiche 28 pour aiguiser ton esprit critique.
> Exploite chaque élément du document et vérifie que ces éléments ne prêtent pas à polémique.
> Conclus. Éventuellement tu peux émettre un commentaire sur l'affiche (bonne foi de l'association…)

2. Analyse du titre

Le titre « Bonnes vacances » est ironique ; il assène que des vacances sur ce genre de plages couvertes d'algues pourraient s'avérer mortelles…

3. Analyse du texte

Le texte explique que la décomposition de ces algues dégage un gaz mortel pour l'Homme, et à plus forte raison pour un enfant…
De plus, le texte de l'affiche précise que cette prolifération d'algues est due à l'élevage des porcs et l'utilisation d'engrais : les responsables sont pointés du doigt. L'association accuse, mais souhaite également montrer que des solutions existent.

4. Analyse du logo/association

Le logo est de la même couleur rouge que celle des flotteurs de l'enfant : l'organisme environnemental se plaît-il, par association de couleur, à évoquer la protection de l'enfant ?

5. Conclusion

L'affiche est efficace. Elle **exploite nos peurs** (un enfant innocent en danger) ; elle **utilise l'humour noir** et **nous fait réfléchir** : il y a un problème environnemental, mais la cause étant identifiée, il peut être résolu.

6. Critique de l'affiche

La photographie montre une plage couverte d'algues vertes ; or, la verdure est fréquemment associée à la nature, au bien-être et à une certaine forme de bonne santé. Une personne regardant d'un œil distrait l'affiche, sans prendre la peine de lire le texte, ne risque-t-elle pas de passer à côté du message ? N'est-il pas dangereux d'un point de vue sociétal et politique d'accuser une corporation (ici les éleveurs de porcs et les agriculteurs) ?

5 **1.** On distingue **trois parties** dans le graphique.

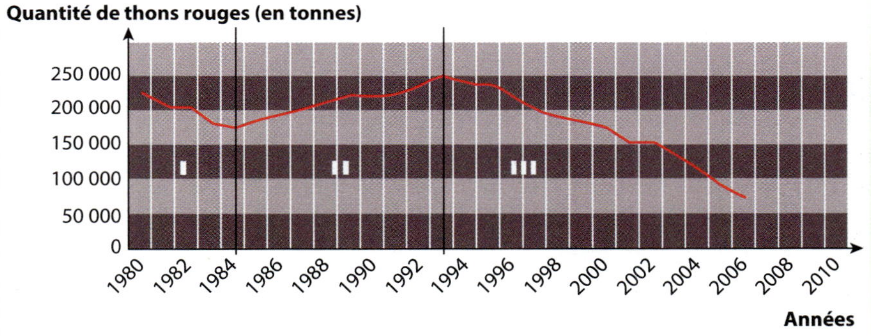

- **Partie I :** de 1980 à 1984, la quantité de thons rouges estimée dans les océans diminue d'environ 225 000 tonnes à près de 175 000 tonnes.
- **Partie II :** de 1984 à 1994, la quantité de thons rouges augmente lentement (il a fallu 10 ans pour reconstituer les stocks de 1984…) jusqu'à 250 000 tonnes.
- **Partie III :** de 1994 à 2006, la quantité de thons rouges diminue de 250 000 à environ 75 000 tonnes.

2. Le thon rouge est une espèce menacée de disparition, car d'une part, nous voyons sur le document 2 que le tonnage pêché dans l'Atlantique Nord et la Méditerranée en 2006 est supérieur au seuil de survie de l'espèce et d'autre part, le document 1 nous montre que **la population estimée de thon rouge diminue depuis 1994** : la situation ne semble pas s'arranger…

3. La disparition du thon rouge est une menace pour la biodiversité dans le milieu marin, car il constitue un maillon dans les chaînes alimentaires. S'il disparaît, ses proies vont proliférer (harengs, poissons végétariens) ainsi que son concurrent (cormoran), et ses prédateurs vont être en déclin (requins).

4. Propositions pour sauver le thon rouge :
- établir un **quota de pêche** autorisé inférieur au seuil de survie de l'espèce (encore faut-il que ce quota soit respecté...) ;
- **interdire la pêche** pendant la période de reproduction.

Vers le brevet

6 **1.** Tableau de données du déplacement de l'ouragan Chris en juin 2012

Date / Informations fournies	18 juin	19 juin	20 juin
Vitesse du vent (km/h)	74	74	102
Position en latitude (°N)	38,3	38,9	38,3
Position en longitude (°O)	60,5	56,7	47,5

2. On place le 1er point indiquant la position du phénomène climatique le 18 juin 2012. On lit sur le tableau qu'il est localisé, à cette date, au 38,3 degré de latitude nord et au 60,5 degré de longitude ouest. Cette fourchette nous permet de localiser de manière très grossière le phénomène climatique dans cette zone.
Une « case » représente 5° de latitude et 5° de longitude.

À noter
Il est important d'avoir une idée générale de la **localisation** du phénomène. Si tu as commis une erreur, tu le verras immédiatement.

Pour la latitude, on mesure que 5° correspondent à 15 mm, on cherche à placer 38,3°, c'est-à-dire 35° + 3,3°. Plutôt que de placer les 38,3°, on va placer 3,3° plus au nord de la latitude 35° Nord.

Réalité (°)	Sur la carte (mm)
3,3	X
5	15

On effectue un produit en croix :

$X \times 5 = 3,3 \times 15.$

C'est-à-dire :

$X = 3,3 \times \frac{15}{5} = 9,9 \approx 10$ mm.

Pour la longitude, on mesure que 5° correspondent à 10,5 mm, on cherche à placer 60,5°, c'est-à-dire 60° + 0,5°. Plutôt que de placer les 60,5°, on va placer 0,5° plus à l'ouest que la longitude 60° Ouest.

Réalité (°)	Sur la carte (mm)
0,5	X
5	10,5

On effectue un produit en croix :

$X \times 5 = 0{,}5 \times 10{,}5.$

C'est-à-dire :

$X = 0{,}5 \times \dfrac{10{,}5}{5} = 1{,}05 \approx 1$ mm.

Le phénomène climatique était localisé le 18 juin à l'intersection entre ces deux droites. On trace alors une croix pour marquer l'emplacement.

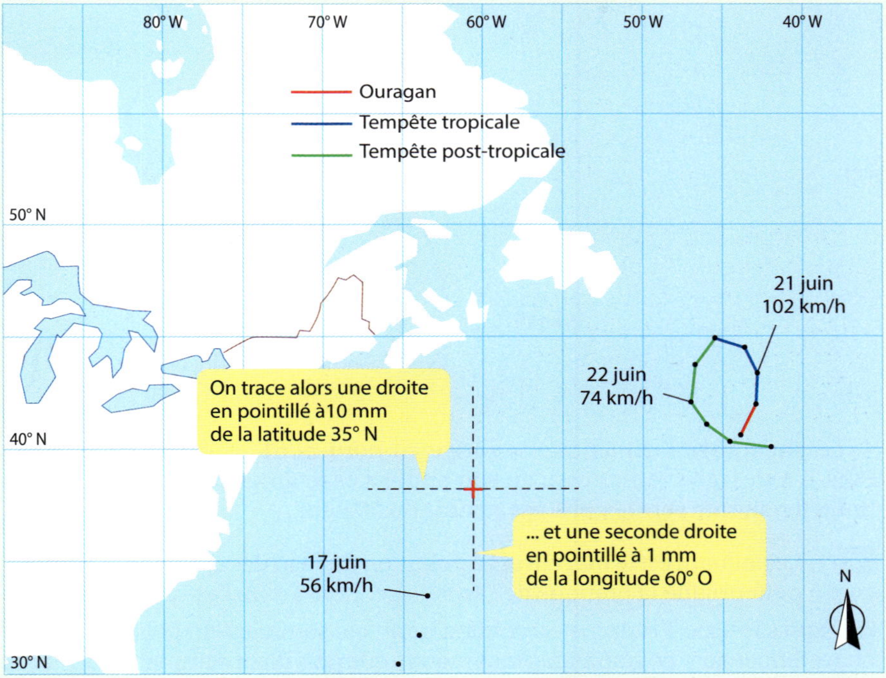

3. On fait de même pour les deux autres dates et on relie les emplacements ainsi marqués par un trait tracé à main levée (voir page suivante).

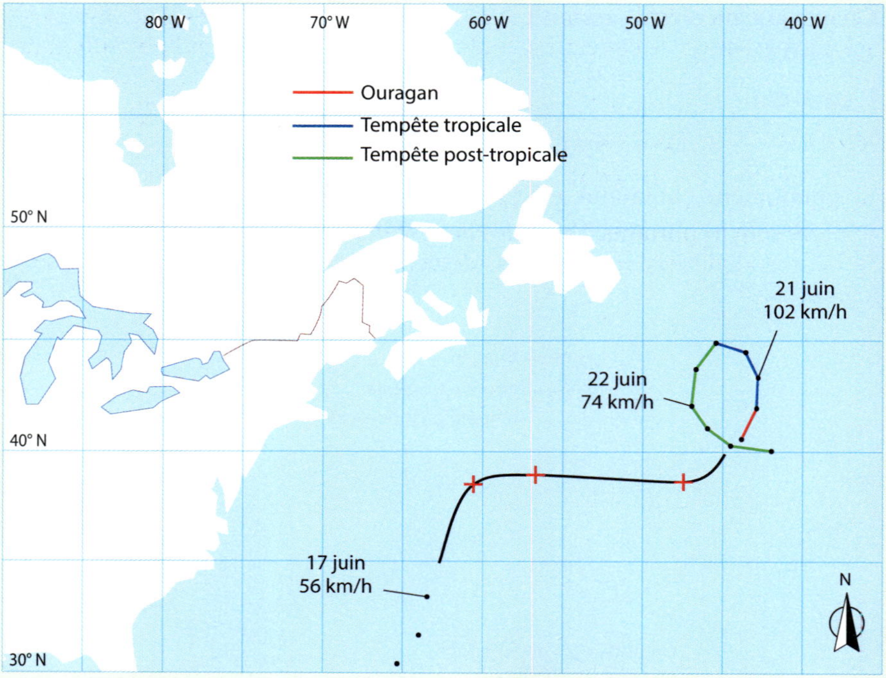

4. Le phénomène climatique se dirige au nord-nord-est du 17 au 18 juin. Puis, il redescend légèrement au sud-sud-est et se dirige plein est le 19 juin. Enfin il remonte vers le nord-est à partir du 20 juin.

7 **1.** Le polluant est le **mercure**. La pollution de l'eau des rivières par ce mercure a pour origine la pratique de l'orpaillage, c'est-à-dire l'extraction de l'or.

2. D'après le texte, l'Homme est contaminé en consommant du poisson issu du fleuve Sinnamary. Le graphique nous montre que plus la consommation de poissons du fleuve est fréquente, plus la contamination de l'Homme est importante.

3. Pour limiter les risques sur la santé de l'Homme, on pourrait :
- diminuer, voire arrêter la consommation de poissons issus du fleuve ;
- interdire l'orpaillage ;
- ou encore (3e solution) éviter de boire l'eau du fleuve contaminé.

8 **1.** Les énergies hydrauliques et géothermiques occupent une part importante dans la production d'énergie en Islande car, d'une part, il n'y a pas d'énergie fossile en Islande (document 3), d'autre part, les contextes géologiques et hydrologiques particuliers de l'Islande (document 1) sont à l'origine de l'importance de la production d'énergie d'origine géothermique et hydraulique.

À noter

À ces **contextes**, on peut ajouter celui d'un relatif **isolement** géographique de l'Islande, ce qui oblige les Islandais à rechercher des sources d'énergie locales.

■ L'activité volcanique a pour conséquence de réchauffer les eaux du sous-sol. L'exploitation de ces eaux chaudes permet de chauffer les habitations, de produire des légumes sous serres. L'activité volcanique fait fondre les glaciers et entraîne la formation de rivières glaciaires qui sont utilisées pour produire de l'électricité grâce à des barrages.

2. En Islande, une petite quantité d'énergie est produite à partir d'énergies non renouvelables **(30 %)** (document 2). Malgré cela, les rejets de gaz a effet de serre sont importants. L'absence de réseau ferroviaire implique des déplacements individuels, responsables de cette production importante de gaz à effet de serre.

L'épreuve du brevet

FICHE

SUJETS

CORRIGÉS

30 Comment s'organise la 1re épreuve ?

La première épreuve écrite du brevet porte sur les matières scientifiques : mathématiques, physique-chimie, SVT et technologie. Elle se compose de deux parties.

I Combien de temps dure l'épreuve ?

L'épreuve dure **3 heures** et se compose de deux parties, séparées par une pause de quinze minutes :
- une **première partie** de deux heures porte sur le programme de mathématiques ;
- une **seconde partie** d'une heure porte sur les programmes de physique-chimie, sciences de la vie et de la Terre et technologie.

II Comment se déroule l'épreuve ?

1. La première partie

- En mathématiques, chaque sujet est constitué d'environ **sept exercices** que tu peux traiter indépendamment les uns des autres, dans l'ordre qui te convient.
- Certains exercices peuvent prendre la forme de questionnaires à choix multiples (**QCM**), d'autres conduisent à justifier un résultat ou prennent appui sur des situations issues de la **vie courante** ou d'autres disciplines.

L'épreuve comporte au moins un exercice d'**algorithmique** ou de **programmation** dans la première ou la seconde partie.

2. La seconde partie

Pour la seconde partie de l'épreuve, une **thématique commune**, précisée sur le sujet, peut réunir les exercices, et porte sur deux des trois disciplines possibles. Le sujet se compose alors, pour chaque discipline, d'un ou plusieurs exercices d'une durée totale de 30 minutes.

Par exemple, un exercice de physique-chimie et un exercice de technologie, ou bien un exercice de technologie et un exercice de SVT, etc.

III Quel est le barème ?

- L'ensemble de la première épreuve est noté sur 100 points, soit **50 points** pour chacune des deux parties. Dans chaque partie de l'épreuve, **5 points** sont réservés à la présentation de la copie et à l'utilisation de la langue française.
- L'**évaluation** prend en compte la clarté et la précision des raisonnements ainsi que, plus largement, la qualité de la rédaction scientifique. Si tu ne termines pas un exercice, les **démarches engagées**, même non abouties, seront prises en compte dans la notation.

31 Comment réussir les exercices de SVT ?

En SVT, il te faut mobiliser tes connaissances, bien analyser les documents fournis et présenter tes réponses de façon rigoureuse et claire.

I Quels sont les documents proposés ?

- Les documents proposés dans la partie SVT d'un sujet de brevet sont en rapport avec une **thématique commune** à l'autre matière de cette seconde partie d'épreuve (physique-chimie ou technologie).
- Les documents peuvent décrire les résultats d'une expérience, présenter le fonctionnement d'un appareil, évoquer une découverte, et sont toujours en lien avec le programme.
- Les documents peuvent être de différents types : textes, schémas, photographies, graphiques...

II Quels sont les types de questions ?

- Les questions de cours à proprement parler sont rares. Le plus souvent, on te demande de t'appuyer sur les **documents,** de les analyser et de les interpréter pour y trouver les informations qui te serviront à étayer ta réponse de façon rigoureuse.
- Les questions sont indépendantes les unes des autres, mais il est préférable de les traiter dans l'ordre. Certaines questions sont plus **ouvertes**. Elles te demandent alors de synthétiser les données de plusieurs documents et de faire un bilan (par exemple, sur l'aspect positif ou négatif d'une technique) ou d'exercer ton esprit critique. Pour cela, tu dois toujours t'appuyer sur une caractérisation précise des documents avant de donner une réponse argumentée.

> L'**interprétation** de documents scientifiques est une des étapes de la démarche d'investigation.

> Pour **caractériser** un document, il faut identifier sa nature (photo, texte, graphique...), son titre, son auteur, sa source, sa date, etc.

III Comment rédiger tes réponses ?

- **Lis les documents** attentivement. Souligne les éléments qui te permettent de répondre à la question. Tu peux t'aider d'une feuille de brouillon.
- Prends le temps de bien **comprendre les questions**. Que te demande-t-on précisément ? Quelles informations dois-tu chercher ? Dans quel(s) document(s) peux-tu les trouver ?
- Pour rédiger ta réponse, choisis bien tes **arguments**, en prenant appui sur les documents. Sois le plus clair possible dans ta rédaction, et veille à bien faire apparaître les liens logiques dans tes explications.
- Tu dois également savoir dessiner ou compléter un croquis, et on peut te demander de légender un dessin.

Sujet 1

Exerce-toi en vue du brevet.

25 POINTS

30 min

Une maladie nutritionnelle

→ RÉVISE LA FICHE 20

Document 1 Composition en protéines du lait maternel et du maïs

« Le kwashiorkor est une maladie répandue dans certaines populations d'Afrique. Elle apparaît lorsque les enfants reçoivent une alimentation presque uniquement constituée de céréales comme le maïs en remplacement du lait maternel. La maladie apparaît même si la quantité de maïs est augmentée. En revanche, elle est absente dans les populations qui fournissent à leurs enfants de la viande et du poisson (même en faible quantité) en plus des céréales.

	Dans 100 g de lait maternel	Dans 100 g de maïs
Quantité de protéines en g	1,2	8

Document 2 Composition en acides aminés de 2 protéines

Acides aminés (en g)	Dans 100 g de lait maternel	Dans 100 g de maïs
Leucine	9,2	24
Isoleucine	6,1	7,3
Lysine	8,2	0
Méthionine	3,4	0
Phénylalanine	5	6,4
Thréonine	4,9	3
Tryptophane	1,2	0,1
Valine	7,2	3
Les 12 autres acides aminés	54,8	56,2

1. À partir de vos connaissances, indiquer quelle transformation subissent les protéines au cours de la digestion.

2. À partir des informations tirées du texte et des deux documents, démontrer quelle est la cause du kwashiorkor.

Démarrons ensemble

2. La maladie étant de nature nutritionnelle, elle peut avoir une cause quantitative (il n'y a pas suffisamment de protéines) ou une cause qualitative (certaines substances font défaut). Teste ces hypothèses à l'aide des documents.

Sujet 2

Exerce-toi en vue du brevet.

25 POINTS 30 min

La fécondation *in vitro*

→ RÉVISE LA FICHE 24

Chaque année en France, la procréation médicalement assistée permet la naissance de plus de 23 000 enfants. Un couple qui n'arrive pas à avoir d'enfant rencontre un médecin spécialisé dans la procréation médicalement assistée.

Document 1 Critères de normalité du sperme

Critère	Norme	Patient X
Volume de l'éjaculat	2 à 6 mL	4,2 mL
Quantité de spermatozoïdes	20 à 250 millions/mL d'éjaculat	7,4 millions/mL d'éjaculat
Mobilité des spermatozoïdes	> 50 % mobiles ou > 25 % très mobiles	20 % mobiles
Vitalité des spermatozoïdes	> 60 %	70 %
Morphologie des spermatozoïdes	> 30 % de formes normales	10 % de forme normales

Document 2 Fécondation *in vitro* avec micro-injection (ICSI)

L'ICSI est l'injection d'un spermatozoïde dans un ovule en dehors du corps de la femme.

Sous contrôle d'un microscope, l'ovule est maintenu avec une pipette, et le spermatozoïde est injecté avec une pipette d'injection.

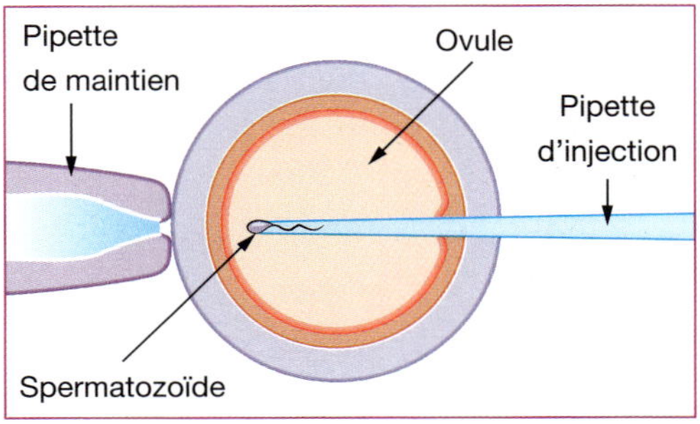

Si la fécondation a lieu et qu'un embryon se développe, il sera transféré entre 48 h et 72 h dans l'utérus où il continuera à se développer jusqu'à son implantation.

1. À partir du document 1, expliquer l'origine de l'infertilité du patient X.

2. À partir du document 2 et de vos connaissances, expliquer en quoi une fécondation *in vitro* avec micro-injection (ICSI) peut permettre à monsieur X d'avoir un enfant.

Démarrons ensemble

1. Dans le document 1, commence par comparer les critères de normalité du sperme chez l'homme et les caractéristiques du sperme du patient X.

2. Utilise les informations tirées de la question **1.** et indique les avantages de l'ICSI pour résoudre les problèmes de fertilité du patient X.

Sujet 3

Exerce-toi en vue du brevet.

25 POINTS — 30 min

Construction et exploitation d'un arbre de parenté

→ RÉVISE LES FICHES 8 ET 9

Document 1 Groupes d'animaux actuels et fossiles

Ils possèdent tous des yeux, une bouche, une mâchoire, un squelette interne et des doigts.

Chat domestique (LT : 45 cm, LQ : 30 cm) — **Cistude d'Europe** (LT : jusqu'à 30 cm) — **Corbeau freux** (LT : 46 cm) — **Crocodile du Nil** (LT : 480 cm)

Lézard vert (LT : 13 cm, LQ : jusqu'à 26 cm) — **Archéoptéryx** (**Jurassique supérieur**) (LT : 60 cm) — **Mammouth laineux** (**Pléistocène**) (hauteur : 330 cm) — **Tyrannosaure** (**Crétacé supérieur**) (LT : 12 mètres)

Document 2 Tableau indiquant la présence ou l'absence de certains attributs

Attributs / Groupes d'animaux	Amnios	Deux fenêtres temporales	Gésier	Poils	Carapace sur le dos et le ventre	Plumes	Os de la mâchoire mobile
Chat domestique							
Cistude d'Europe							
Corbeau freux							
Crocodile du Nil							
Lézard vert							
Tyrannosaure							
Archéoptéryx							
Mammouth							

Document 3 Définition de quelques attributs utilisés

L'**amnios** est une enveloppe protectrice entourant l'embryon.
Une **fenêtre temporale** est une perforation du crâne à l'arrière de l'orbite.
Un **gésier** est une poche digestive particulière.

1. Classer les êtres vivants présentés sous forme d'ensembles emboîtés.

2. Construire un arbre de parenté résumant les relations de parenté entre ces différents êtres vivants.

3. Justifier l'affirmation : « Un groupe présente un ou des attributs nouveaux mais conserve ses attributs ancestraux. »

Démarrons ensemble

1. Commence par déterminer le nombre de boîtes à réaliser avant de construire les boîtes.

2. Un arbre de parenté est la représentation schématique des liens de parenté supposés entre les espèces et les groupes, à partir des modifications survenues chez un ancêtre commun. La « base de l'arbre » correspond aux attributs les plus partagés, une « branche de l'arbre » correspond à la présence du second attribut le plus partagé, une seconde « branche de l'arbre » à son absence. Place le nom des animaux aux extrémités des branches et les attributs avant le nœud des branches.

3. Utilise un groupe pour justifier l'affirmation, par exemple le groupe des « oiseaux » : en quoi ces animaux présentent à la fois des attributs nouveaux et des attributs ancestraux ?

Sujet 4

Exerce-toi en vue du brevet.

25 points

30 min

Étude d'un caryotype humain

→ RÉVISE LES FICHES 2, 5 ET 6

Un caryotype est une photographie de l'ensemble des chromosomes d'une cellule. Sa réalisation nécessite le prélèvement de cellules en laboratoire, leur mise en culture et la photographie des chromosomes qui les composent à l'aide d'un microscope très puissant. Dans un caryotype, les chromosomes sont classés de manière standard par paire et par taille.

Document 1 Caryotype rangé d'une cellule humaine

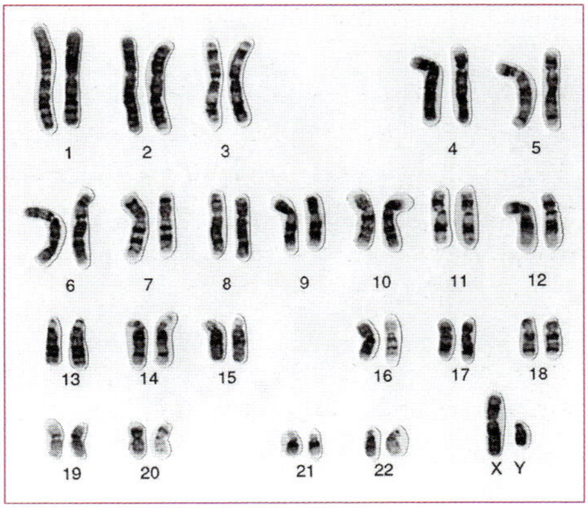

Document 2 Caryotype rangé d'une autre cellule humaine

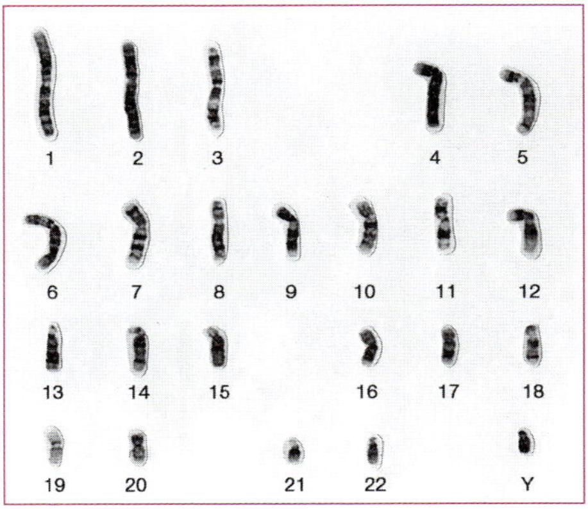

1. Comparer les deux caryotypes et proposer des hypothèses sur le type de cellule dont les chromosomes sont issus. Justifier les hypothèses.

2. À partir de vos connaissances, indiquer le sexe de l'individu dont sont issues les cellules utilisées pour établir les caryotypes ci-dessus.

3. À partir de vos connaissances, expliquer comment la fécondation est à l'origine des 23 paires de chromosomes d'une cellule-œuf humaine.

Démarrons ensemble

1. Commence par comparer les deux caryotypes en insistant sur les différences, puis propose des hypothèses. Chez l'être humain, un seul type de cellules présente le nombre de chromosomes du caryotype 2.
2. Le sexe d'un individu est déterminé par des chromosomes particuliers. Recherche-les dans le caryotype proposé.
3. La fécondation réunit les chromosomes du gamète paternel et du gamète maternel.

Sujet 5

Exerce-toi en vue du brevet.

25 points · 30 min

Les séismes sur Terre

→ RÉVISE LA FICHE 25

De nombreuses planètes du système solaire présentent une activité interne (volcanisme, activité sismique...). Parmi celles-ci : la planète Terre. L'étude de séismes à l'aide de stations d'enregistrement permet de localiser les épicentres afin de prévenir les risques sismiques.

Document 1 Temps mis par les ondes sismiques pour atteindre trois stations d'enregistrement

Pour localiser l'épicentre d'un séisme, on utilise les résultats obtenus par trois stations ayant enregistré le même séisme : sachant que les ondes sismiques se propagent à la vitesse de 7,5 km/s, et connaissant le temps mis par les ondes de l'épicentre à la station, on peut retrouver la distance séparant l'épicentre de la station. L'épicentre est situé à l'intersection des trois cercles centrés sur chacune des stations.

Un séisme a été enregistré à Paris, à Lisbonne et Moscou. Les ondes sismiques ont mis 53 s pour atteindre Paris, 4 min pour parvenir à Lisbonne et 4 min 35 s pour atteindre Moscou.

Document 2 Carte de l'Europe

1. À partir du document 1, et sachant que $v = \frac{d}{t}$, calculer la distance séparant l'épicentre de chacune des stations.

2. Grâce à l'échelle du document 2, localiser sur la carte l'épicentre du séisme. Veiller à préciser les calculs.

Démarrons ensemble

1. Dans le document 1, utilise la formule donnée : la distance égale le temps multiplié par la vitesse. Attention aux unités !
2. Utilise les résultats de la question **1.** et effectue un produit en croix afin de déterminer la distance entre l'épicentre et chacune des trois stations d'enregistrement. Pour cela, mesure avec ta règle l'échelle fournie en bas à gauche du document 2.

Sujet 1

1. Lors de la digestion, les protéines sont transformées en acides aminés.

2. La maladie a-t-elle une cause quantitative ? Le document 1 montre que 100 g de maïs contiennent plus de protéines que 100 g de lait. De plus, le texte indique que la maladie apparaît même si la quantité de maïs est augmentée. La maladie n'est donc pas liée à la quantité de protéines.

Attention !
Pense à préciser dans ta réponse l'origine des informations que tu fournis (quel document, quel tableau, etc.).

La maladie a-t-elle une cause qualitative ? Le document 2 montre que plusieurs acides aminés sont présents dans les protéines du lait mais absents ou en faible quantité dans celles du maïs, par exemple la lysine et la méthionine. Le texte indique que cette absence peut être palliée par des apports faibles de viande ou de poisson qui, vraisemblablement, contiennent les acides aminés manquants. Le kwashiorkor est une maladie nutritionnelle due à une carence en certains acides aminés indispensables.

Sujet 2

1. Le document 1 montre que le patient X a un volume normal de sperme, et une vitalité correcte de ses spermatozoïdes. Par contre, ses spermatozoïdes sont en nombre anormalement bas (7,4 millions/mL d'éjaculat), ils sont peu mobiles (20 % alors que la norme est à plus de 50 %) et déformés (seulement 10 % de formes normales, contre 30 % minimum pour la norme).

2. L'ICSI permet de contourner le problème des spermatozoïdes :

Problème du patient X	Solution apportée par l'ICSI
Morphologie anormale	Le médecin sélectionne au microscope un spermatozoïde présentant une morphologie normale
Anormalement mobiles	Le spermatozoïde sélectionné est directement injecté dans l'ovule
Nombre insuffisant de spermatozoïdes	Le spermatozoïde sélectionné est directement injecté dans l'ovule

Sujet 3

1. et **2.** On commence par déterminer le nombre de boîtes à réaliser. On compte 7 attributs distincts : il y aura donc 7 boîtes.

- L'attribut partagé par le plus grand nombre d'espèces est « présence d'amnios » : tous les animaux du tableau disposent d'un amnios lors de leur développement embryonnaire. La boîte la plus grande comporte donc tous les animaux.

- Ensuite, les animaux étudiés possèdent soit une carapace sur le dos et sur le ventre, soit des poils, soit deux fenêtres temporales. La boîte « amnios » contient donc trois boîtes côte à côte, correspondant à chacun de ces trois attributs.
- Parmi les animaux dotés de deux fenêtres temporales, certains ont l'os de la mâchoire mobile, d'autres possèdent un gésier : on crée donc deux boîtes côte à côte, chacun regroupant les animaux possédant ces attributs.
- Parmi les animaux avec un gésier, certains possèdent des plumes : on crée donc une boîte « plumes » à l'intérieur de la boîte « gésier ».
- Enfin, on ajoute le nom des espèces animales dans les bonnes boîtes.

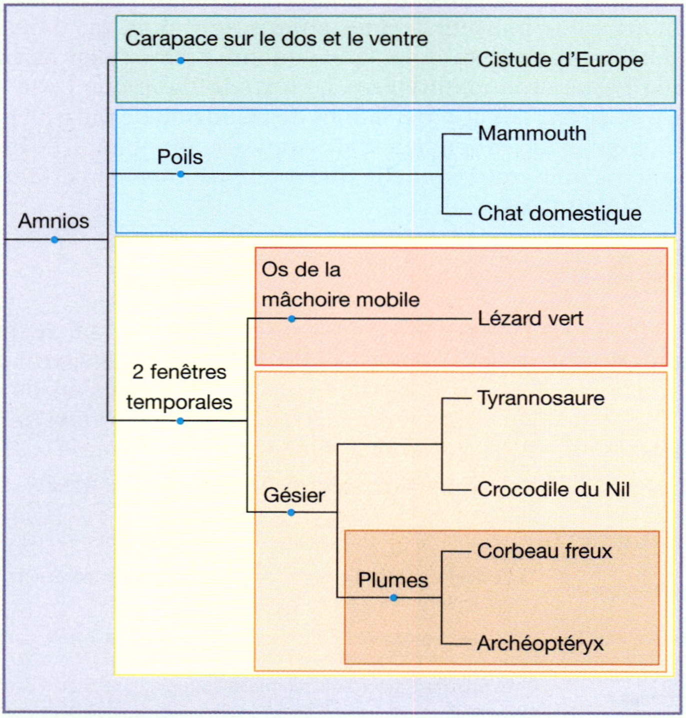

• Nouveau caractère

3. Le groupe des « oiseaux » présente un nouvel attribut : des plumes, mais conserve des attributs précédemment apparus (ancestraux) : l'amnios, deux fenêtres temporales, un gésier. Un groupe présente donc des attributs nouveaux et des attributs ancestraux.

Sujet 4

1. Le caryotype 1 compte 23 paires de chromosomes, le caryotype 2 comporte 23 chromosomes, c'est-à-dire deux fois moins. Le caryotype 2 est issu d'un gamète, alors que le caryotype 1 provient de n'importe quelle cellule humaine (sauf un gamète) : les cellules humaines contiennent 46 chromosomes et les gamètes 23.

2. L'individu du caryotype 1 est de sexe masculin, car la cellule possède un chromosome X et un chromosome Y. Or, seuls les mâles disposent d'un chromosome Y. De même, l'individu porteur du caryotype 2 est de sexe masculin car le gamète étudié présente un chromosome Y.

3. Pour chaque paire de chromosomes, un chromosome est fourni par le gamète du père, l'autre est fourni par le gamète de la mère.

En effet, les gamètes humains renferment 23 chromosomes et la fécondation d'un gamète femelle par un gamète mâle donnera une cellule-œuf à 23 paires de chromosomes.

Sujet 5

1. Comme $v = \dfrac{d}{t}$, on a aussi $d = v \times t$. On convertit les durées en secondes, d'où :

d(épicentre → Paris) = $7{,}5 \times 53 \approx 400$ km

d(épicentre → Lisbonne) = $7{,}5 \times 240 = 1\,800$ km

d(épicentre → Moscou) = $7{,}5 \times 275 \approx 2\,060$ km.

2. Pour localiser l'épicentre du séisme sur la carte, il faut convertir les distances réelles (en km) en distances fictives sur la carte (en mm).

Pour Paris :

Distance réelle (km)	Sur la carte (mm)
400	x
800	12

On effectue un produit en croix : $x \times 800 = 400 \times 12$.

C'est-à-dire $x = \dfrac{400 \times 12}{800} = 6$ mm.

À l'aide d'un compas, on trace un cercle de 6 mm de rayon, pointe sur Paris : l'épicentre est localisé quelque part sur le cercle, à 6 mm de Paris.

On applique le même raisonnement pour Lisbonne :

Distance réelle (km)	Sur la carte (mm)
1 800	x
800	12

On effectue un produit en croix : $x \times 800 = 1\,800 \times 12$.

C'est-à-dire $x = \dfrac{1800 \times 12}{800} = 27$ mm.

À l'aide d'un compas, on trace un cercle de 27 mm de rayon, pointe sur Lisbonne, l'épicentre est localisé quelque part sur le cercle, à 27 mm de Lisbonne et 6 mm de Paris, c'est-à-dire à l'un des deux endroits où se coupent les deux cercles.
Pour Moscou : $x \times 800 = 2\,060 \times 12$, soit $x = \dfrac{2\,060 \times 12}{800} \approx 31$ mm.

À l'aide d'un compas, on trace un cercle de 31 mm de rayon, pointe sur Moscou, l'épicentre est localisé quelque part sur le cercle, à 31 mm de Moscou : l'endroit où les trois cercles se coupent.

L'épicentre est localisé à proximité d'Amsterdam.

ANNEXE 1

Reconnaître quelques groupes de fossiles importants

Les fossiles sont des restes d'animaux, de végétaux, des traces de la vie passée sur Terre. Savoir reconnaître certains fossiles typiques permet de mieux comprendre une part de l'histoire du vivant.

Ammonites

Mollusques marins, à coquille le plus souvent enroulée en spirale. Elles ont aujourd'hui totalement disparu.

Animaux actuels apparentés : nautiles.

Fossile d'ammonite

Trilobites

Arthropodes marins à squelette externe, dont le corps est divisé en trois parties. Ces animaux ont aujourd'hui totalement disparu.

Plus proches parents : crustacés, limule.

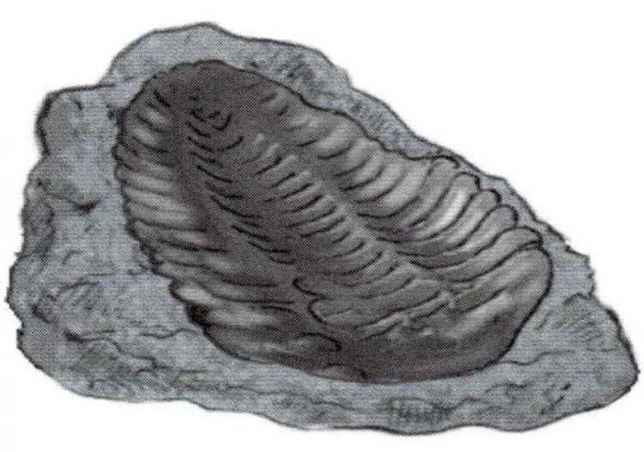

Fossile de trilobite

Échinodermes

Animaux marins possédant un squelette dans la peau.

Ils comportent plusieurs groupes : oursins, étoiles de mer, crinoïdes.

Animaux actuels apparentés : lys de mer.

Fossile de crinoïdes

Bélemnites

Animaux marins possédant un squelette interne dont une partie, le rostre, est la seule partie que l'on retrouve.

Ces animaux ont aujourd'hui totalement disparu.

Animaux actuels apparentés : calmars et seiches.

Rostres de bélemnites

Se repérer sur l'échelle du vivant

Il est important d'avoir une idée des dimensions de quelques objets en biologie.

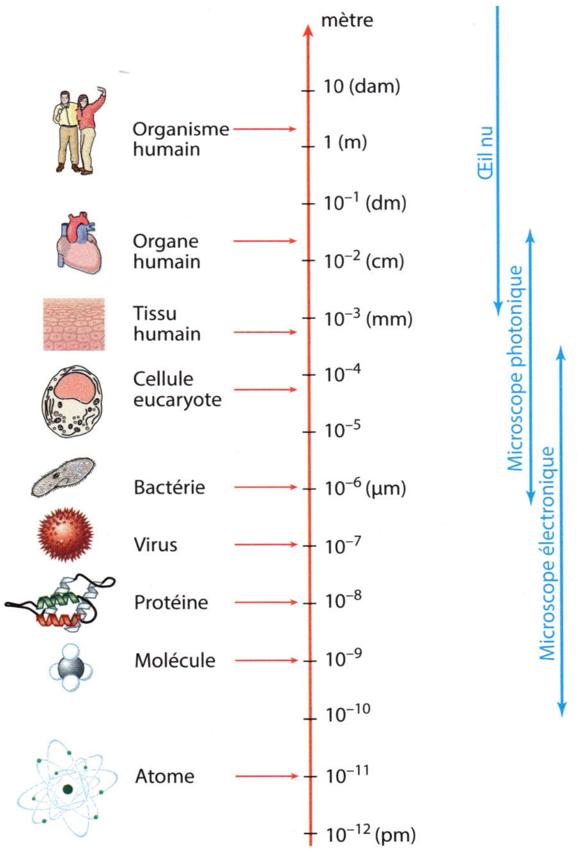

Taille de quelques objets biologiques, ainsi que les instruments permettant (ou non) de les observer. Malgré les progrès techniques, il reste des éléments extrêmement petits qui échappent à l'observation…

ANNEXE 3

Réaliser un dessin en SVT

Un dessin d'observation en SVT est une représentation aussi précise que possible d'un « objet réel » qui doit respecter des conventions très strictes.

Étapes de réalisation d'un dessin

1. Tracer un cartouche

- Tracer un cartouche permet de poser des bornes pour le dessin.
- Le cartouche doit être suffisamment grand, centré en largeur dans la page, avec assez de place à droite et à gauche pour inscrire les légendes.

2. Dessiner dans le cartouche

- Le dessin doit être assez grand, bien orienté et occuper tout le cartouche.
- Respecter les proportions et la ressemblance.
- Au crayon de papier, tracer des traits nets, fins et continus.

3. Tracer les traits de légende

- Les traits de la légende doivent être précis et tracés à la règle. Les flèches ne doivent jamais se croiser.
- Placer les pointes de flèches sur les éléments à légender de façon précise.

4. Ajouter la légende

- La légende doit être complète, exacte, écrite avec soin, sans faute d'orthographe.
- Veiller à écrire les textes à l'extrémité des flèches, horizontalement, à droite et à gauche du cartouche.

5. Titrer le dessin

- Donner un titre correct, souligné et centré.
- Mentionner la nature de l'objet dessiné, son mode d'observation (œil nu, microscope...)
- Placer le titre à l'extérieur du cartouche (au-dessus ou en dessous).
- Indiquer l'échelle du dessin en précisant le grossissement. Le grossissement d'un objet observé au microscope est égal au produit du grossissement de l'oculaire par le grossissement de l'objectif utilisé.

Exemple

Les fautes à éviter

[Titre absent]

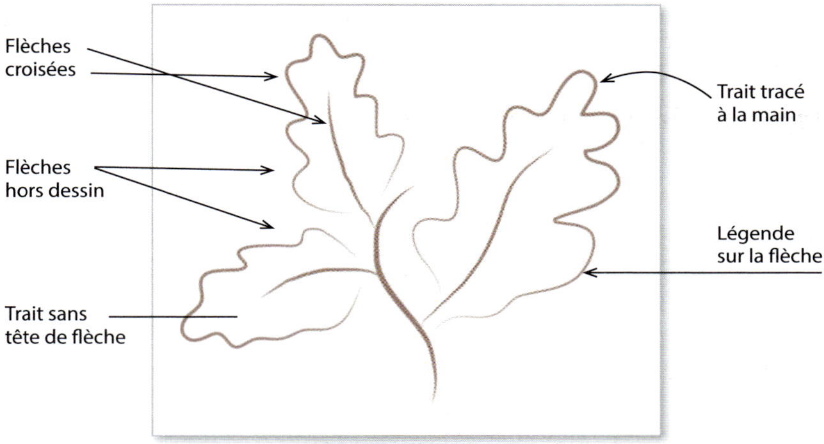

[Mode d'observation, grossissement absents]

Les conventions à respecter

<u>Titre souligné</u>

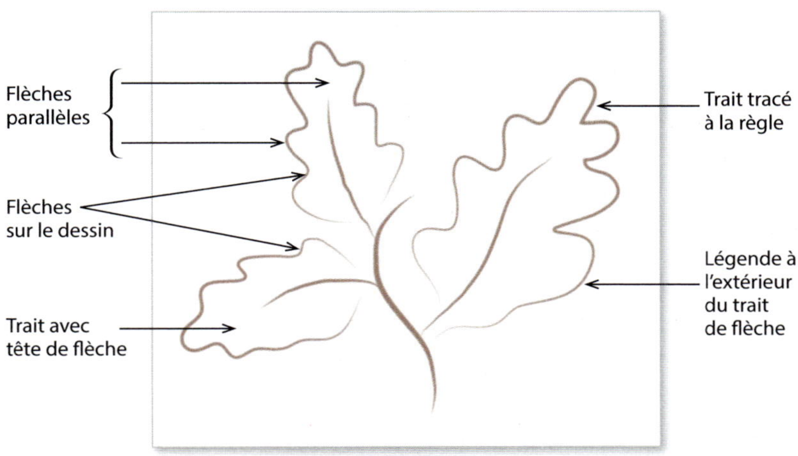

Mode d'observation, grossissement

Explorer l'intérieur du corps humain grâce à l'imagerie médicale

Les techniques d'imagerie médicale permettent d'explorer l'intérieur du corps humain sans qu'il soit nécessaire de pratiquer d'intervention chirurgicale.

Technique	Image obtenue
L'échographie Une sonde génère des ultrasons. Ceux-ci traversent les tissus de l'organisme et se réfléchissent de manière différente selon la nature des tissus traversés. Un peu comme un écho. Cette technique permet de visualiser en direct l'image de la zone inspectée.	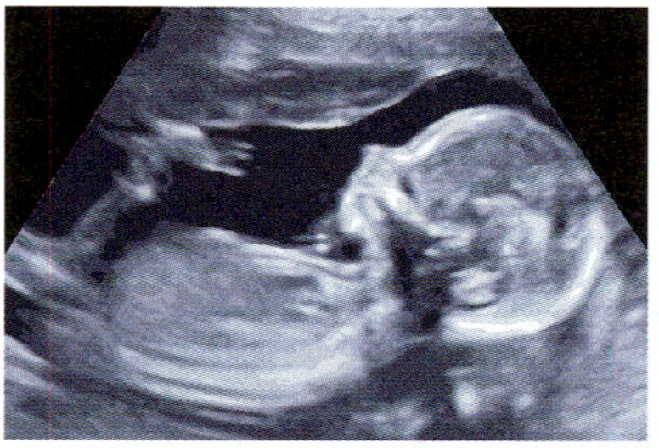 **Échographie d'un fœtus humain**
IRM, TEP L'imagerie par résonance magnétique (IRM) ou la tomographie par émission de positons (TEP) permettent de localiser les zones actives d'un organe.	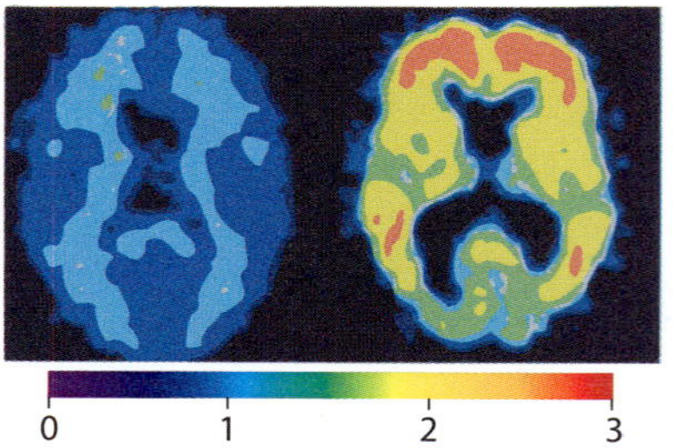 **TEP du cerveau**
Endoscopie L'endoscopie permet d'observer directement un organe dans le corps d'une personne. Elle consiste à introduire un petit tube souple terminé par une caméra.	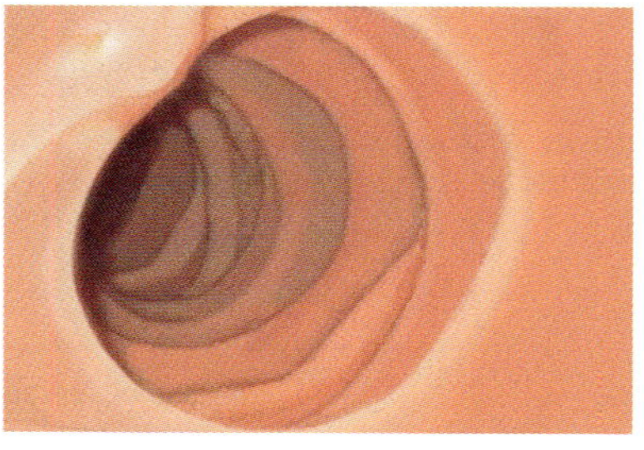 **Endoscopie digestive**

Localiser les lieux d'action des principales méthodes contraceptives

La contraception est l'utilisation de moyens permettant d'éviter de façon réversible et temporaire la conception d'un enfant. Les principaux moyens de contraception ont des actions différentes sur l'appareil génital de la femme.

Lieux d'action de différentes méthodes contraceptives

Méthode contraceptive	Lieux d'action
Les substances hormonales Une substance hormonale (pilule, patch, implant progestatif...) empêche l'ovulation, perturbe l'implantation de l'embryon et empêche la rencontre des gamètes.	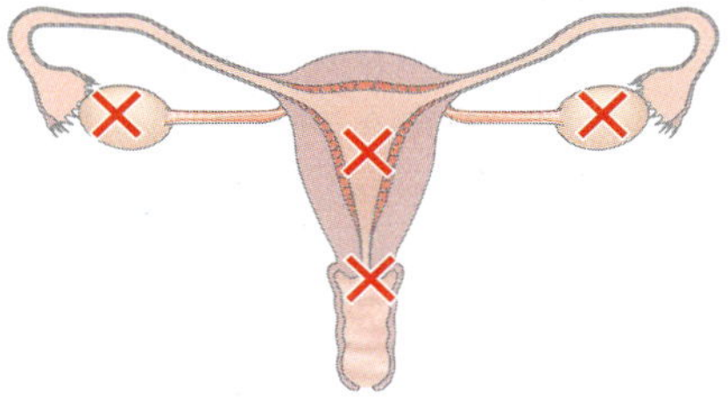
Les dispositifs intra-utérin Un dispositif intra-utérin comme le stérilet perturbe l'implantation de l'embryon.	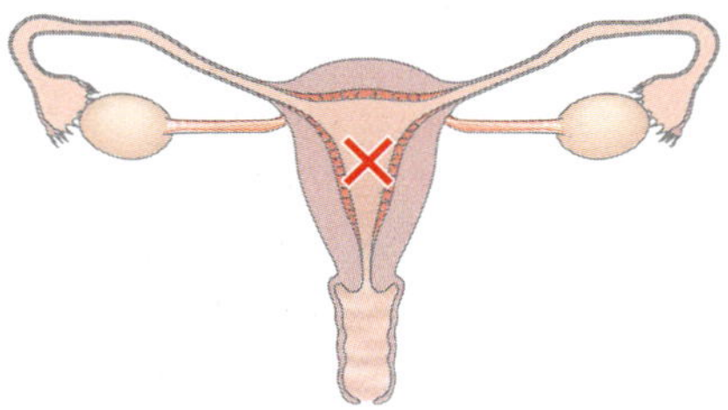
Les préservatifs Le préservatif qu'il soit masculin ou féminin empêche la rencontre des gamètes et, de plus, protège contre les infections sexuellement transmissibles.	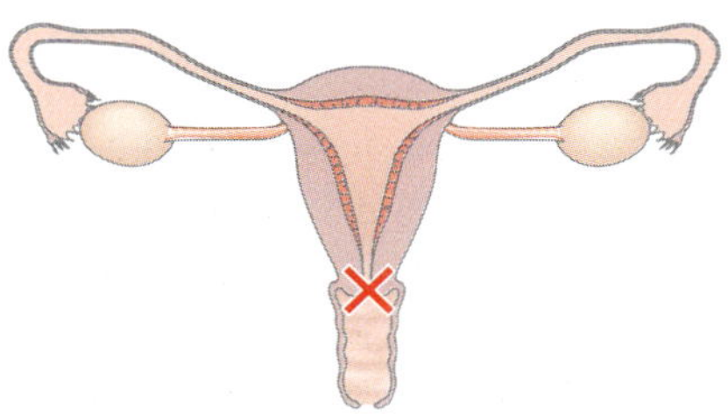

Connaître quelques données clés en SVT

L'être humain en quelques chiffres

- Nom d'espèce : **Homme moderne** (*Homo sapiens*).
- Nombre estimé (au 1/01/2015) : 7,26 milliards.
- Le corps humain est constitué d'au moins **50 000 milliards de cellules.**
- Environ 10 % des cellules sont immortelles, les autres sont renouvelées en permanence : près de 2 000 cellules meurent naturellement chaque seconde.
- Chaque cellule (hormis les gamètes) a **46 chromosomes** qui comportent environ **25 000 gènes.**
- On compte environ 200 types cellulaires, 206 os et 640 muscles.
- En moyenne, le corps humain comporte **5 L** de sang.
- Notre cerveau pèse en moyenne **1,6 kg** et possède **100 milliards de neurones.**

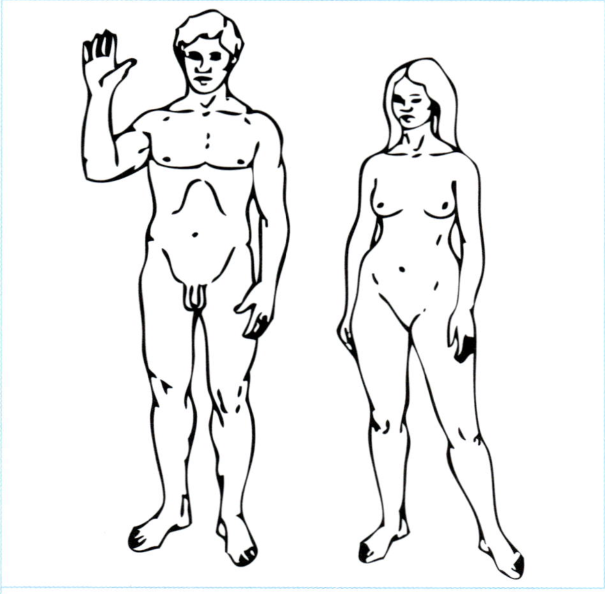

Représentation de l'espèce humaine placée sur les sondes Pioneer

La planète Terre en quelques chiffres

- Troisième planète en partant du Soleil (notre étoile) parmi les huit du système solaire.
- Distance au soleil : environ 150×10^6 km.
- Rayon moyen : 6 378 km.
- Masse : 6×10^{24} kg.
- Densité moyenne (eau = 1) : 5,52.
- Température moyenne : 15 °C.
- Constituée de 12 à 16 plaques lithosphériques.

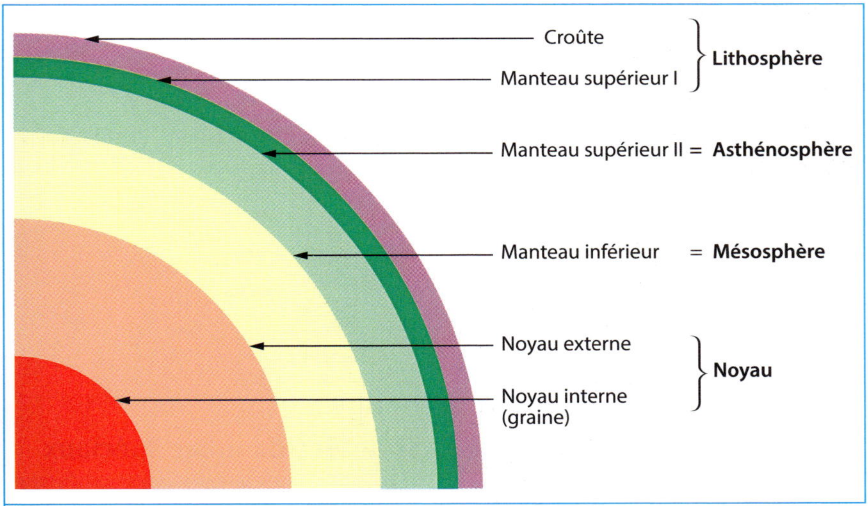

Coupe schématique de la Terre

ANNEXE 7

Connaître les unités des principales grandeurs utilisées en SVT

Unités du système international (SI)

Quantité physique	Unité	Symbole
longueur	mètre	m
masse	kilogramme	kg
temps	seconde	s
température thermodynamique	kelvin	K
quantité de substance	mole	mol

Fractions, multiples et symboles

Fraction	Préfixe	Symbole	Multiple	Préfixe	Symbole
10^{-1}	déci	d	10	déca	da
10^{-2}	centi	c	10^{2}	hecto	h
10^{-3}	milli	m	10^{3}	kilo	k
10^{-6}	micro	µ	10^{6}	méga	M
10^{-9}	nano	n	10^{9}	giga	G
10^{-12}	pico	p	10^{12}	téra	T

Fractions et multiples d'unités SI dotées de noms spéciaux

Quantité physique	Nom de l'unité	Symbole	Définition de l'unité
longueur	ångstrom	Å	10^{-10} m = 10^{-8} cm
longueur	micromètre	µm	10^{-6} m
surface	hectare	ha	10^{4} m^{2}
pression	bar	bar	10^{5} $N \cdot m^{-2}$ = 10^{5} Pa
pression	millibar	mb	10^{2} $N \cdot m^{-2}$ = 1 Pa
poids	tonne	t	10^{3} kg

INDEX

A

B

C

D

E

F

G

H

I

L

M

N

P

R

S

T

V

TABLE DES ILLUSTRATIONS

p.	127	ph © Jean-Philippe Ksiazek/AFP PHOTO
p.	131	ph © KESSEL & KARDON/BSIP
p.	133	ph © Biosphoto Associates/Photo Researchers Inc./BSIP
p.	135	ph © Photo Researchers Inc./BSIP
p.	145	ph © SPL - Science Photo Library/RICHARD G. RAWLINS, CUSTOM MEDICAL STOCK PHOTO/Biosphoto
p.	147 doc. a	ph © SPL - Science Photo Library/BIOPHOTO ASSOCIATES/Biosphoto
p.	147 doc. b	ph © SPL - Science Photo Library/BIOPHOTO ASSOCIATES/Biosphoto
p.	150	ph © AJ Photos/SPL/Biosphoto
p.	153 doc 1	ph © SOVEREIGN - ISM
p.	153 doc 2	ph © SOVEREIGN - ISM
p.	154	ph © Lennart Nilsson/Albert Bonniers Förlag AB, Naître, © Hachette
p.	158 doc 1. a	ph © F. Chrétien
p.	158 doc 1. b	ph © F. Chrétien
p.	158 doc 1. c	ph © F. Chrétien
p.	160 doc 3. a	ph © F. Chrétien
p.	160 doc 3. b	ph © F. Chrétien
p.	167	ph © Atlantide Phototravel/Getty-images
p.	168	ph © AFLO/Mainichi Newspaper/Maxppp
p.	170	ph © NOAA
p.	174	ph © microgen/iStock
p.	175 doc. a	ph © Roger-Viollet
p.	175 doc. b	ph © Bruce Golden/Getty-Images
p.	176	ph © F. J. Fdez. Bordonada/Age Fotostock
p.	177	ph © Sunny studio - Shutterstock
p.	180	© France Nature Environnement
p.	203 doc. 1	ph © WELLCOME PHOTO LIB./BSIP
p.	203 doc.2	ph © WELLCOME PHOTO LIB./BSIP

PAPIER À BASE DE FIBRES CERTIFIÉES

Hatier s'engage pour l'environnement en réduisant l'empreinte carbone de ses livres. Celle de cet exemplaire est de : 800 g éq. CO_2 Rendez-vous sur www.hatier-durable.fr

IMPRIM'VERT Votre imprimeur agit pour l'environnement

Achevé d'imprimer en Italie par L.E.G.O. S.p.A. - Lavis (TN)
Dépôt légal : 02928 - 6/01 - Mai 2017